Caro aluno, seja bem-vindo!

A partir de agora, você tem a oportunidade de estudar com uma coleção didática da SM que integra um conjunto de recursos educacionais impressos e digitais desenhados especialmente para auxiliar os seus estudos.

Para acessar os recursos digitais integrantes deste projeto, cadastre-se no *site* da SM e ative sua conta.

Veja como ativar sua conta SM:

1. Acesse o *site* <www.edicoessm.com.br>.
2. Se você não possui um cadastro, basta clicar em "Login/Cadastre-se" e, depois, clicar em "Quero me cadastrar" e seguir as instruções.
3. Se você já possui um cadastro, digite seu *e-mail* e sua senha para acessar.
4. Após acessar o *site* da SM, entre na área "Ativar recursos digitais" e insira o código indicado abaixo:

AJPOR-A3XE9-DG3JW-PXTUX

Você terá acesso aos recursos digitais por 12 meses, a partir da data de ativação desse código.

Ressaltamos que o código de ativação somente poderá ser utilizado uma vez, conforme descrito no "Termo de Responsabilidade do Usuário dos Recursos Digitais SM", localizado na área de ativação do código no *site* da SM.

Em caso de dúvida, entre em contato com nosso **Atendimento**, pelo telefone **0800 72 54876** ou pelo *e-mail* **atendimento@grupo-sm.com** ou pela internet <www.edicoessm.com.br>.

Desejamos muito sucesso nos s...

Requisitos mínimos recomendados para uso dos conteúdos digitais SM

Computador	Tablet	Navegador
PC Windows • Windows XP ou superior • Processador dual-core • 1 GB de memória RAM **PC Linux** • Ubuntu 9.x, Fedora Core 12 ou OpenSUSE 11.x • 1 GB de memória RAM **Macintosh** • MAC OS 10.x • Processador dual-core • 1 GB de memória RAM	**Tablet IPAD IOS** • IOS versão 7.x ou mais recente • Armazenamento mínimo: 8GB • Tela com tamanho de 10" **Outros fabricantes** • Sistema operacional Android versão 3.0 (Honeycomb) ou mais recente • Armazenamento mínimo: 8GB • 512 MB de memória RAM • Processador dual-core	*Internet Explorer 10* *Google Chrome 20* ou mais recente *Mozilla Firefox 20* ou mais recente Recomendado o uso do Google Chrome Você precisará ter o programa Adobe Acrobat instalado, *kit* multimídia e conexão à internet com, no mínimo, 1Mb

Aprender juntos

1 DESTAQUE o seu *toy* do encarte.

2 DOBRE todas as abas com vincos.

Siga o modelo para montar o seu *toy*.

3 ENCAIXE a cabeça do robô, unindo uma bolinha verde e uma amarela de números iguais.

4 ENCAIXE a cabeça e o corpo do robô unindo uma bolinha verde e uma amarela de números iguais.

5 ENCAIXE o corpo do robô unindo uma bolinha vermelha e uma azul de números iguais.

6 ENCAIXE os braços e o corpo do robô unindo uma bolinha vermelha e uma azul de números iguais.

ESTE MATERIAL É UM COMPLEMENTO DA OBRA *APRENDER JUNTOS* – PORTUGUÊS 3. VENDA PROIBIDA.

Aprender juntos

PORTUGUÊS
3
ENSINO FUNDAMENTAL
3º ANO

São Paulo,
5ª edição
2016

sm

ADSON VASCONCELOS
- Licenciado em Letras pela Universidade Camilo Castelo Branco.
- Professor de Língua Portuguesa e coordenador de área em escolas da rede pública e particular.
- Mestrando em Linguística pela Universidade Cruzeiro do Sul.

Aprender Juntos – Português 3
© Edições SM Ltda.
Todos os direitos reservados

Direção editorial	Juliane Matsubara Barroso
Gerência editorial	José Luiz Carvalho da Cruz
Gerência de *design* e produção	Marisa Iniesta Martin
Coordenação pedagógica	Regina de Mello Mattos Averoldi
Edição executiva	Isadora Pileggi Perassollo
	Edição: Cláudia Letícia Vendrame Santos, Eloiza Mendes Lopes, Isadora Pileggi Perassollo, Rosemeire Carbonari
	Assistência editorial: Christiane Angelotti
Coordenação de controle editorial	Flavia Casellato
	Suporte editorial: Alzira Bertholim, Camila Cunha, Giselle Marangon, Mônica Rocha, Talita Vieira, Silvana Siqueira, Fernanda D'Angelo
Coordenação de revisão	Cláudia Rodrigues do Espírito Santo
	Preparação e revisão: Ana Rogéria Brasil Ribeiro, Carmem Sílvia Félix Ventura, Eliana Vila Nova de Souza, Sâmia Rios, Valéria Cristina Borsanelli
Coordenação de *design*	Rafael Vianna Leal
	Apoio: Didier Dias de Moraes
	***Design*:** Leika Yatsunami, Tiago Stefano
Coordenação de arte	Ulisses Pires
	Edição executiva de arte: Melissa Steiner
	Edição de arte: Andressa Fiorio, Daniel Campos Souza
	Diagramação: Marcos Dorado
Coordenação de iconografia	Josiane Laurentino
	Pesquisa iconográfica: Bianca Fanelli, Susan Eiko
	Tratamento de imagem: Marcelo Casaro
Capa	Estúdio Insólito e Rafael Vianna Leal sobre ilustração de Carlo Giovani
Projeto gráfico	Estúdio Insólito
Papertoys	Ilustração e planificação: O Silva
	Apoio para orientações pedagógicas: Ana Paula Barranco e Maria Viana
Editoração eletrônica	Typegraphic editoração eletrônica
Ilustrações	Alex Rodrigues, André Ceolin, Bruna Assis Brasil, Bruna Ishihara, Duo Dinâmico, Estúdio Mil, George Tutumi, Ilustra Cartoon, Jótah Produções, Leandro Lassmar, Leninha Lacerda, Leonardo Conceição, Mariângela Haddad, Marina Ueno, Mirella Spinelli, Paulo Manzi, Petra Elster, Vanessa Alexandre
Fabricação	Alexander Maeda
Impressão	EGB-Editora Gráfica Bernardi Ltda

Dados Internacionais de Catalogação na Publicação (CIP)
(Câmara Brasileira do Livro, SP, Brasil)

Vasconcelos, Adson
  Aprender juntos português, 3º ano : ensino fundamental /
Adson Vasconcelos. – 5. ed. – São Paulo : Edições SM,
2016. – (Aprender juntos)

  Suplementado pelo Guia Didático.
  Vários ilustradores.
  Bibliografia.
  ISBN 978-85-418-1500-0 (aluno)
  ISBN 978-85-418-1502-4 (professor)

  1. Português (Ensino fundamental) I. Título. II. Série.

16-04000   CDD-372.6

Índices para catálogo sistemático:
1. Português : Ensino fundamental 372.6

5ª edição, 2016
2ª impressão, 2017

Edições SM Ltda.
Rua Tenente Lycurgo Lopes da Cruz, 55
Água Branca 05036-120 São Paulo SP Brasil
Tel. 11 2111-7400
edicoessm@grupo-sm.com
www.edicoessm.com.br

Apresentação

Caro aluno,

Este livro foi cuidadosamente pensado para ajudá-lo a construir uma aprendizagem sólida e cheia de significados que lhe sejam úteis não somente hoje, mas também no futuro. Nele, você vai encontrar estímulos para criar, expressar ideias e pensamentos, refletir sobre o que aprende, trocar experiências e conhecimentos.

Os temas, os textos, as imagens e as atividades propostos neste livro oferecem oportunidades para que você se desenvolva como estudante e como cidadão, cultivando valores universais como responsabilidade, respeito, solidariedade, liberdade e justiça.

Acreditamos que é por meio de atitudes positivas e construtivas que se conquistam autonomia e capacidade para tomar decisões acertadas, resolver problemas e superar conflitos.

Esperamos que este material didático contribua para o seu desenvolvimento e para a sua formação.

Bons estudos!

Equipe editorial

Conheça seu livro

Conhecer seu livro didático vai ajudar você a aproveitar melhor as oportunidades de aprendizagem que ele oferece.

Este volume contém quatro unidades, cada uma delas com três capítulos. Veja como cada unidade está organizada.

Abertura de unidade

Nestas páginas, você observará uma cena e realizará atividades relacionadas aos assuntos que vai estudar.

Abertura de capítulo

As páginas iniciais de cada capítulo apresentam textos e imagens especialmente selecionados para motivar você e os colegas a trocar ideias, informações e opiniões a respeito do assunto que é tratado no capítulo, por meio de uma **roda de conversa**.

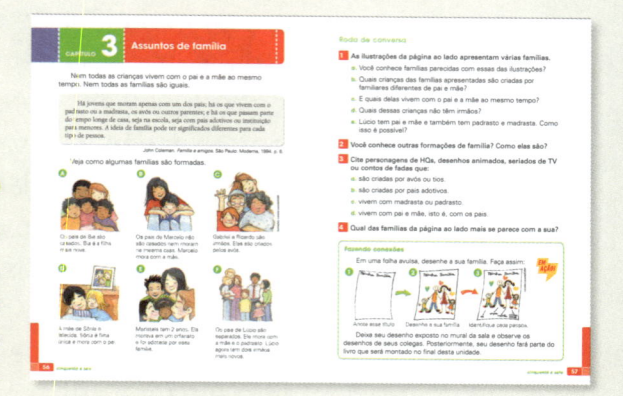

Hora da leitura

Nos variados textos desta seção, você encontrará um mundo de informação, novidade, diversão, emoção, fantasia, etc.

Linha e entrelinha

Nesta seção, você fará várias descobertas, explorando os recursos, as ideias e os sentidos do texto lido.

Produção de texto

Momento do capítulo em que você elaborará seus próprios textos, desenvolvendo ainda mais sua criatividade e imaginação.

Nossa língua

Nas páginas desta seção, você estudará alguns recursos de nossa língua para aplicá-los na escrita do dia a dia.

Construção da escrita

Nesta seção, você refletirá sobre alguns aspectos de nossa língua para conhecer e dominar melhor a escrita. Também resolverá atividades que o ajudarão a escrever com maior correção.

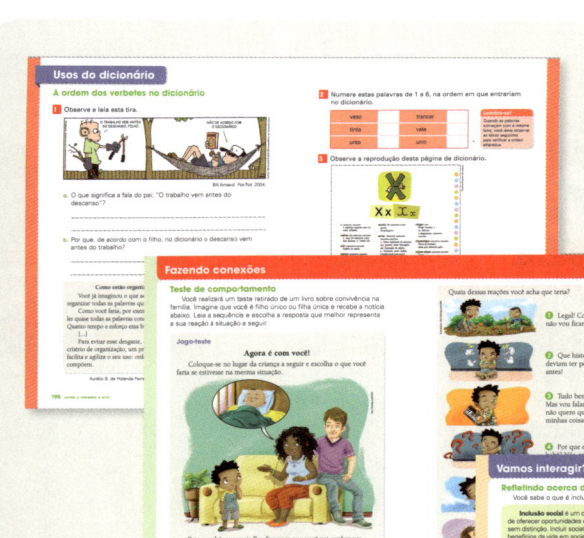

Usos do dicionário

Momento de aprender a explorar os recursos do dicionário, um parceiro indispensável para conhecer os sentidos das palavras e para escrever ou entender melhor os textos.

Fazendo conexões

Nesta seção, você realizará conexões entre conteúdos, temas ou gêneros e ampliará algum aspecto dos assuntos estudados no capítulo.

Vamos interagir?

Nesta seção, você irá se expressar oralmente, interagindo com os colegas e participando de diversas práticas orais que circulam na sociedade.

Língua viva

Nesta seção, você verá que a linguagem é uma troca dinâmica entre pessoas. Também participará de eventos em que se usa a linguagem oral.

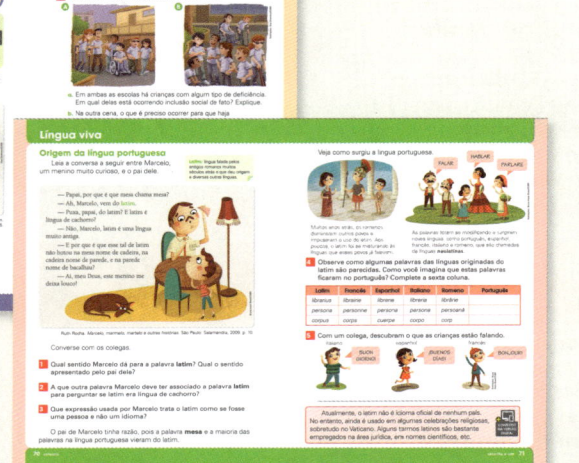

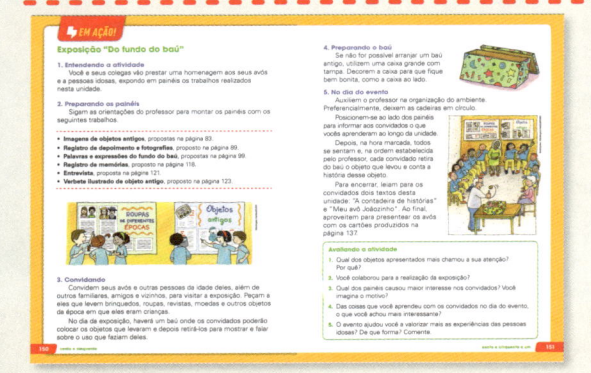

Em ação!

Em cada unidade, uma atividade coletiva mobilizará você e seus colegas, resultando em um produto final e na realização de apresentações públicas, valorizando o trabalho colaborativo em equipe.

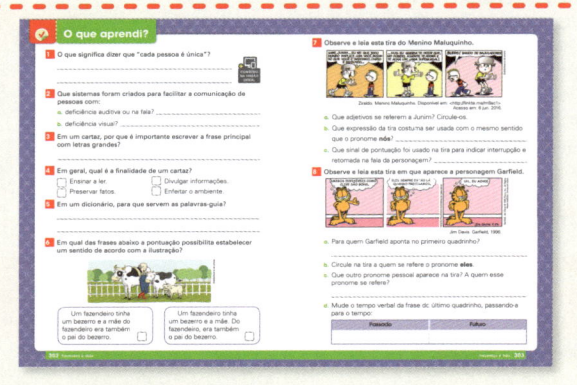

O que aprendi?

Momento final da unidade, em que você revisará alguns dos conteúdos estudados nos capítulos e poderá avaliar o quanto aprendeu.

Ícones usados no livro

Em ação!
Este ícone indica que o texto produzido fará parte da atividade coletiva que ocorrerá na seção *Em ação!*, no final de cada unidade.

Saber ser
Este ícone indica atividades que promovem reflexão a respeito de suas ações no dia a dia e de seu convívio com o outro, ajudando a construir valores éticos, indispensáveis à sua atuação no mundo.

OED
Este ícone indica que há um Objeto Educacional Digital a ser explorado no livro digital.

cinco **5**

Sumário

UNIDADE 1 — Crescendo

CAPÍTULO 1
Ser criança › 10

Hora da leitura 1
O Menino Maluquinho, Ziraldo › **12**
Hora da leitura 2
Turma da Mônica, Mauricio de Sousa › **16**
Introdução à produção de texto
Escrever e revisar textos › **20**
Produção de texto
História em quadrinhos › **22**
Usos do dicionário
Usando o dicionário › **24**
Nossa língua
Ordem alfabética › **26**
Construção da escrita
Letra e som › **30**

CAPÍTULO 2
Irmão: ter ou não? › 32

Hora da leitura 1
A majestade, Sônia Barros › **34**
Fazendo conexões
Teste de comportamento › **38**
Hora da leitura 2
Quero um irmãozinho!, María Menéndez-Ponte › **40**
Produção de texto
Texto de opinião › **44**
Fazendo conexões
Enquete › **46**
Vamos interagir?
Resolvendo situações de conflito › **48**
Nossa língua
Número de sílabas › **50**
Construção da escrita
A letra **h** › **53**

CAPÍTULO 3
Assuntos de família › 56

Hora da leitura 1
Conta de novo a história da noite em que eu nasci, Jamie Lee Curtis › **58**
Produção de texto
Árvore genealógica › **62**
Hora da leitura 2
As roupas do papai foram embora, Luís Pimentel › **64**
Produção de texto
Depoimento › **68**
Língua viva
Origem da língua portuguesa › **70**
Nossa língua
Encontro vocálico › **72**
Construção da escrita
Uso de **x, ch** › **74**

EM AÇÃO!
Livro *Minha infância* › **76**

O QUE APRENDI? › 78

UNIDADE 2 — Do fundo do baú

CAPÍTULO 1
Uma viagem no tempo › 82

Hora da leitura 1
Escola antiga, Rachel de Queiroz › **84**
Produção de texto
Convite e registro de depoimento › **88**
Hora da leitura 2
Viagem no tempo, O Estado de S. Paulo › **90**
Vamos interagir?
Mostre e conte › **97**
Língua viva
Palavras e expressões do fundo do baú › **98**
Nossa língua
Encontro consonantal e dígrafo › **100**
Construção da escrita
Uso de **g, j** › **103**

CAPÍTULO 2
Contadores de história › 106

Hora da leitura 1
Meu avô Joãozinho, Vera Tess › **108**
Hora da leitura 2
A contadeira de histórias, Viriato Correa › **112**
Produção de texto
Coleta e registro de memórias › **117**
Fazendo conexões
Preparando uma entrevista › **119**
Vamos interagir?
Entrevista › **121**
Usos do dicionário
Verbete e acepção › **122**
Nossa língua
Substantivo › **124**
Construção da escrita
Uso de **r, rr** › **127**

CAPÍTULO 3
Chega de solidão › 130

Hora da leitura 1
Pinóquio, Carlo Collodi › **132**
Produção de texto
Cartão › **136**
Hora da leitura 2
Chapeuzinho Vermelho de raiva, Mario Prata › **138**
Língua viva
Português do Brasil x Português de Portugal › **142**
Nossa língua
Substantivo: próprio, comum e coletivo › **144**
Construção da escrita
Uso de **s, ss, c, ç** › **148**

EM AÇÃO!
Exposição "Do fundo do baú" › **150**

O QUE APRENDI? › 152

UNIDADE 3 — Amizades

CAPÍTULO 1
Amigos inseparáveis › 156

Hora da leitura 1
Amizade, Mauricio de Sousa › **158**
Produção de texto
Classificado poético › **168**
Hora da leitura 2
E vem o Sol, João Anzanello Carrascoza › **170**
Produção de texto
Conto: a construção da personagem › **174**
Língua viva
Linguagem formal e informal › **176**
Nossa língua
Singular e plural › **178**
Construção da escrita
Letra **s** representando o mesmo som que **z** › **182**

CAPÍTULO 2
Convivência › 184

Hora da leitura 1
Clubinho só de amigos, Folha de S.Paulo › **186**
Hora da leitura 2
Para não excluir ou ser excluído, Folha de S.Paulo › **190**
Vamos interagir?
Debate regrado › **194**
Produção de texto
Receita para preservar amigos › **196**
Usos do dicionário
A ordem dos verbetes no dicionário › **198**
Nossa língua
Masculino e feminino › **200**
Construção da escrita
Vogais nasais › **204**

CAPÍTULO 3
Solidariedade › 206

Hora da leitura 1
O homem que não sabia ler, Ricardo Azevedo › **208**
Produção de texto
Carta pessoal › **212**
Hora da leitura 2
Na minha rua, Mario Quintana › **214**
Produção de texto
E-mail › **218**
Nossa língua
Diminutivo e aumentativo › **220**
Construção da escrita
Emprego de **mb** e **mp** › **223**

EM AÇÃO!
Álbum de recordações › **226**

O QUE APRENDI? › 228

UNIDADE 4 — Somos todos diferentes

CAPÍTULO 1
Cada um é cada um › 232

Hora da leitura 1
Será que somos mesmo tão diferentes?, Laura Jaffé e Laure Saint-Marc › **234**
Produção de texto
Cartaz › **238**
Hora da leitura 2
Não somos figurinhas!, Claudia Werneck › **240**
Vamos interagir?
Exposição de ideias › **244**
Usos do dicionário
A página do dicionário › **246**
Nossa língua
Adjetivo › **248**
Construção da escrita
Acentuação gráfica › **252**

CAPÍTULO 2
Vencendo limites › 256

Hora da leitura 1
Júlia, Lia Crespo › **258**
Vamos interagir?
Refletindo acerca da inclusão social › **262**
Hora da leitura 2
Rodrigo enxerga tudo, Markiano Charan Filho › **264**
Produção de texto
Biografia › **268**
Fazendo conexões
Braille e Libras › **270**
Nossa língua
Pronome pessoal › **272**
Construção da escrita
Pontuação e expressividade › **276**

CAPÍTULO 3
Acolhendo as diferenças › 278

Hora da leitura 1
Na minha escola todo mundo é igual, Rossana Ramos › **280**
Produção de texto
Legenda de imagem › **284**
Hora da leitura 2
Uma pequena diferença, José Luiz Mazzaro › **287**
Produção de texto
Texto de opinião › **292**
Língua viva
Regionalismos › **294**
Nossa língua
Verbo › **296**
Construção da escrita
Pontuação e produção de sentido › **298**

EM AÇÃO!
Campanha "Tudo bem ser diferente!" › **300**

O QUE APRENDI? › 302

BIBLIOGRAFIA › 304

ENCARTE › 305

UNIDADE 1

Crescendo

O lazer é um dos melhores momentos no dia a dia da vida de uma criança.

- Em geral, em locais públicos, há placas para orientar as pessoas. O que as placas que aparecem na cena informam?

- Circule a menina que está ajudando o irmãozinho a andar de patins. Por que eles estão usando capacete, cotoveleira e joelheira?

- Na cena, quem está desrespeitando as normas do parque? O que você diria a essa pessoa?

- Quais pessoas estão contribuindo com a limpeza do parque?

Saber Ser

- Localize duas crianças com um robô de brinquedo na cena. Agora, monte o *toy* de robô que está no início do livro e brinque você também.

PROIBIDO ANDAR
DE BICICLETA
NA GRAMA

9

CAPÍTULO 1 — Ser criança

Vida de criança não é feita só de brincadeira: estudar, fazer lição de casa, organizar os brinquedos, arrumar a cama, tomar banho…

O quadro abaixo mostra diversas atividades realizadas por um menino. Será que ele realiza as mesmas atividades que você? Observe e descubra.

Um dia na vida de um menino, pintura de Norman Rockwell feita em 1952.

Roda de conversa

1 Que personagem aparece em todas as cenas?

2 Em sua opinião, quanto tempo se passa entre a primeira cena e a última cena?

3 Observe os objetos, as roupas e o corte de cabelo do menino.

   a. Essa pintura retrata o tempo atual? Explique.

   b. Leia, abaixo da pintura, o nome do autor e a data em que ela foi feita. A resposta que você deu ao item **a** estava certa?

4 Observe novamente esta parte do quadro.

   a. O esporte mostrado nessas cenas é bastante praticado nos Estados Unidos. Você conhece esse esporte?

   b. O menino do quadro é **estadunidense**. Provavelmente, que outros esportes ele praticaria se vivesse no Brasil?

   Estadunidense: nacionalidade de quem nasce nos Estados Unidos da América.

5 Observe as expressões do rosto do menino ao longo do quadro. De acordo com elas, quais atividades ele mais gostou de fazer?

Fazendo conexões

Agora, recorde o que você fez ontem.

1. Faça uma lista das principais atividades.
2. Desenhe, em uma folha avulsa, as atividades que você listou, na ordem em que aconteceram, tendo a pintura como referência.
3. Compare seu dia com o do menino da pintura. Faça uma lista com as semelhanças e as diferenças.
4. O que você pode concluir sobre o seu dia e o dia do menino? Há mais semelhanças ou diferenças?
5. Em sua opinião, por que isso acontece?

EM AÇÃO!

Hora da leitura 1

Esta é a capa do livro do qual foi extraída a história apresentada a seguir. Você conhece o menino que aparece na capa?

Ele é o Menino Maluquinho, uma personagem alegre, criativa e engraçada, criada pelo escritor e desenhista Ziraldo, em 1980.

Observe a primeira cena da história que você vai ler.

Ziraldo. *As melhores tiradas do Menino Maluquinho*. São Paulo: Melhoramentos, 2005. p. 89.

- Como está o quarto do Menino Maluquinho?
- Observe a expressão e o gesto da mãe do Menino Maluquinho. Ela parece tranquila? Explique.
- Você imagina por que ela está se sentindo assim?
- Em sua opinião, o que a mãe do menino está dizendo?
- E o Menino Maluquinho, o que estaria respondendo à mãe?

Um menino muito maluquinho – Eu não sei arrumar, eu só sei bagunçar. Nesse filme, o Menino Maluquinho não tem vergonha de admitir que é bagunceiro, em casa e na escola. Mas será que as coisas não funcionam melhor quando estão arrumadas? Assista ao vídeo no *site* da *TV Escola*. Disponível em: <http:\\linkte.me/wrm6e> (acesso em: 23 mar. 2016).

Faça uma leitura silenciosa da história e divirta-se.

Ziraldo. *As melhores tiradas do Menino Maluquinho*. São Paulo: Melhoramentos, 2005. p. 89.

Linha e entrelinha

1 O texto que você leu é:

☐ um conto de fadas. ☐ uma história em quadrinhos.
☐ um manual de instruções. ☐ um poema.

2 **Personagem** é quem participa de uma história. Quais são as personagens que aparecem nessa história?

_____

3 Em que **lugar** os acontecimentos dessa história se passam?

_____

4 O Menino Maluquinho encontrou diversos objetos no quarto dele. Veja se você também consegue encontrar.

O que procurar?	Em que quadrinho está?
uma raquete	
um garfo	
uma escova de dentes	
um animal de verdade	

5 Releia esta fala da mãe do menino.

ARRUMA ESSA BAGUNÇA JÁ'!

a. As hipóteses que você levantou acerca dessa fala se confirmaram? Explique.

_____

b. A fala da mãe nesse quadrinho representa um pedido, um convite ou uma ordem ao Menino Maluquinho?

_____

c. Por que a palavra **já** foi destacada nessa cena?

_____
_____

14 catorze

6 Observe o quadrinho ao lado. O que o gesto do Menino Maluquinho significa?

_____

_____

7 Pinte o balão de fala em que o menino tenta convencer a mãe de que o quarto dele não estava bagunçado.

8 Observe novamente o quadrinho ao lado.

a. A expressão do menino indica:

☐ aborrecimento   ☐ alegria   ☐ preocupação

b. O que representa o ponto de interrogação nesse quadrinho?

_____

9 Observe o quadrinho ao lado e responda.

a. Por que as letras desse quadrinho são grandes, coloridas e aparecem fora do balão?

_____

_____

b. Quais recursos gráficos foram usados nesse quadrinho para demonstrar a rápida movimentação do menino?

_____

10 Como a mãe do menino desapareceu no quarto?

_____

11 Converse com os colegas.

a. Por que é importante manter o quarto limpo e organizado?

b. Cite duas tarefas domésticas que podem ser feitas por uma criança para contribuir com a limpeza e a organização da casa.

Hora da leitura 2

Você conhece as personagens da Turma da Mônica?

A **Turma da Mônica** é um grupo de personagens de histórias em quadrinhos que foi criado pelo desenhista Mauricio de Sousa a partir da década de 1960 e não parou mais de crescer.

As principais personagens são Mônica, Cebolinha, Magali e Cascão. Mas a turma é grande, composta de dezenas de personagens.

Observe o primeiro quadrinho da história que você lerá a seguir e converse com os colegas.

Mauricio de Sousa. Turma da Mônica.

- Você conhece todas as personagens acima? Qual é o nome das que você conhece?
- Onde essas personagens estão?
- O que as meninas estão fazendo?
- Quais recursos o desenhista usou para indicar o movimento circular das meninas?
- O que a expressão no rosto das meninas demonstra?
- As meninas estão sozinhas nesse local? Explique.
- O que parece demonstrar a expressão do homem que se aproxima?
- Quem será esse homem que se aproxima das meninas?
- Como você imagina a sequência dessa história, com a aproximação do homem de paletó azul?

Agora, realize uma leitura silenciosa desta HQ, em que aparecem as personagens Marina, Magali e Mônica.

Mauricio de Sousa. Turma da Mônica.

Linha e entrelinha

1 O símbolo dentro do balão de fala no primeiro quadrinho indica qual ação da menina?

_____

2 No segundo quadrinho, o que os gestos e a expressão do homem indicam?

_____

3 Em qual quadrinho é possível descobrir o nome da personagem com quem o homem conversa? Qual é o nome dela?

_____

4 Se no terceiro balão houvesse palavras, o que estaria escrito?

_____

_____

5 Ao se interessar pela voz da menina, que atitude o homem teve em relação às personagens Mônica e Magali?

_____

6 No quarto quadrinho, o homem faz uma proposta à menina.

   a. Que proposta o homem fez? Que papel ele exerceria caso a proposta fosse aceita?

_____

_____

   b. Que benefícios ele oferece para que a menina aceite a proposta?

_____

_____

   c. A expressão no rosto da menina, do segundo ao quarto quadrinho, demonstra interesse ou desinteresse pela proposta?

_____

7 Observe esta parte do quinto quadrinho.

　a. O que significa o símbolo que aparece neste quadrinho?

_____

　b. O fato de esse símbolo se repetir nos balões de fala e também aparecer nos olhos do homem é um indício de que ele era:

　　☐ bondoso, pois não desejava lucro, apenas queria ajudar a menina a se tornar uma cantora de sucesso.

　　☐ ganancioso, pois valorizava muito a fortuna que ganharia.

8 Em que momento o homem percebe que Marina não iria aceitar a proposta? Como ele se sente nesse momento?

_____

_____

9 A menina não aceita a proposta, e as amigas dela ficam felizes. Que elementos do sexto quadrinho demonstram essa alegria?

_____

_____

10 O recurso gráfico sobre a cabeça do homem no último quadrinho foi usado para demonstrar que ele estava:

☐ contente　　☐ amedrontado

☐ irritado　　☐ apressado

11 Converse com os colegas e reflita.

　a. Para a menina, o que era melhor: trabalhar, ficar famosa e ganhar muito dinheiro ou aproveitar a infância brincando e se divertindo?

　b. O que você achou dessa atitude da menina? Explique.

　c. Para você, quem não sabia tirar proveito da vida: a menina ou o homem? Por quê?

Introdução à produção de texto

■ Escrever e revisar textos

Ao escrever um texto, leve sempre em consideração estes aspectos para que ele cumpra o objetivo para o qual foi criado.

Gênero textual	Qual o melhor formato de texto em que devo escrever?	Dependendo da situação, pode ser um bilhete, uma lista, um conto, uma carta, um relatório, etc.
Interlocutores	Quem será o leitor do texto? É conhecido ou desconhecido? É adulto ou criança?	O texto será lido por você mesmo, por outras pessoas, etc.
Objetivo da produção	Qual é a finalidade do texto que devo escrever?	Contar um acontecimento, expor opinião, dar um recado, divulgar uma pesquisa, etc.
Suporte do texto	Em que suporte o texto será **veiculado**? **Veicular:** transmitir.	Em um mural, no jornal da escola, na internet, em um cartão-postal, em um cartaz, etc.

1 Ana quer informar a alguns amigos sobre a festa de aniversário dela. Quais gêneros textuais Ana poderá usar?

☐ e-mail ☐ conto de fadas ☐ carta ☐ HQ
☐ convite ☐ lista de compras ☐ relatório ☐ bilhete

2 Observe a cena ao lado e responda.

Querida prima Larissa, este ano vou passar as férias na sua casa. Não vejo a hora de chegar logo o mês de julho para...

a. Qual gênero textual o menino está produzindo? _____

b. Quem é o interlocutor do texto, ou seja, para quem o menino está escrevendo?

_____

c. Com qual finalidade o menino está escrevendo o texto?

_____

3 Observe e leia esta tira em que aparece a personagem Garfield.

Jim Davis. *Garfield*, 1993.

a. Na cena, em que suporte o texto lido pelo gato foi veiculado?

_____

b. Com que finalidade o texto da placa foi criado?

☐ divertir ☐ convidar ☐ avisar ☐ convencer

Além de planejar como escrever, também é importante revisar o texto. Por isso, ao escrever a primeira versão de um texto, é preciso reler e verificar se estes aspectos foram atendidos:

Lembre-se!
Geralmente, um texto não fica pronto logo na primeira escrita. O ideal é que ele seja relido e melhorado à medida que vai sendo produzido.

1. O gênero escolhido (bilhete, *e-mail*, convite, carta, lista, etc.) é o mais apropriado para atingir o objetivo?
2. As informações estão claras para o interlocutor do texto?
3. A linguagem está adequada à situação e ao interlocutor?
4. A escrita das palavras e a pontuação estão corretas?
5. O texto está limpo e bem apresentável (sem rabiscos ou borrões)?

4 A placa ao lado não foi revisada. Por isso, o texto pode ser entendido com um sentido diferente do que se pretendia dar. Converse com os colegas.

a. O que o texto da placa pretende informar?

b. Que outro significado pode ser atribuído ao texto da placa devido à forma como ele foi escrito?

Produção de texto

■ História em quadrinhos

As histórias em quadrinhos são narrativas que contam fatos por meio de imagens, palavras e símbolos.

O sentido de uma história em quadrinhos não é construído apenas pelas palavras. As imagens e os demais recursos também são muito importantes, pois por meio deles se obtêm diversas informações que auxiliam na compreensão da HQ. Observe este exemplo.

Onomatopeias
Palavras que imitam os sons. As letras dessas palavras apresentam maior destaque.

Balão de pensamento
Espaço onde aparece o que a personagem está pensando.

Balão de fala
Espaço onde está escrito o que a personagem diz.

Mauricio de Sousa. Turma da Mônica.

Símbolos
Auxiliam na construção de sentidos da HQ.

Expressão facial
Expressão que ajuda a demonstrar o que a personagem está sentindo.

Linhas de movimento
Indicam deslocamentos, movimentos.

Para fazer uma HQ é preciso:
1. definir as personagens que participarão da história;
2. escrever o **roteiro** da história e dar um título a ela, antes de desenhar;
3. planejar a lápis o que será desenhado em cada quadrinho e o que será escrito em cada balão para prever o espaço que ocupará.

Roteiro: texto com o planejamento de cenas e falas de uma história.

Planejar e produzir

Você criará uma HQ contando um fato curioso, interessante ou engraçado que tenha vivido. A HQ será lida por seus colegas de classe e, posteriormente, por seus familiares e outras pessoas da comunidade.

1 Em uma folha à parte, escreva o roteiro da história, organizando-o em quatro ações importantes.

2 Em seguida, divida uma folha de papel sulfite em quatro partes iguais. Faça o esboço da HQ a lápis, planejando os desenhos e os balões de cada quadrinho.

3 O último quadrinho deve conter algo divertido ou interessante para surpreender o leitor.

4 Nos balões, use frases curtas para que a história seja dinâmica. Os sentidos do texto devem ser complementados pelas imagens.

Revisar, avaliar e reescrever

Itens a avaliar	Sim	Não
1. As frases dos balões estão curtas?		
2. Os quadrinhos estão na ordem certa de ocorrência?		
3. O último quadrinho é surpreendente?		

Para finalizar a sua HQ, contorne os desenhos com uma caneta preta, preferencialmente de escrita fina. Depois, faça o mesmo com as letras. Se houver palavras a destacar, use caneta colorida ou de ponta grossa. Em seguida, pinte os desenhos cuidadosamente.

Quando terminar, mostre a HQ para os seus colegas. Depois, deixe-a exposta no mural da sala de aula para que todos a leiam.

Mais adiante, essa história em quadrinhos comporá um livro sobre a sua infância e fará parte de uma exposição cultural aberta ao público.

EM AÇÃO!

Usos do dicionário

Usando o dicionário

Os dicionários são importantes fontes de conhecimento e de informação. Você sabe quais usos podemos fazer de um dicionário?

1 Junte-se a um colega e façam uma lista dos usos que podemos fazer de um dicionário.

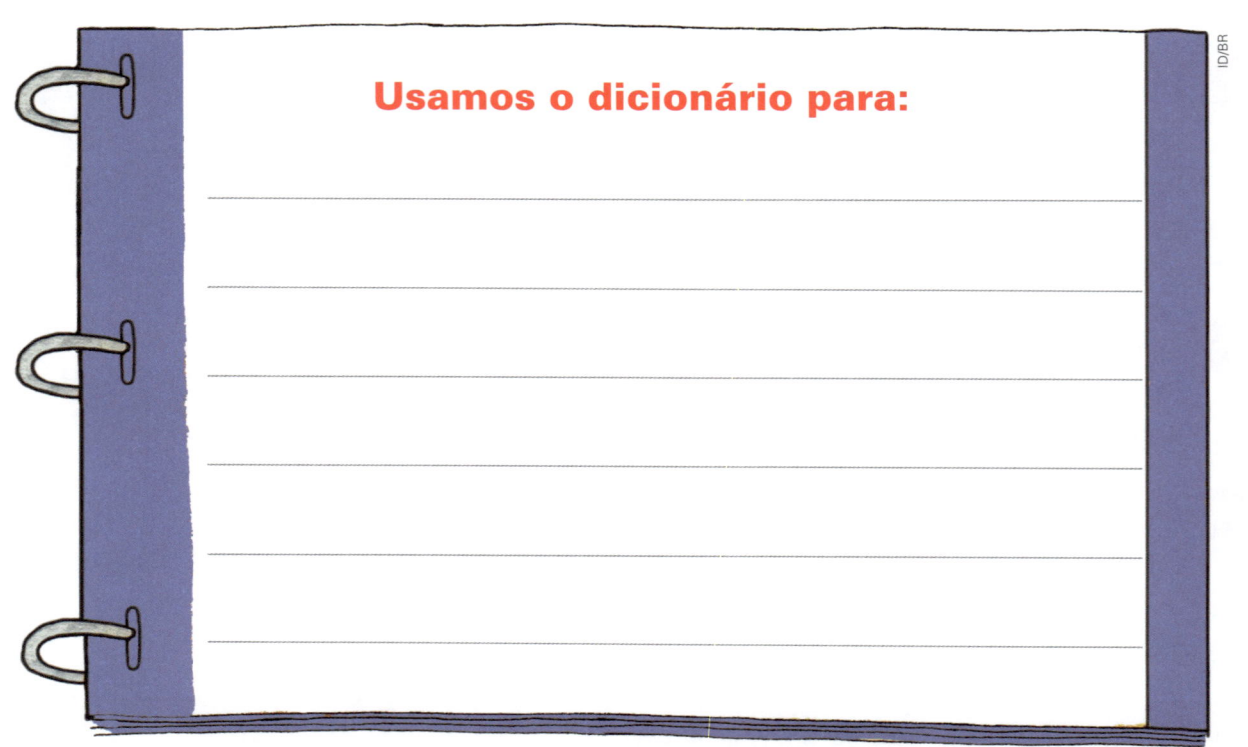

Usamos o dicionário para:

_____
_____
_____
_____
_____

2 Observe o uso que a personagem Calvin fez do dicionário.

Bill Watterson. *Calvin*, 1987.

a. Calvin realmente odiava ravióli? Comente.

_____
_____

b. Por que Calvin consultou o dicionário?

_____

_____

c. Leia o verbete abaixo e marque o que Calvin descobriu ao consultar o dicionário.

> **ravióli** (ra-vi-ó-li)
> Massa alimentícia fina e cortada em pequenos pedaços quadrados, recheada com algum ingrediente picado, geralmente carne ou queijo.

Dicionário didático. São Paulo: SM, 2009. p. 679.

☐ De onde vem o alimento.

☐ A separação silábica da palavra.

☐ O significado da palavra.

☐ O tempo de preparo do alimento.

3 Com que objetivo Sandra, a personagem abaixo, consultou o dicionário?

E AGORA, É COM **G** OU COM **J**?

_____

> Entre outros usos, consultando um dicionário, podemos:
> **1.** descobrir os sentidos de palavras desconhecidas;
> **2.** aprender outros sentidos para palavras já conhecidas;
> **3.** confirmar a escrita e a separação silábica das palavras.

Nossa língua

▬ Ordem alfabética

1 Observe e leia esta tira.

Adão Iturrusgarai. *Folha de S.Paulo*, p. E9, 17 nov. 2004.

a. O que a personagem à esquerda estava fazendo?

_____

b. Se **preceder** é vir antes, o que a personagem queria saber?

_____

c. Qual era a resposta esperada?

_____

d. Que atitude da personagem de azul propicia o humor da tira?

_____

> Na tira acima, uma das personagens começou a citar as letras na mesma sequência em que elas aparecem no alfabeto e no dicionário.
> A ordem em que as letras aparecem no alfabeto é chamada de **ordem alfabética**. Esta é a ordem alfabética:
> **A B C D E F G H I J K L M N O P Q R S T U V W X Y Z**

2 Você já sabe que nos dicionários as palavras são dispostas em ordem alfabética para facilitar a consulta.

a. Que outros suportes ou publicações usam a ordem alfabética?

_____

b. Para encontrar em um dicionário duas palavras que começam com a mesma letra, o que você teria de observar?

_____

_____

3 Ajude a organizar a estante ao lado, escrevendo os títulos dos livros em ordem alfabética

_____

_____

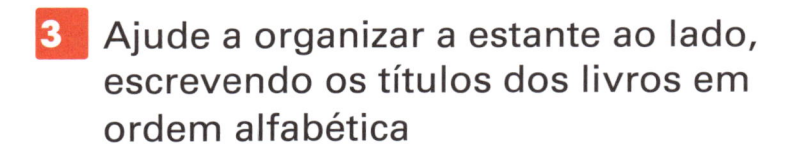

4 Observe estas personagens da Turma da Mônica.

☐ Mônica   ☐ Franjinha   ☐ Cebolinha   ☐ Magali   ☐ Cascão

a. Nos quadradinhos, numere os nomes de acordo com a ordem alfabética.

b. Agora, escreva os nomes das personagens em ordem alfabética.

_____

5 Organize estes nomes em ordem alfabética.

ANA MARIA   AMANDA   ADRIANO   ANTÔNIO   ANA CLARA

_____

_____

vinte e sete **27**

6 Ricardo vai à feira. Organize a lista de compras, escrevendo o nome dos alimentos em ordem alfabética.

Lista de compras

7 Leia o resumo do livro *Salada de letras*, de Rosângela De Moro.

Todo dia, na hora das refeições, era a mesma coisa: Camila só queria comer doces. A mãe já andava preocupada, quando teve uma ideia: "Camila, a partir de amanhã, você escolhe o que comer, mas tem que seguir a ordem alfabética". Camila aceitou. No primeiro dia, Camila comeu: abacaxi, açaí, agrião, abacate, amora, alface, arroz, abóbora, ameixa, azeitona...

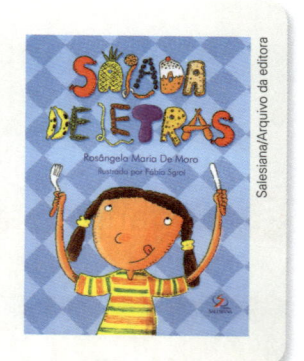

a. Organize em ordem alfabética o que Camila comeu no primeiro dia.

b. Indique a letra inicial dos alimentos que Camila comerá no:

| 2º dia | | 6º dia | | 15º dia | | 18º dia | |

c. Cite quatro alimentos que Camila poderia comer no 12º dia.

_____

8 Pinte os quadrinhos na ordem alfabética e leve Joana à escola.

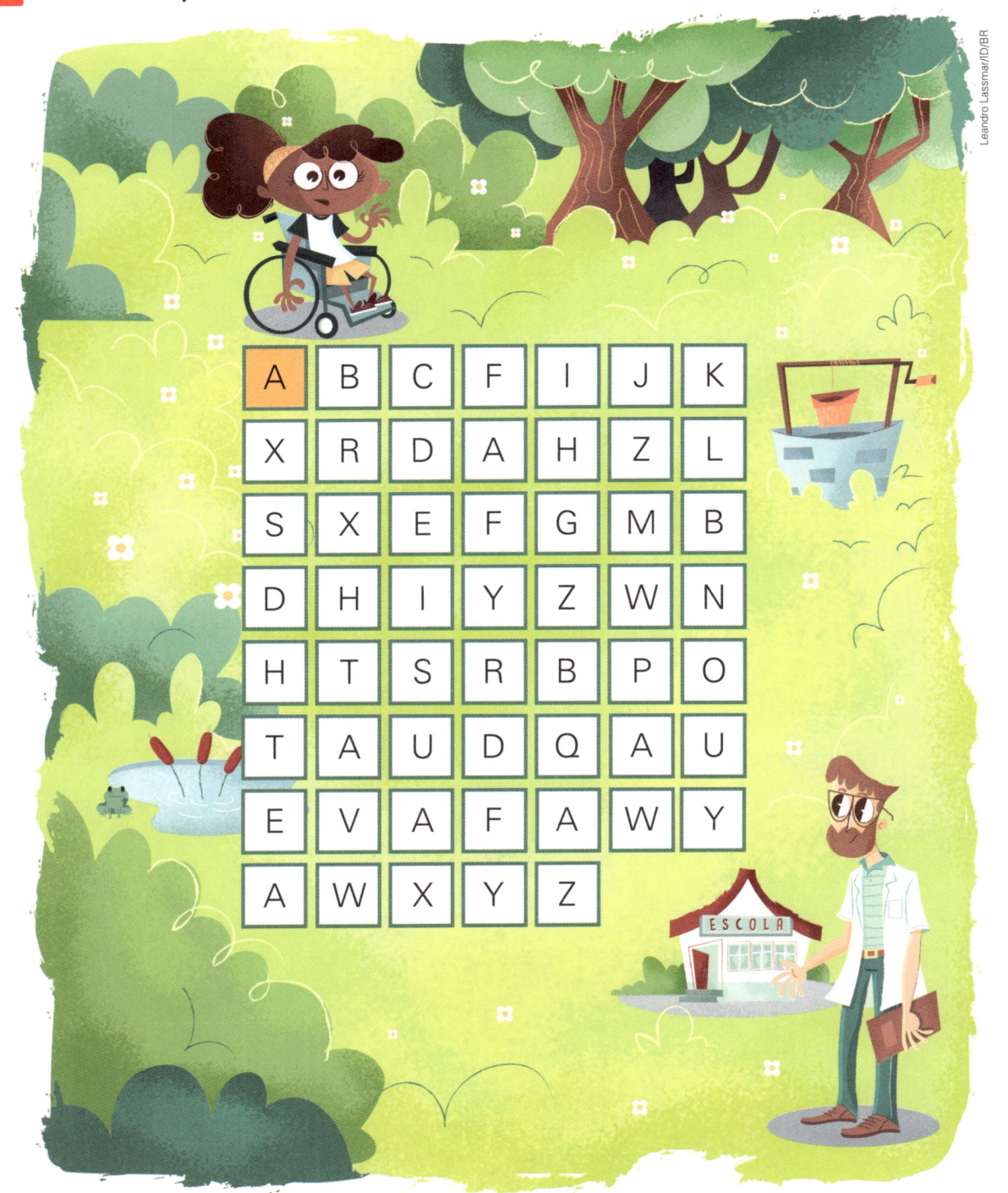

A	B	C	F	I	J	K
X	R	D	A	H	Z	L
S	X	E	F	G	M	B
D	H	I	Y	Z	W	N
H	T	S	R	B	P	O
T	A	U	D	Q	A	U
E	V	A	F	A	W	Y
A	W	X	Y	Z		

vinte e nove 29

Construção da escrita

▬ Letra e som

1 Observe as capas destas revistas. A pronúncia da letra **c** nas palavras **Mônica** e **Cebolinha** é:

☐ igual   ☐ diferente

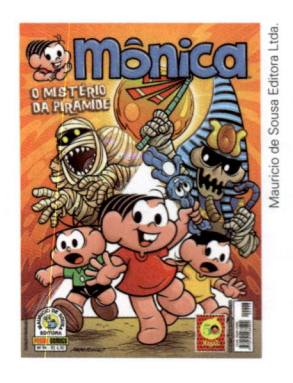

2 Leia em voz alta as palavras deste quadro.

| caneca | cenoura | cigarra | copo | cubo |

a. Em quais palavras acima a letra **c** representa som igual ao som representado pela letra **c** da palavra **Mônica**?

_____

b. Em quais palavras acima a letra **c** representa som igual ao som representado pela letra **c** de **Cebolinha**?

_____

3 Observe os nomes destes irmãos.

a. Em quais nomes a pronúncia da letra **g** é igual à do **g** em **gelo**?

_____

b. Em quais nomes a pronúncia da letra **g** é igual à do **g** em **gorro**?

Gilmar   Gustavo   Gabriela   Gérson

_____

Para refletir!

Para falar, usamos os sons da língua.
Para escrever, usamos as letras.
As letras representam os sons da língua.

4 Leia esta parlenda.

Quem cochicha o rabo espicha.
Come pão com lagartixa!

Domínio público.

a. As letras destacadas na parlenda representam sons:

☐ parecidos ☐ iguais ☐ diferentes

b. Circule a palavra do quadro em que o **x** representa o mesmo som que em **lagartixa**.

| exame | táxi | exercício | bruxa | axila |

c. Podemos concluir que, na nossa língua escrita, a letra **x**:

☐ representa diferentes sons.
☐ representa um único som.

5 Circule a palavra de cada grupo cuja letra destacada representa um som diferente do representado nas demais palavras.

A carambola — coco — caqui — cereja

B girafa — gambá — golfinho — gorila

C xadrez — xarope — táxi — xícara

D rosa — mesa — vaso — sino

6 Agora, conclua. Na escrita da nossa língua, uma mesma letra:

☐ pode representar sons diferentes.
☐ não pode representar sons diferentes.

Em nossa língua, as correspondências entre letras e sons variam. É por isso que, em certas situações, ficamos em dúvida quanto a que letra usar. A prática constante da leitura e da escrita nos ajuda a aprender a forma adequada de escrever.

CAPÍTULO 2 — Irmão: ter ou não?

Nem sempre é fácil aprender a dividir o quarto, os brinquedos e a atenção dos pais com os irmãos.

Neste capítulo, você refletirá a respeito das vantagens e das dificuldades de quando se tem ou não irmãos. Para começar, observe a capa de um livro que trata desse assunto.

- nome da coleção da qual o livro faz parte
- título do livro
- subtítulo do livro

Um novo bebê está chegando!
Um guia para o irmão e a irmã mais velhos

Emily Menendez-Aponte
Ilustrações: R. W. Alley

- nome do autor
- nome do ilustrador
- ilustração de capa referente à história contada no livro

Roda de conversa

1 Conforme o subtítulo, este livro é um guia para irmãos mais velhos.

   a. Qual o sentido da palavra **guia** neste contexto do subtítulo?

   ☐ Pessoa que conduz um grupo: um guia turístico.

   ☐ Pessoa que orienta, aconselha: um guia espiritual.

   ☐ Obra que dá indicações práticas sobre algo: guia de comportamento.

   ☐ Publicação sobre locais turísticos, contendo roteiros de viagem.

   b. O livro é um guia para qual situação?

2 A chegada de um bebê pode causar mudanças na vida dos irmãos? Explique.

3 A chegada de um bebê pode causar algum sentimento ruim na criança que passa a ter um novo irmão ou uma nova irmã? Explique.

4 Observe a ilustração da capa do livro.

   a. Que sentimento parece demonstrar o irmão mais velho?

   b. O que está provocando esse sentimento?

5 Você já viveu essa situação de ganhar um novo irmão ou uma nova irmã? Como foi? O que sentiu?

CONTEÚDO NA VERSÃO DIGITAL

Para refletir!

Quando um novo bebê chega à sua família, muitas coisas irão mudar, mas muitas outras irão continuar do mesmo jeito.

Sua casa vai parecer um pouco mais agitada e haverá muitas novas "coisas de bebê" ao redor. Mas todas as suas coisas continuarão lá também. Você ainda terá seu bicho de pelúcia favorito e todos os seus brinquedos. Você continuará indo para a escola e brincando com seus amigos.

Emily Menendez-Aponte. *Um novo bebê está chegando!* São Paulo: Paulus, 2015.

Hora da leitura 1

Clara tem 6 anos e está enfrentando uma dificuldade. Leia o título do texto, observe a ilustração abaixo e descubra qual é essa dificuldade.

- Você imagina por que Clara está triste?
- Quem será a "majestade" citada no título?

A majestade

Clara entrou correndo em seu quarto. Bateu a porta, pra todo mundo ouvir. Inclusive o irmão. Intrometido! Chegou faz tão pouco tempo e já é o rei da casa. Manda e desmanda, sem nem falar. É só chorar um pouquinho e pronto. Todo mundo querendo adivinhar o que a majestade deseja. E, como a majestade tá sempre querendo alguma coisa, todo dia, toda hora, todo minuto, não sobra tempo pra mais nada. E pra mais ninguém, claro.

Por isso dói tanto. Baita machucado no coração de Clara. Seu maior segredo. A mãe não sabe. O pai nem desconfia. O irmão, que acabou de nascer, não tem a mínima ideia de como é que aparece machucado em coração. E também não sabe que a culpa é dele. Porque foi ele, ah, se foi! Clara tem certeza de que é tudo culpa do irmão.

Pensando nesse mundaréu de coisa doída, Clara ficou na cama um tempão. Agarrada no travesseiro, chorando. De dor e de raiva. Tudo misturado numa coisa só. A mãe não apareceu pra dar bronca pela bateção de porta. Nem isso! Na certa, estava ocupada, medindo a febre do bebê.

Aí Clara se lembrou do amigo e quase sorriu. Desceu depressa da cama e se atirou nos braços de Afonso. Ainda bem que ele estava lá! Seu amigo de todas as horas. Companheirão mesmo. Enorme urso marrom, todo esparramado num canto do quarto. Fofíssimo, imenso. Uma gostosura de colo! Melhor que o colo de Afonso, só mesmo o do pai.

Era tão bom. Bom, nada. Era maravilhoso quando o pai chegava em casa de noitinha e corria atrás dela. Corriam os dois em volta da mesinha da sala, até caírem no sofá. Língua de fora e coração aos pulos. Depois, no colo do pai, Clara ia contando pra ele o que tinha feito naquele dia. As brincadeiras que tinha inventado, as novidades da escola, as chateações, tudo de tudo.

Domingo de manhã também tinha colo. Em dose dupla! Do pai e da mãe. Quer dizer, não era bem colo, mas a gostosura era a mesma. Ia todo mundo lá pra sala. Afonso também. A mãe afastava alguns móveis do caminho, por causa do tamanhão do urso. Aí eles ficavam esparramados no tapete, no meio das almofadas. O pai e a mãe liam jornal. E Clara mergulhava gostoso numa porção de livros. Histórias incríveis. De vez em quando ela perguntava alguma coisa. Queria saber o significado de uma palavra ou de um pedaço da história que não tinha ficado bem entendido. A mãe explicava. Ou o pai. Às vezes até os dois juntos. Era bom demais!

Depois o chato do irmão apareceu e estragou tudo. Nada de colo, nada de corrida em volta da mesinha da sala, nada de manhã gostosa de domingo, nada de nada!

[...]

Só ele que podia tudo. A mãe corria pra trocar a fralda, sem nem reclamar. Nos últimos dias, então, não desgrudava dele. Toda hora com o termômetro na mão, querendo saber se o bebê estava com febre. Nem aí pra Clara.

[...]: este sinal indica que uma parte do texto original foi omitida.

Sônia Barros. *O que é que eu faço, Afonso?* São Paulo: Atual, 2010. p. 4-7.

Linha e entrelinha

1 Preencha a tabela com informações do texto que você leu.

Título do texto	
Personagens	
Local em que ocorre	

2 Por que, segundo o texto, a vida de Clara mudou?

_____

_____

3 No primeiro parágrafo, há a palavra **intrometido**.

a. A quem essa palavra se refere?

_____

b. Qual personagem do texto tinha a ideia de que havia um intrometido na família?

_____

c. Qual é o significado dessa palavra no texto?

_____

4 No texto, por que o bebê é chamado de **majestade**?

☐ Porque ele era o segundo filho da família.
☐ Porque o bebê era tratado como se fosse um rei.
☐ Porque ele era um rei de fato.
☐ Porque ele estava doente.

5 Ao usar termos como **majestade**, **intrometido** e **chato**, o **narrador**:

☐ defende o bebê.
☐ demonstra como Clara via o bebê.
☐ não se importa com o nascimento do bebê.

Narrador: aquele que conta a história.

6 Sublinhe no texto os trechos que informam que o irmão de Clara adoeceu e ficou com febre.

7 Observe estas cenas referentes ao texto.

A **B** **C**

a. Quais cenas se referem ao passado de Clara?

_____

b. Qual dessas cenas ocorria aos domingos, no passado?

_____

c. Qual dessas cenas está relacionada ao bebê estar doente?

_____

8 Leia o resumo de como a história de Clara continua e converse com os colegas.

> O bebê adoeceu e ficou internado em um hospital. Clara se sentiu culpada, pois havia desejado que ele não existisse. Quando o bebê voltou para casa, Clara se aproximou dele e percebeu que ele era frágil e pequenino. O coração de Clara ficou cheio de ternura pelo irmãozinho e a convivência dela com os pais voltou ao normal.

a. Como Clara passou a ver o irmãozinho?

b. Provavelmente, ela não chama mais o irmão de **intrometido** e **chato**. Quais palavras você imagina que ela usa agora para se referir ao irmão?

9 Clara sentia ciúme do irmão menor. Isso já aconteceu com você? Como você se sentiu? Se não ocorreu, como imagina que se sentiria, caso acontecesse? Converse com os colegas.

Fazendo conexões

Teste de comportamento

Você realizará um teste retirado de um livro sobre convivência na família. Imagine que você é filho único ou filha única e recebe a notícia abaixo. Leia a sequência e escolha a resposta que melhor representa a sua reação à situação a seguir.

Jogo-teste

Agora é com você!

Coloque-se no lugar da criança a seguir e escolha o que você faria se estivesse na mesma situação.

Esta manhã, seus pais lhe disseram que você vai ganhar um irmãozinho...

Laura Jaffé e Laure Saint-Marc. *Convivendo com a família*. São Paulo: Ática, 2004. p. 36.

Agora que você recebeu a notícia, escolha a resposta que melhor representa a reação que você teria nessa situação.

Quais dessas reações você acha que teria?

1 Legal! Com um bebê em casa, não vou ficar sem ter o que fazer!

2 Que história é essa? Meus pais deviam ter pedido minha opinião antes!

3 Tudo bem, que venha o bebê! Mas vou falar para meus pais que não quero que ele mexa nas minhas coisas!

4 Por que eles querem ter um bebê? Não está tão bom assim?

5 Que ótimo! O bebê vai me ver como gente grande!

6 Um bebê! Bem que eu queria estar no lugar dele...

Laura Jaffé e Laure Saint-Marc. *Convivendo com a família.* São Paulo: Ática, 2004. p. 37.

Os comentários referentes à sua escolha estão na página 305.

Hora da leitura 2

João, a personagem principal do texto que você lerá a seguir, quer muito um irmãozinho.

■ Observe a ilustração. O que João está fazendo nessa loja?

■ Quem você imagina que é a pessoa que acompanha João na loja?

Quero um irmãozinho!

Meus amigos dizem que os irmãos são um pouco chatos. E que quebram os brinquedos. E que você tem que deixar, para que não chorem. E que, se choram, quem paga o pato é você. E que não largam do seu pé.

Mas eles não sabem que é pior não ter irmão, porque a gente se sente muito sozinho.

[...]

Ontem fiquei sabendo que a vizinha do segundo andar tem um bebê dentro da barriga, aí eu desci para perguntar como foi que ela conseguiu isso. [...]

— E como cresceu esse bebê na sua barriga? — perguntei.

— O Estêvão colocou uma semente dele aqui dentro.

Genial! Agora já sabia o segredo. O marido dela tinha plantado uma semente na barriga dela, então eu podia fazer a mesma coisa com a mamãe.

Corri de volta para casa e telefonei para o vovô. Ele adora jardinagem e vive plantando sementes no jardim.

Vovô ficou contentíssimo e veio me buscar para me levar para a loja de flores onde costuma comprar suas sementes. [...]

Vovô comprou um vasinho com terra para plantar as sementes. Por via das dúvidas, não contei onde iria plantá-las. E isso ia ser o mais difícil: plantar sementes na barriga da mamãe sem que ela percebesse.

- Como será que a mãe de João reagirá quando souber do plano dele?
- Em sua opinião, o plano de João dará certo? Nascerá um bebê das sementes?

Depois de comer, mamãe pegou uma manta e se deitou no sofá para ver televisão.

Era o momento perfeito. Finalmente ela fechou os olhos. Eu me aproximei com o saquinho de sementes escondido nas mãos atrás das costas [...].

Sem respirar, levantei sua blusa com muito cuidado [...], coloquei as sementes dentro do umbigo. Mamãe mexeu o braço. E se justo naquela hora ela virasse o corpo? As sementes iriam cair.

Fiquei parado como uma estátua, mas, quando vi que ela não se mexia, fui ao terraço pegar o regador. Então contei até três e derramei a água do regador no umbigo dela.

Chuá!

Mamãe deu um salto mortal e começou a brigar comigo:

— Que ideia maluca foi essa, João? [...]

Comecei a chorar.

Chorava tanto que não conseguia explicar por que tinha feito aquilo.

Por fim nós dois nos acalmamos e consegui contar tudo. Então mamãe me abraçou e me explicou que sementes de plantas não servem para fazer nascer um irmãozinho. Pelo visto o papai tem uma semente especial que ele planta dentro da mamãe com muito amor; não precisa de água.

Então plantamos as sementes [...] no vasinho que o vovô comprou para mim, para que ele veja que me interesso por jardinagem.

María Menéndez-Ponte. *Quero um irmãozinho!* São Paulo: SM, 2005.
©María Menéndez-Ponte/©Ediciones SM, 2003.

Linha e entrelinha

1 Numere de 1 a 4 de acordo com a ordem dos acontecimentos.

2 No texto lido, quem conta a história?

_____

3 João e seus amigos não compartilhavam da mesma opinião a respeito de ter irmãos. Em que as opiniões eram diferentes?

_____

_____

_____

4 Sublinhe o trecho do texto que dá indícios de que a personagem morava em um edifício e não em uma casa térrea.

5 Que palavra do texto gerou confusão de entendimento entre as personagens?

_____

6 Qual é o sentido destas expressões do primeiro parágrafo?

a. "pagar o pato"

b. "não largar do pé"

_____

_____

7 Compare o desejo e os motivos das duas personagens que aparecem neste capítulo, completando as frases dos quadrinhos.

a. Clara não queria ter um irmãozinho porque _____

b. João queria ter um irmãozinho porque _____

8 As ideias de João a respeito de sementes de plantas e nascimentos de bebês estavam certas? O que João pôde concluir no final?

_____

_____

9 Saiba qual é o desfecho da história de João.

VOCÊ VAI GANHAR UM IRMÃOZINHO.

Mas, na véspera do meu aniversário, mamãe me pega no colo e me fala:

María Menéndez-Ponte. *Quero um irmãozinho!* São Paulo: SM, 2005. p. 60.
©María Menéndez-Ponte/©Ediciones SM, 2003.

■ Em sua opinião, qual foi a reação de João ao ouvir essa notícia?

_____

quarenta e três **43**

Produção de texto

Texto de opinião

Cada pessoa é um ser único, pois tem personalidade, características e ideias próprias. Veja qual é a opinião de um menino sobre ser o irmão do meio.

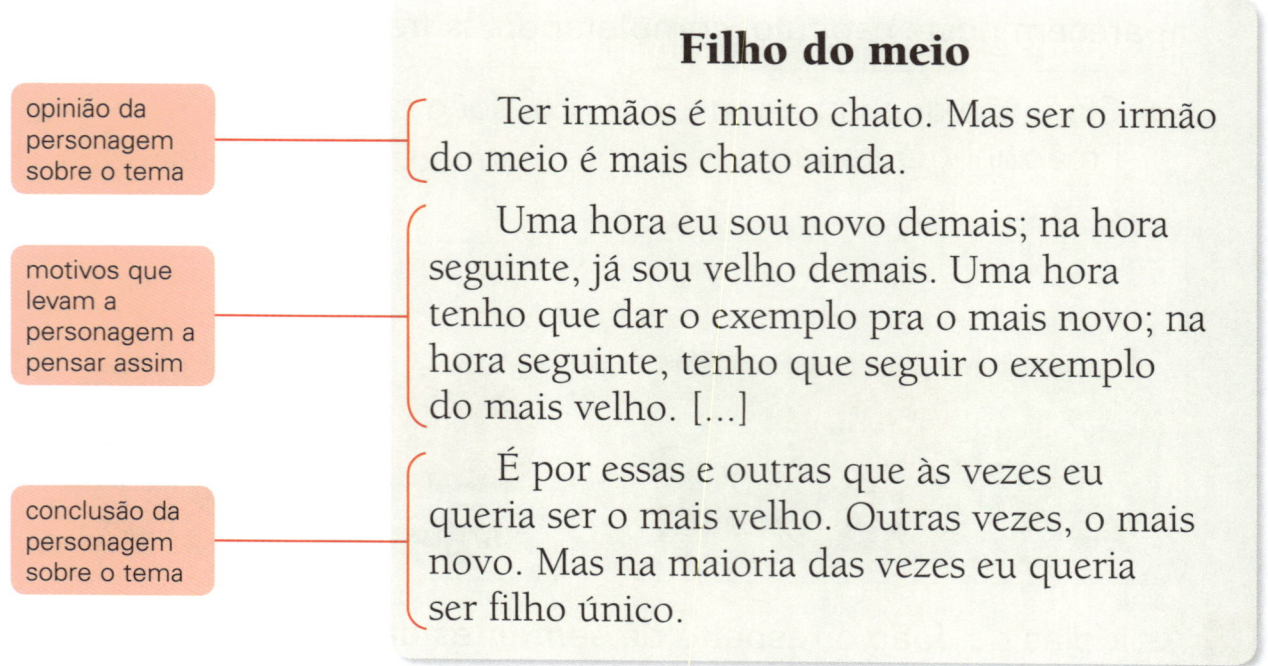

Filho do meio

opinião da personagem sobre o tema

Ter irmãos é muito chato. Mas ser o irmão do meio é mais chato ainda.

motivos que levam a personagem a pensar assim

Uma hora eu sou novo demais; na hora seguinte, já sou velho demais. Uma hora tenho que dar o exemplo pra o mais novo; na hora seguinte, tenho que seguir o exemplo do mais velho. [...]

conclusão da personagem sobre o tema

É por essas e outras que às vezes eu queria ser o mais velho. Outras vezes, o mais novo. Mas na maioria das vezes eu queria ser filho único.

Lília Gramacho Calmon. *O filho do meio*. Belo Horizonte: Formato, 1998. p. 10-12.

Converse com os colegas.

1. Para o menino do texto, ser irmão do meio é bom, ruim ou indiferente?

2. Os motivos que o menino apresenta negam ou confirmam a opinião que ele tem? Quais são esses argumentos?

3. Para a personagem do texto, que outras situações são mais vantajosas que ser o filho do meio?

4. As opiniões de uma pessoa podem mudar. Que mudança de opinião teve Clara, personagem do texto "A majestade"?

Planejar e produzir

Escreva um texto dando sua opinião a respeito da posição que você ocupa na sua família: ser o irmão mais velho, o irmão mais novo, o irmão do meio ou filho único traz vantagens ou desvantagens? Justifique sua opinião.

No texto, defenda uma posição clara e apresente motivos para confirmar a opinião que você tem. No final, escreva um parágrafo com as suas conclusões. Não se esqueça de dar um título ao texto.

Revisar, avaliar e reescrever

Itens a avaliar	Sim	Não
1. Sua opinião sobre as vantagens e as desvantagens de determinada posição na família está clara no texto?		
2. Você apresentou motivos que confirmam a opinião que você tem?		
3. Você escreveu uma conclusão para o texto e deu um título a ele?		

Vamos interagir?

Defesa de opinião

1. Agora, você e seus colegas vão conversar a respeito das vantagens e das dificuldades de ser o irmão mais velho, o irmão mais novo, o irmão do meio ou de não ter irmãos.

2. Aguarde a sua vez de falar e defenda suas opiniões, apresentando os argumentos de modo educado, sem querer impor suas ideias. Lembre-se de que cada pessoa tem um jeito próprio de pensar. Por isso, além de ouvir com atenção as opiniões dos colegas, é preciso respeitá-las.

3. Use o texto que você escreveu como apoio à memória. Não o leia quando estiver expondo suas opiniões, para que a troca de ideias seja mais espontânea.

Após essa conversa, guarde seu texto, pois ele fará parte de um livro que será montado no final desta unidade.

EM AÇÃO!

Fazendo conexões

Enquete

Para conhecer a opinião de um grupo sobre um assunto, podemos realizar uma **enquete**. Veja um exemplo de enquete.

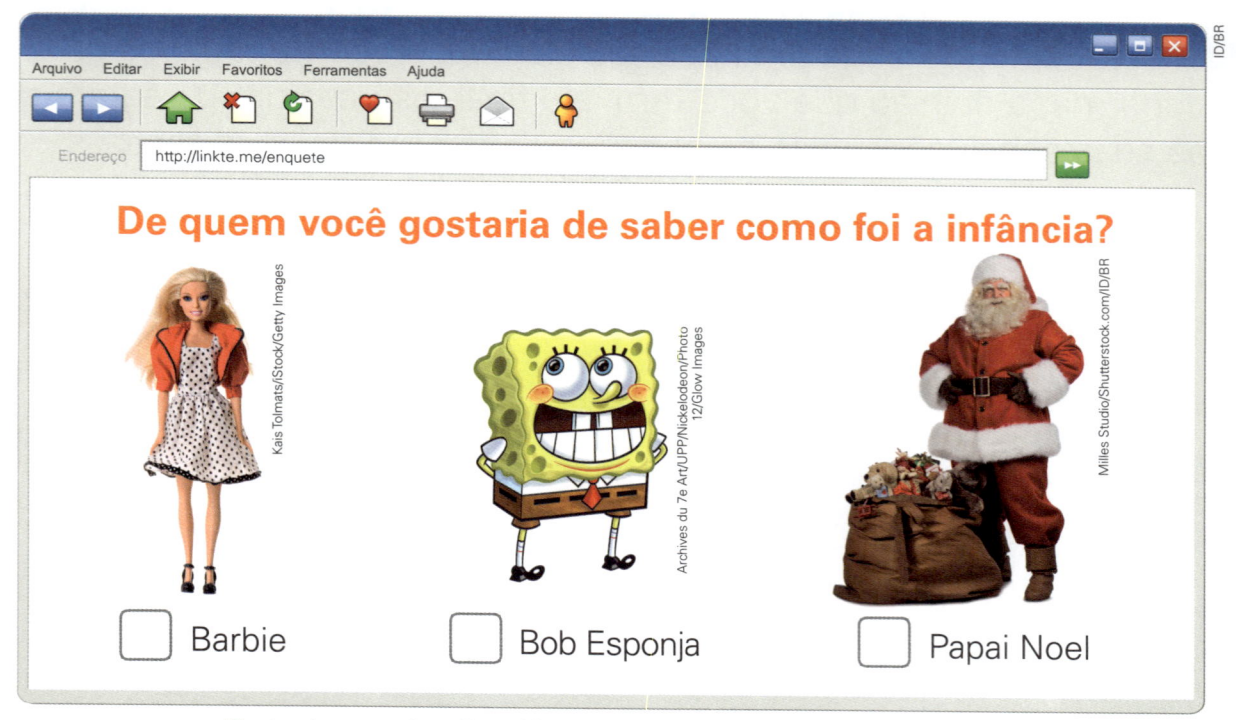

De quem você gostaria de saber como foi a infância?

☐ Barbie   ☐ Bob Esponja   ☐ Papai Noel

Fonte de pesquisa: Portal Uol Crianças. Disponível em: <http://linkte.me/enquete>. Acesso em: 30 mar. 2016.

Converse com os colegas.

1 Em que meio de comunicação essa enquete foi realizada?

2 O que essa enquete pretende descobrir?

3 Que resposta você daria a essa enquete?

4 Em sua opinião, qual personagem foi a mais votada? Por quê?

Enquete é uma pesquisa de opinião sobre determinado assunto. Ela é realizada, principalmente, pelos meios de comunicação: internet, televisão, revista, jornal, etc.

Trata-se de uma maneira prática e rápida de pesquisar a opinião ou o hábito das pessoas, pois a pergunta sobre o que se quer saber já vem acompanhada de opções de resposta.

O título deste capítulo é uma pergunta: "Irmão: ter ou não?". Você e seus colegas vão fazer uma enquete a esse respeito.

Realizando uma enquete

1. Usem a pergunta abaixo ou outra que defina o que se quer saber.

   > É melhor ter irmão(s) ou ser filho único?

2. Elaborem duas opções de respostas ou usem estas:

   ☐ É melhor ter irmão(s) para ter com quem brincar e conversar.

   ☐ É melhor ser filho único para não precisar repartir os brinquedos.

3. Organizados em grupos de três alunos, realizem a pesquisa com seis crianças com idade até 10 anos. Anotem as respostas.

4. No dia combinado, cada trio apresenta os resultados que obteve com a enquete. Depois, coletivamente, reúnam todas as respostas, somando o número de escolhas de cada opção.

5. Para finalizar, sob a orientação do professor, elaborem um **gráfico** como este em uma folha de papel quadriculado para demonstrar o resultado da pesquisa. Pintem um quadradinho para cada resposta. O gráfico fará parte do livro montado no final desta unidade.

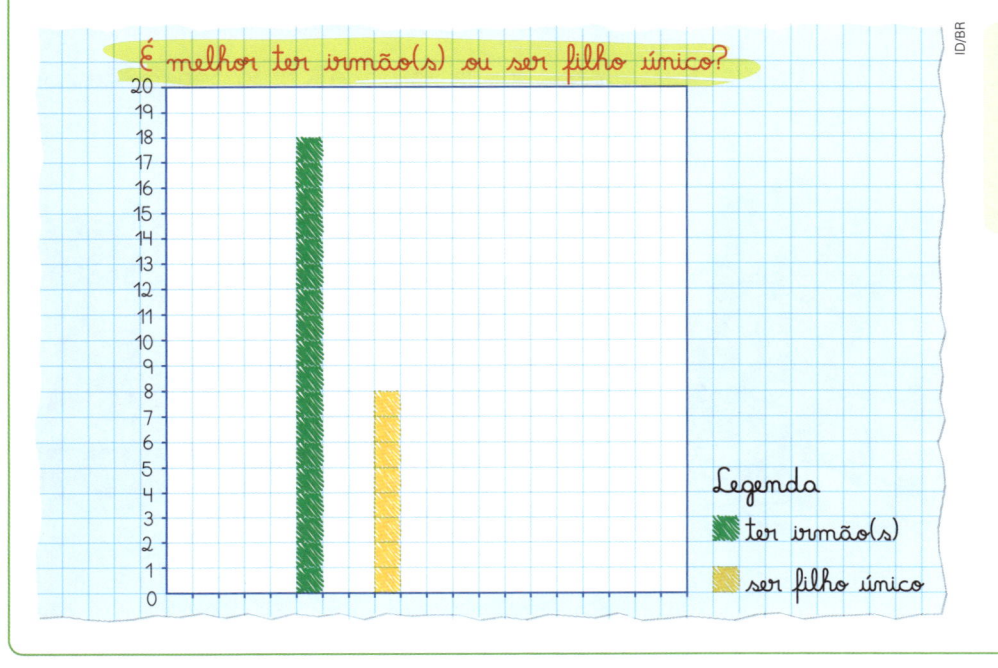

EM AÇÃO!

Gráfico: texto que expressa visualmente dados numéricos a respeito de um assunto.

Vamos interagir?

Resolvendo situações de conflito

Algumas situações conflituosas entre irmãos exigem diálogo e negociações. Conte aos colegas qual é o melhor modo de solucionar as situações apresentadas a seguir.

A Seus irmãos mexem nas suas coisas sem sua autorização.

B Seu irmão não deixa você brincar com os brinquedos dele.

C Você e seu irmão querem ver programas diferentes na TV, no mesmo horário.

D Você queria comer o último pedaço do bolo, mas seu irmão pegou primeiro.

E Seu irmão fica horas na internet e quando você quer usar o único computador da casa, ele não deixa.

F Seu irmão quebrou um objeto da casa, mas disse a seus pais que foi você.

G Quando seu irmão começa uma briga ou discussão, ele diz a seus pais que foi você quem começou.

H Seu irmão não aceita perder para você nos jogos de dominó, damas, xadrez e *videogame*.

I Seu irmão pega seu celular escondido ou entra no seu *e-mail* para ler suas mensagens.

J Quando você erra e pede desculpas a seu irmão, ele não aceita suas desculpas.

K Seu irmão coloca apelidos maldosos e depreciativos em você.

L Seu irmão sente ciúme da relação entre você e seus pais ou outros familiares.

Para refletir!

Não aja com seus irmãos do modo como não gostaria que eles agissem com você. Cada pessoa tem sua própria personalidade. As divergências entre irmãos devem ser passageiras. O que deve reinar entre irmãos é a harmonia, o companheirismo e o amor fraternal. Seja um pacificador e valorize sempre as qualidades de seus irmãos.

Nossa língua

▬ Número de sílabas

1 Estas crianças vão brincar de esconde-esconde. Para dar início à brincadeira, estão recitando uma parlenda. Observe:

> MI-NHA MÃE MAN-DOU ES-CO-LHER ES-TE DA-QUI, MAS, CO-MO EU SOU TEI-MO-SO, EU ES-CO-LHO ES-TE DA-QUI.

a. Quem for o escolhido nessa parlenda fará o quê?

_____

b. Por que as palavras estão divididas em partes menores?

_____

_____

c. Pinte o sinal que foi usado na escrita para dividir as palavras.

vírgula [,]   ponto [.]   hífen [-]

> O menino acima pronunciou as palavras pausadamente, parte a parte. Cada parte pronunciada de uma palavra é chamada de **sílaba**. As palavras podem ter uma, duas, três, quatro ou mais sílabas.

2 Circule a palavra diferente de cada grupo.

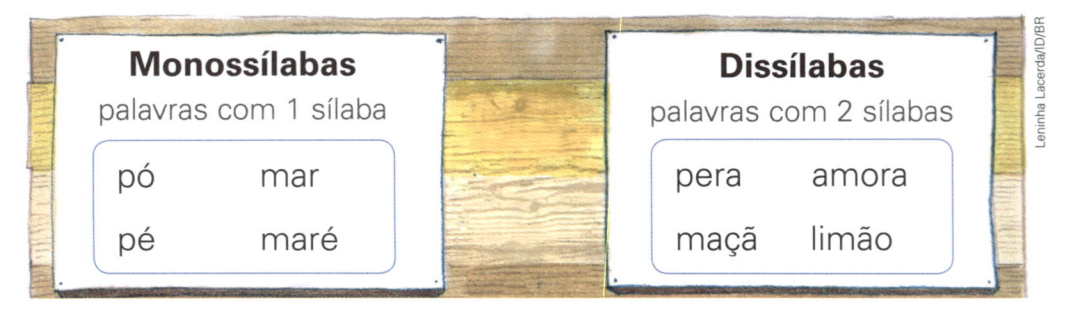

Monossílabas
palavras com 1 sílaba

| pó | mar |
| pé | maré |

Dissílabas
palavras com 2 sílabas

| pera | amora |
| maçã | limão |

Trissílabas
palavras com 3 sílabas

macaco   cavalo
camelo   elefante

Polissílabas
palavras com 4 ou mais sílabas

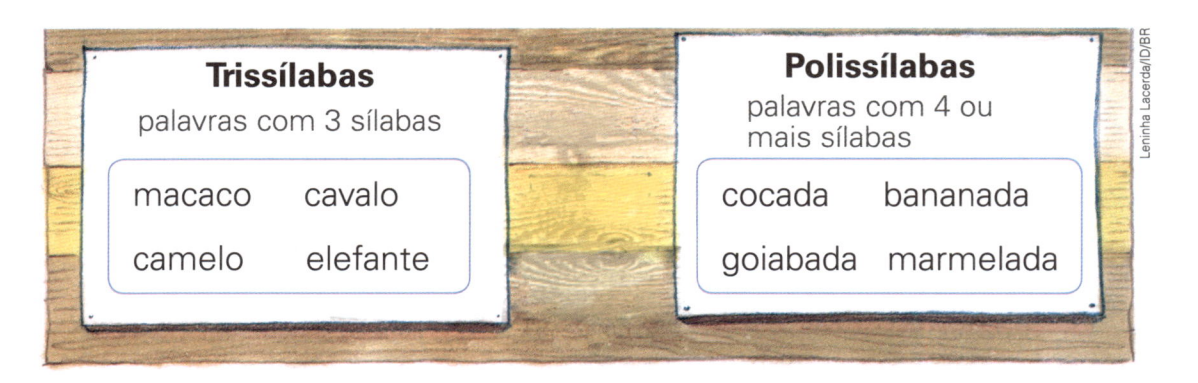

cocada   bananada
goiabada   marmelada

3 Separe as sílabas destas palavras na linha correta.

restaurante   batata   telha   ovelha
rã   lâmpada   Lua   Sol
irmã   mel   telefone   agenda

Monossílabas	
Dissílabas	
Trissílabas	
Polissílabas	

4 Siga as pistas e pinte de azul o nome dos irmãos de Letícia e de laranja o nome dos irmãos de Cristina.

Ubirajara   Ciro   Severino   Afonso
Hugo   Ricardo   Danilo   Ivan
Reginaldo   Armando   Marcos

Pistas!
- Letícia tem 4 irmãos, todos com nomes dissílabos.
- Cristina tem 4 irmãos, todos com nomes trissílabos.

cinquenta e um 51

5 Descubra quem venceu a corrida e circule o nome dessa pessoa.

Pistas!
- A participante vice-campeã tem nome dissílabo terminado em **A**.
- O terceiro lugar foi conquistado por uma menina de nome polissílabo.
- Uma menina de nome dissílabo chegou em quarto lugar.
- A vencedora tem nome trissílabo.

Mariana Marta Raquel Silvana

6 Siga as pistas e descubra a fruta que Juquinha mais gosta de comer na salada de frutas. Ao descobrir, pinte o quadrinho correspondente.

UVA	UMBU	PERA
JABUTICABA	ROMÃ	GRAVIOLA
INGÁ	BANANA	CEREJA
MANGA	LARANJA	ABACAXI
MAMÃO	MAÇÃ	AMORA

Pistas!
- A palavra não é monossílaba.
- A palavra começa com vogal.
- A palavra não é trissílaba.
- A palavra não é dissílaba.
- A palavra termina com vogal.

7 Destaque as páginas 337 a 343 deste livro e brinque com o **Jogo da separação silábica**.

Construção da escrita

▬ A letra h

1 Leia em voz alta os nomes que estão escritos nestes crachás.

HELENA   ELENA   HEBE   EBE

HAMÍLTON   AMÍLTON   HÉLIO   ÉLIO

- O que se pode notar quanto à presença de **h** no início de palavras?

☐ A letra **h** não é pronunciada.   ☐ A letra **h** é pronunciada.

2 Anote as letras indicadas das palavras que nomeiam estas figuras e forme um nome de um animal que inicia com a letra **h**.

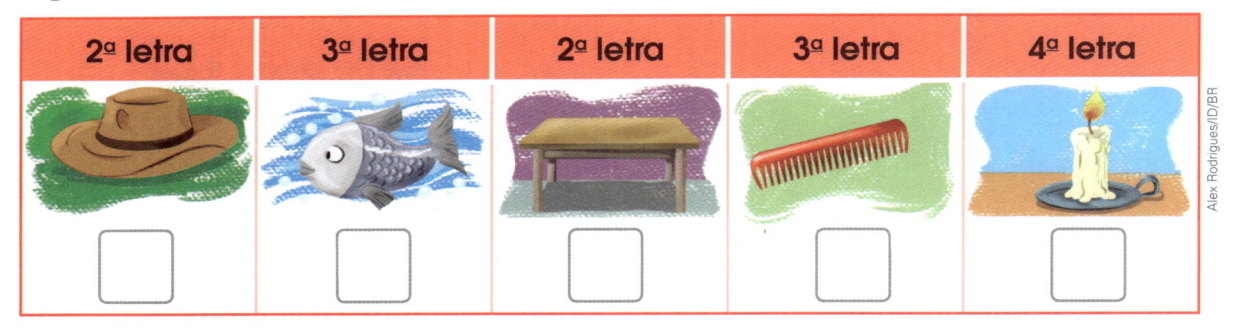

2ª letra	3ª letra	2ª letra	3ª letra	4ª letra

3 Circule o meio de transporte cujo nome é iniciado por **h**.

A letra **h** no início das palavras não representa som, pois não é pronunciada.
Essa letra permanece no início de algumas palavras de nossa língua porque já eram escritas com **h** na língua que as originou. É o caso, por exemplo, da palava **hoje**, que veio do latim *hodie*.

cinquenta e três **53**

4 Preencha a cruzadinha com as palavras correspondentes.

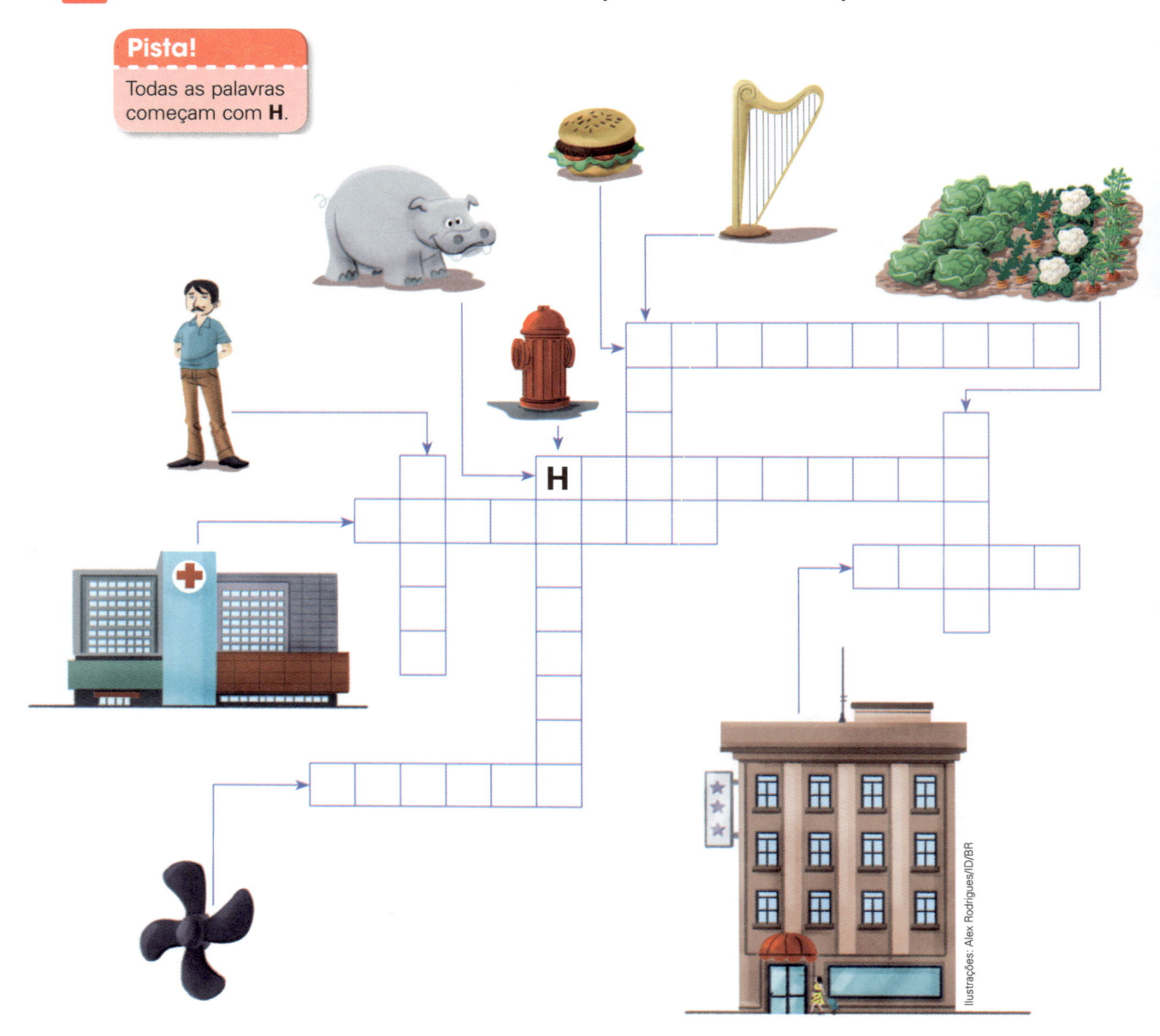

Pista! Todas as palavras começam com **H**.

5 Complete com **h**, se for necessário.

- a. ☐ óspede
- b. ☐ armonia
- c. ☐ amanhã
- d. ☐ úmido
- e. ☐ álito
- f. ☐ orrível
- g. ☐ orário
- h. ☐ ontem
- i. ☐ ábito
- j. ☐ umilde
- k. ☐ erva
- l. ☐ abilidade
- m. ☐ omelete
- n. ☐ igiene
- o. ☐ umano

54 cinquenta e quatro

6 Leia este trecho do poema "Maluquices do H".

Maluquices do H

O **H** é letra incrível,
muda tudo de repente.
Onde ele se intromete,
tudo fica diferente...

Se você vem para cá,
vamos juntos tomar chá.
Se o sono aparece,
tem um sonho e adormece.

Pedro Bandeira. *Mais respeito, eu sou criança!* São Paulo: Moderna, 2009. p. 58.

a. No poema, que palavras a letra **h** modificou? Em que palavras elas se transformaram?

_____

b. Faça como no poema: inclua a letra **h** nestas palavras.

fica _____   fila _____

cova _____   mola _____

cama _____   tela _____

mala _____   gana _____

galo _____   mina _____

bola _____   vela _____

c. A inclusão de **h** nessas palavras modificou:

☐ apenas o som   ☐ o som, o sentido e a escrita
☐ apenas o sentido   ☐ apenas a escrita

7 Decifre esta adivinha.

O que é que Heitor tem uma, Heleninha tem duas e Ana não tem nenhuma?

_____

CAPÍTULO 3 — Assuntos de família

Nem todas as crianças vivem com o pai e a mãe ao mesmo tempo. Nem todas as famílias são iguais.

> Há jovens que moram apenas com um dos pais; há os que vivem com o padrasto ou a madrasta, os avós ou outros parentes; e há os que passam parte do tempo longe de casa, seja na escola, seja com pais adotivos ou instituição para menores. A ideia de família pode ter significados diferentes para cada tipo de pessoa.

John Coleman. *Família e amigos*. São Paulo: Moderna, 1994. p. 6.

Veja como algumas famílias são formadas.

A Os pais de Bia são casados. Bia é a filha mais nova.

B Os pais de Marcelo não são casados nem moram na mesma casa. Marcelo mora com a mãe.

C Gabriel e Ricardo são irmãos. Eles são criados pelos avós.

D A mãe de Sônia é falecida. Sônia é filha única e mora com o pai.

E Maristela tem 2 anos. Ela morava em um orfanato e foi adotada por essa família.

F Os pais de Lúcio são separados. Ele mora com a mãe e o padrasto. Lúcio agora tem dois irmãos mais novos.

Roda de conversa

1 As ilustrações da página ao lado apresentam várias famílias.

   a. Você conhece famílias parecidas com essas das ilustrações?

   b. Quais crianças das famílias apresentadas são criadas por familiares diferentes de pai e mãe?

   c. E quais delas vivem com o pai e a mãe ao mesmo tempo?

   d. Quais dessas crianças não têm irmãos?

   e. Lúcio tem pai e mãe e também tem padrasto e madrasta. Como isso é possível?

2 Você conhece outras formações de família? Como elas são?

3 Cite personagens de HQs, desenhos animados, seriados de TV ou contos de fadas que:

   a. são criadas por avós ou tios.

   b. são criadas por pais adotivos.

   c. vivem com madrasta ou padrasto.

   d. vivem com pai e mãe, isto é, com os pais.

4 Qual das famílias da página ao lado mais se parece com a sua?

Fazendo conexões

Em uma folha avulsa, desenhe a sua família. Faça assim:

EM AÇÃO!

① Anote esse título.

② Desenhe a sua família.

③ Identifique cada pessoa.

Deixe seu desenho exposto no mural da sala e observe os desenhos de seus colegas. Posteriormente, seu desenho fará parte do livro que será montado no final desta unidade.

Hora da leitura 1

Observe as ilustrações desta página e da próxima, leia o título do texto e converse com os colegas.

- O título do texto é um pedido. Quem parece fazer esse pedido?
- A quem provavelmente esse pedido é feito?
- O que você imagina que pode ter acontecido nesse dia?

Conta de novo a história da noite em que eu nasci

Conta de novo a história da noite em que eu nasci.

Conta de novo que vocês estavam dormindo encaixadinhos feito duas colheres e como o pai roncava!

Conta de novo que o telefone tocou no meio da noite e eles disseram que eu nasci.

[...]

Conta de novo que você não podia ter um neném na sua barriga e por isso eu saí da barriga de uma outra moça que não podia cuidar de nenhuma criança. E eu vim para ser sua filhinha e vocês serem meus pais.

Conta de novo que vocês chegaram de mãos dadas ao hospital morrendo de curiosidade de me conhecer.

Conta de novo a primeira vez que vocês me viram pelo vidro do berçário: eu berrava de fome e vocês riam que nem bobos.

[...]

Conta de novo a primeira vez em que você me abraçou e me chamou de filhinha querida.

Conta de novo que você chorou de tanta felicidade!

Conta de novo como vocês me levaram toda embrulhadinha pra casa e ficavam furiosos se alguém espirrasse perto de mim.

[...]

Contem de novo a história da nossa família.

Mãe, pai, contem de novo a história da noite em que eu nasci.

Jamie Lee Curtis. *Conta de novo a história da noite em que eu nasci*.
São Paulo: Salamandra, 2005.

Linha e entrelinha

1 Ao ler o texto, você descobriu que a menina:

☐ leu uma história.   ☐ tem muitos irmãos.
☐ mora em um orfanato.   ☐ foi adotada.

2 Sublinhe o trecho do texto no qual essa informação aparece com mais clareza.

3 Se não houvesse as ilustrações, que palavras do texto mostrariam que a criança, personagem do texto, é uma menina?

_____

_____

4 Releia o título do texto.

> Conta de novo a história
> da noite em que eu nasci

a. Circule as palavras que indicam que a personagem já conhecia essa história.

b. Por que a menina queria ouvir essa história novamente?

_____

_____

c. Nesse contexto, a expressão "conta de novo" representa:

☐ um conselho   ☐ um convite
☐ uma ordem   ☐ um pedido

5 Por que as palavras **conta de novo** se repetem durante todo o texto?

_____

_____

6 Em sua opinião, por que os pais riram "que nem bobos" quando viram a menina no berçário pela primeira vez?

_____

_____

7 Releia este trecho do texto.

> Conta de novo que você não podia ter um neném na sua barriga e por isso eu saí da barriga de uma outra moça que não podia cuidar de nenhuma criança.

a. Para quem a menina fala isso?

_____

b. Quem era essa "outra moça" de quem ela fala?

_____

8 Quem a menina considerava como família?

_____

9 Como a menina se sente em relação aos pais adotivos? Por quê?

_____

_____

10 Ela sabe que é adotada? Explique.

_____

_____

11 Como você se sentiria se ganhasse um(a) irmão(ã) adotivo(a)? Converse com os colegas.

Produção de texto

▪ Árvore genealógica

Observe o desenho feito pela personagem do texto "Conta de novo a história da noite em que eu nasci". Converse com os colegas.

Esse tipo de representação de uma família é chamado de **árvore genealógica**, pois o formato lembra uma árvore e seus galhos.

1 Por que nessa árvore genealógica há dois pais e duas mães?

2 Como a menina identificou os pais biológicos no desenho?

3 Além dos pais adotivos, de acordo com o desenho, que outros familiares a menina ganhou?

Árvore genealógica é uma representação gráfica do histórico de certa parte dos familiares dos quais descendemos.
A árvore que aparece na ilustração acima é um modelo simplificado, há outras bem mais complexas.

Você também vai produzir a árvore genealógica da sua família. Ela será parte do livro que você e seus colegas vão produzir no final desta unidade.

Planejar e produzir

1 Com cuidado, destaque a página 335 deste livro. Nela será produzida a árvore genealógica de sua família.

2 Comece de baixo para cima. Na parte inferior da árvore, você deve colar uma fotografia sua ou fazer um desenho que represente o seu rosto.

3 Acima, cole uma fotografia ou faça um desenho do seu pai e da sua mãe, um ao lado do outro.

4 Na parte superior, ligados ao seu pai, desenhe ou cole fotografias de seus avós paternos. Ao lado, ligados à sua mãe, cole fotografias ou desenhe seus avós maternos.

5 Embaixo de cada fotografia, identifique as pessoas retratadas como fez a personagem na imagem da página ao lado.

Revisar, avaliar e reescrever

Itens a avaliar	Sim	Não
1. Seus pais aparecem nos quadrinhos acima de você?		
2. Seus avós paternos estão ligados ao seu pai?		
3. Seus avós maternos estão ligados à sua mãe?		
4. Você identificou cada familiar?		

Quando o professor solicitar, mostre a árvore genealógica aos colegas ou deixe-a exposta no mural da sala, preservando-a para a atividade ao final desta unidade.

EM AÇÃO!

sessenta e três 63

Hora da leitura 2

Leia o título do texto, observe as ilustrações que o acompanham e converse com os colegas.

- Pelo título, qual você imagina que é o assunto do texto?
- Que local é retratado na primeira ilustração?
- Quem parecem ser as pessoas que estão nas fotografias?

Você e seus colegas farão uma leitura intercalada do texto. As meninas leem o primeiro parágrafo e os meninos leem o segundo; as meninas leem o terceiro parágrafo e os meninos leem o quarto; e assim por diante.

As roupas do papai foram embora

— O papai foi embora desta casa. Não vai mais morar com a gente.
— Não é verdade, sua boba. O papai foi viajar. Depois ele volta.
— Não, irmãozinho. Eu sei o que estou falando. Ele não foi viajar coisa nenhuma.
— Foi. E depois volta.
— Teimoso. O papai foi embora. Brigou com a mamãe.
— Você não conhece o meu pai.

— Não esqueça que sou mais velha do que você. Conheço melhor o papai.

— Não conhece.

— A mamãe me contou tudo. Eles agora vão viver separados. Cada um no seu canto.

— A mamãe não conhece o meu pai. Ele volta logo.

— Volta só para se despedir da gente. Depois vai de vez.

— Ele fica comigo.

— Você é muito teimoso mesmo. Ele já levou até as roupas.

— Você é boba mesmo. Queria que o papai saísse pelado?

— Levou todas as roupas. Pode ver lá no armário dele.

— Todas as roupas dele?

— Todas. Para outra casa. E vão ficar lá, noutro guarda-roupa.

— Então vamos combinar uma coisa.

— O quê?

— Só as roupas foram embora. O meu pai, não.

Luís Pimentel. *As roupas do papai foram embora*: histórias de meninos e bichos. Rio de Janeiro: Record, 2000. p. 13-16.

Linha e entrelinha

1 Qual é o assunto principal do texto?

_____

_____

2 O texto é composto de **diálogo**. Aponte as personagens que:

> **Diálogo:** conversa entre as personagens.

participam do diálogo	
são citadas no diálogo	

3 Que sinal é usado para indicar o início de cada fala?

_____

4 Sublinhe no texto a frase que indica onde a conversa ocorreu.

5 Ao afirmar que nem a irmã nem a mãe conheciam o pai, o menino queria dizer que o pai deles:

☐ era um desconhecido.
☐ não faria o que a irmã e a mãe disseram.
☐ faria o que a irmã e a mãe disseram.

6 Releia este trecho do texto.

> — Não esqueça que sou mais velha do que você. Conheço melhor o papai.

a. A menina sabia algo que o irmão não sabia. O que era?

_____

_____

b. Em sua opinião, por ser mais velha, a menina realmente pode conhecer melhor o pai? Explique.

_____

_____

7 Recorde este trecho do texto.

ELE JÁ LEVOU ATÉ AS ROUPAS.

VOCÊ É BOBA MESMO. QUERIA QUE O PAPAI SAÍSSE PELADO?

a. O menino pareceu entender o que a irmã disse? Explique.

_____
_____

b. Qual destas frases faria sentido com o que o menino disse?
- [ ] O papai saiu sem roupa.
- [ ] O papai levou a roupa.
- [ ] O papai saiu pelado.
- [ ] O papai saiu de roupa.

8 No texto, o menino diz que só as roupas do pai foram embora.

a. É possível apenas as roupas irem embora? Explique.

_____

b. Que tipo de atitude essa frase indica que o menino terá?

_____
_____

9 Elabore um novo título para o texto.

_____

10 No texto, a família está passando por uma situação difícil. Converse com seus colegas a esse respeito.

Saber Ser

a. O que os pais do menino poderiam fazer para ajudá-lo a viver essa situação?

b. Qual dos filhos aceita melhor a separação dos pais? Explique.

c. Que atitudes podem ajudar os filhos a superar as dificuldades relacionadas à separação dos pais?

Produção de texto

■ Depoimento

Leia um trecho do depoimento que Daniela fez sobre a família dela.

Minhas duas famílias

Eu sou a Daniela. Eu tenho cinco anos. Eu e a minha mãe moramos num prédio cheio de apartamentos. [...] Em cada apartamento mora uma família. Eu também tenho uma família. Quase todo mundo tem família e uma família é diferente da outra.

Família são aquelas pessoas que moram com a gente. A gente briga com elas, todo mundo briga com todo mundo, mas todo mundo ama todo mundo.

O meu pai mora em outra cidade com a minha madrasta, a Nena. O nome dela é Maria Stella, mas todo mundo diz Nena. O meu pai e a Nena têm um filho, o Rodrigo. Ele é meu meio-irmão. Nós temos o mesmo pai, mas a nossa mãe não é a mesma, por isso ele é meu meio-irmão. Mas eu gosto dele todinho!

[...] De vez em quando ele chora de noite e a Nena dá mamadeira para ele. Eu não tomo mamadeira porque já sou grande. Mas uma vez tomei só um pouquinho e... ninguém viu!

Danda Prado e Bebéti do Amaral Gurgel. *Nossas adoráveis famílias*. São Paulo: Brasiliense, 2009.

> Quando alguém conta fatos que viveu ou presenciou, está dando um **depoimento**.

Converse com os colegas.

1 Quais trechos do texto confirmam que é a própria Daniela quem dá o depoimento?

2 Que fato da vida da menina é contado no depoimento?

3 Por que o título do texto é "Minhas duas famílias"?

4 Releia: "Família são aquelas pessoas que moram com a gente". Você concorda com essa afirmação de Daniela? Comente.

Planejar e produzir

Neste capítulo, você refletiu a respeito das diferentes famílias. Agora, dará um depoimento aos colegas a respeito de sua família.

Em uma folha avulsa, escreva um depoimento relatando como é a composição de sua família e a convivência entre vocês. Aproveite e conte fatos marcantes vividos por você e seus familiares.

Seu texto vai ser apresentado na exposição cultural que ocorrerá em sua escola no final desta unidade.

EM AÇÃO!

Revisar, avaliar e reescrever

Itens a avaliar	Sim	Não
1. Você informou quem compõe sua família?		
2. Você informou como é a convivência de sua família?		
3. Foram usadas palavras como **eu**, **meu/minha** para indicar que é você quem está dando o depoimento?		

Depois de avaliar seu depoimento, faça as mudanças necessárias.

Vamos interagir?

Depoimento

Agora, usando o texto escrito apenas como apoio à memória, sem o ler, dê aos colegas o depoimento a respeito de como é sua família.

Língua viva

Origem da língua portuguesa

Leia a conversa a seguir entre Marcelo, um menino muito curioso, e o pai dele.

Latim: língua falada pelos antigos romanos muitos séculos atrás e que deu origem a diversas outras línguas.

— Papai, por que é que mesa chama mesa?
— Ah, Marcelo, vem do latim.
— Puxa, papai, do latim? E latim é língua de cachorro?
— Não, Marcelo, latim é uma língua muito antiga.
— E por que é que esse tal de latim não botou na mesa nome de cadeira, na cadeira nome de parede, e na parede nome de bacalhau?
— Ai, meu Deus, este menino me deixa louco!

Ruth Rocha. *Marcelo, marmelo, martelo e outras histórias*. São Paulo: Salamandra, 2009. p. 10.

Converse com os colegas.

1 Qual sentido Marcelo dá para a palavra **latim**? Qual o sentido apresentado pelo pai dele?

2 A que outra palavra Marcelo deve ter associado a palavra **latim** para perguntar se latim era língua de cachorro?

3 Que expressão usada por Marcelo trata o latim como se fosse uma pessoa e não um idioma?

O pai de Marcelo tinha razão, pois a palavra **mesa** e a maioria das palavras na língua portuguesa vieram do latim.

Veja como surgiu a língua portuguesa.

FALAR   HABLAR   PARLARE

Muitos anos atrás, os romanos dominaram outros povos e impuseram o uso do latim. Aos poucos, o latim foi se misturando às línguas que esses povos já falavam.

As palavras foram se modificando e surgiram novas línguas, como português, espanhol, francês, italiano e romeno, que são chamadas de línguas **neolatinas**.

4 Observe como algumas palavras das línguas originadas do latim são parecidas. Como você imagina que estas palavras ficaram no português? Complete a sexta coluna.

Latim	Francês	Espanhol	Italiano	Romeno	Português
librarius	librairie	librería	libreria	librărie	
persona	personne	persona	persona	persoană	
corpus	corps	cuerpo	corpo	corp	

5 Com um colega, descubram o que as crianças estão falando.

italiano — BUON GIORNO!

espanhol — ¡BUENOS DÍAS!

francês — BONJOUR!

Atualmente, o latim não é idioma oficial de nenhum país. No entanto, ainda é usado em algumas celebrações religiosas, sobretudo no Vaticano. Alguns termos latinos são bastante empregados na área jurídica, em nomes científicos, etc.

CONTEÚDO NA VERSÃO DIGITAL

Nossa língua

▬ Encontro vocálico

O encontro de vogais em uma palavra é chamado de **encontro vocálico**.

1 Circule os encontros vocálicos nas palavras da placa acima.

2 Separe as sílabas das palavras da placa.

saída	banheiros	saguão

Todas as palavras da placa acima contêm encontros vocálicos, mas eles são diferentes entre si. Por esse motivo, há formas diferentes de classificá-los.

3 Em qual palavra da placa as vogais do encontro vocálico foram pronunciadas como no exemplo abaixo? _____

> As vogais são pronunciadas isoladamente. Por isso, ficam em sílabas diferentes.
>
> ra-í-zes
> ˅
> **hiato**

4 Em qual palavra da placa as vogais do encontro vocálico foram pronunciadas como neste exemplo? _____

> Duas vogais de um encontro vocálico são pronunciadas em conjunto. Por isso, ficam juntas na sílaba.
>
> c**ai**-xo-te
> |
> **ditongo**

5 Em qual palavra da placa as vogais do encontro vocálico foram pronunciadas como neste exemplo? _____

> Três vogais de um encontro vocálico são pronunciadas em conjunto. Por isso, ficam juntas na sílaba.
>
> U-ru-g**uai**
> |
> **tritongo**

6 Separe as sílabas destes nomes.

| LUÍS | MAÍSA | MEIRE | HELOÍSA |

a. Circule o nome em que o encontro vocálico difere dos demais.

b. Na palavra circulada, há hiato, ditongo ou tritongo?

_____

7 Pinte a trilha em que há ditongo em todas as palavras.

A — LEITE MEL COUVE ALFACE COENTRO AMEIXA REPOLHO

B — FOGÃO GELADEIRA CADEIRA COLCHÃO CHUVEIRO TELEVISOR

C — FRUTEIRA CAFETEIRA SALEIRO SOPEIRA LEITEIRA FRIGIDEIRA

8 Veja este bilhete e converse com os colegas.

a. Que palavras foram separadas em sílabas?

b. Por que houve a separação?

c. Em qual dessas palavras Letícia usou os conhecimentos que tinha sobre a separação dos encontros vocálicos?

> Cristina,
> No domingo vou com minha mãe ao restau-
> rante. Vamos sair mais ou menos às onze ho-
> ras da manhã.
> Você quer vir com a gente?
> Letícia

Construção da escrita

▪ Uso de x, ch

1 Observe esta cena.

> NÃO VAI ME**X**ER NOS MEUS LIVROS, NÃO.

> DEI-**X**A, CA-RA DE A-MEI-**X**A, **CH**U-PA **CH**U-PE-TA NA POR-TA DA I-GRE-JA.

a. Em que situação se usa a parlenda recitada pelo menino?
- ☐ Para escolher quem inicia uma brincadeira.
- ☐ Para provocar alguém que nos contrariou.
- ☐ Para fazer elogios a uma pessoa.

b. Em sua opinião, a atitude do menino foi correta? Por quê? Converse com os colegas.

c. As letras destacadas nas palavras dos balões representam sons:
- ☐ iguais
- ☐ diferentes

d. Que palavras da parlenda foram escritas com **ch**?

_____

e. Quase sempre, após um ditongo, usamos a letra **x** e não **ch**. Em que palavras a letra **x** foi usada após um ditongo?

_____

f. Em geral, depois de **me-** usamos a letra **x**. Que palavra da cena exemplifica essa afirmação?

_____

2 Escreva o nome destes objetos e circule a palavra em que a letra **x** não representa o mesmo som representado por **ch**.

_____   _____   _____   _____

3 Complete com a sílaba que falta e forme palavras.

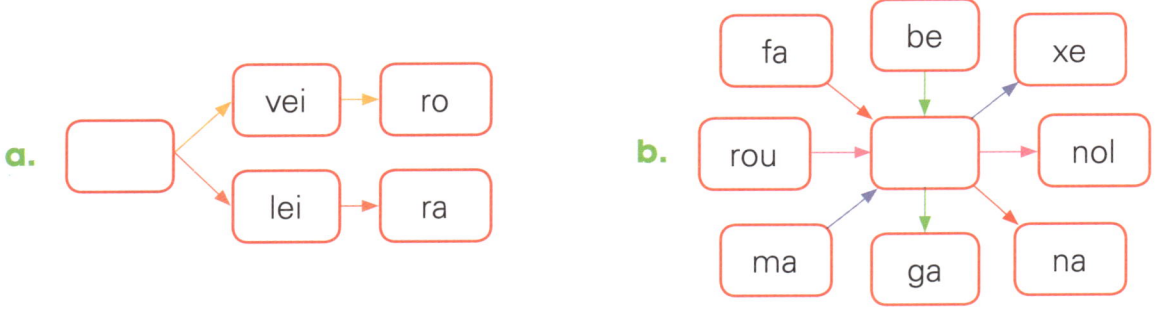

a. ☐ → vei → ro
   ☐ → lei → ra

b. fa, be, xe, rou, nol, ma, ga, na → ☐

4 Observe e leia os quadrinhos.

E AGORA?

SERÁ QUE É COM **X** OU COM **CH**?

UFA!

a. Nesta situação, para que o dicionário foi usado?

_____

b. Qual era a palavra procurada? Ela é escrita com **x** ou **ch**?

_____

5 Destaque as páginas 332 e 333 deste livro, leia as instruções na página 331 e brinque com a **Trilha do x ou ch**.

setenta e cinco **75**

EM AÇÃO!

Livro *Minha infância*

1. Entendendo a atividade

Reunindo os textos produzidos nesta unidade, você preparará um livro para registrar este momento importante de sua vida: a infância.

2. Incluindo imagens

O livro ficará ainda mais interessante se tiver imagens. Por isso, providencie papel de desenho, cola, canetas coloridas e fotografias (ou cópias). Se for possível, utilize uma fotografia para cada ano de sua vida.

Cole uma imagem em cada folha e, por meio de uma legenda, anote quantos anos você tinha na época.

Ilustre cada uma das páginas fazendo desenhos com as canetas coloridas.

3. Preparando as páginas

Junte todas as páginas do livro e numere-as. Seu livro deve conter:

- **Desenho: um dia na minha vida**, proposto na página 11.
- **História em quadrinhos**, proposta na página 23.
- **Texto de opinião**, proposto na página 45.
- **Gráfico**, proposto na página 47.
- **Desenho da família**, proposto na página 57.
- **Árvore genealógica**, proposta na página 63.
- **Depoimento a respeito da família**, proposto na página 69.

Se desejar, inclua livremente outros textos que tenha produzido ou outras recordações de sua infância.

4. Preparando um sumário

O sumário apresenta ao leitor os assuntos do livro e o número da página na qual está cada assunto.

Em uma folha avulsa, faça um sumário indicando todos os textos que há no livro.

SUMÁRIO

Um dia na minha vida	3
HQ	5
Minha opinião	7
Gráfico	9
Desenho	11
Árvore genealógica	13
Minha família	15

O sumário será a segunda página. Na primeira página, com a ajuda do professor, faça uma apresentação contando como os textos foram produzidos e o que o livro contém.

5. Elaborando a capa

Use uma cartolina dobrada no formato de papel sulfite para preparar a capa do livro.

Escreva *Minha infância* como título e anote seu nome. Depois, ilustre a capa colando uma fotografia e fazendo desenhos.

Quando terminar, coloque todas as folhas dentro da capa e use grampeador, ou furador e barbante ou fita, para prendê-las.

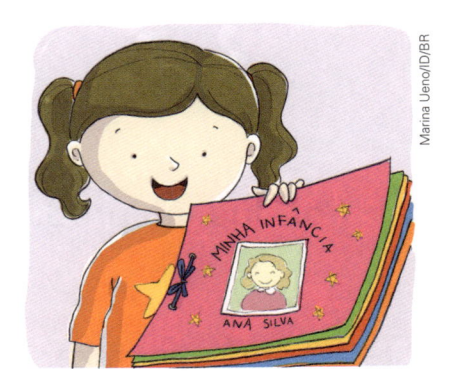

6. Promovendo o lançamento do livro

O professor promoverá o lançamento dos livros na escola.

Auxilie-o com os preparativos, ajudando a organizar e a decorar o local onde os livros ficarão expostos para visitação do público.

Sob a orientação do professor, faça cartazes e convites com os colegas para divulgar o lançamento do livro para seus familiares, vizinhos e amigos.

No dia do evento, esclareça as dúvidas do público e conte como foi o processo de produção e montagem do livro.

7. Preservando o livro

Em casa, leia o livro com seus familiares. Depois, guarde-o em um local apropriado para preservá-lo. Você poderá retomá-lo no futuro para recordar essa fase tão especial de sua vida que é a infância.

Avaliando a atividade

1. Qual texto do livro você mais gostou de elaborar? Justifique.
2. O que você achou de reunir todos os textos produzidos em um livro? Por quê?
3. Você colaborou na organização do evento? De que modo?
4. Em sua opinião, é importante guardar esse livro como uma recordação de sua infância? Por quê?

O que aprendi?

1 Nesta unidade, você refletiu sobre a infância e a família.

a. Por que é importante estar bem com a família?

_____

b. Por que a infância é uma fase especial da vida?

_____
_____

2 Por que, ao produzir um texto, é importante relê-lo e revisá-lo?

_____

3 Geraldo vai fazer compras no mercado. Que gênero textual ele poderá escrever para não se esquecer do que comprar?

_____

4 Explique alguns dos recursos usados nesta tira, em que a personagem Mônica dá uma demonstração da força que tem.

Mauricio de Sousa. Turma da Mônica.

_____
_____

5 O gênero textual **enquete** é uma:

☐ pesquisa escolar   ☐ pesquisa de opinião

6 Circule o nome do estado brasileiro que não é trissílabo.

Maranhão   Sergipe   Pernambuco   Roraima

7 Pinte a trilha em que as palavras estão em ordem alfabética.

cano — prego — sifão
areia — madeira — palha — fio
cimento — tijolo
água — pedra — tinta — prego
argila — cal
azulejo — arenito — bloco — granito — mármore

8 Partindo da sílaba **RO**, forme seis palavras dissílabas e anote-as em ordem alfabética.

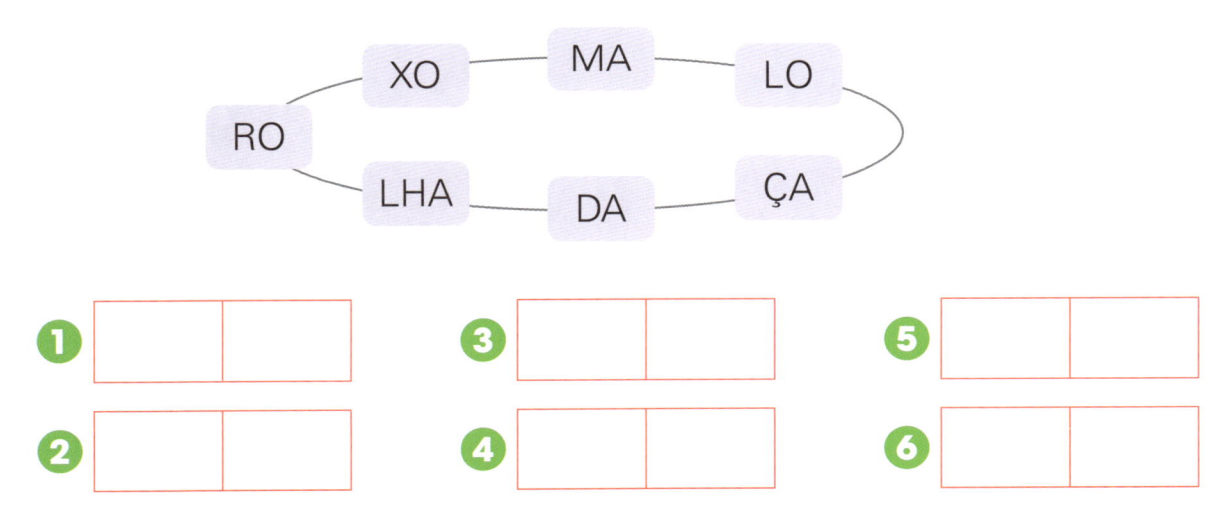

RO — XO — MA — LO
RO — LHA — DA — ÇA

① ☐ ☐   ③ ☐ ☐   ⑤ ☐ ☐
② ☐ ☐   ④ ☐ ☐   ⑥ ☐ ☐

9 Circule a palavra que foi anotada por engano em cada quadro.

HIATO	DITONGO	TRITONGO
suor raiz	pouso coisa	iguais saguões
baú frei	ruído teia	meia enxaguei

10 Inclua a letra **h** nas palavras abaixo e forme outras palavras.

a. roca _____

b. lama _____

c. sono _____

d. mala _____

UNIDADE 2

Do fundo do baú

As pessoas mais velhas têm muitas histórias para contar.

- Descubra o nome deste antigo aparelho de som trocando cada letra do quadro pela que a antecede no alfabeto.

H	S	B	N	P	G	P	O	F

- Decifre a mensagem e descubra o que era usado para aquecer o ferro de passar que aparece na cena.

– RO + – PA

- Você conhece os brinquedos e as brincadeiras que aparecem no balão de fala do avô? Quais ainda existem hoje?

- Conte aos colegas algo que você aprendeu com uma pessoa mais velha.

Saber Ser

80 oitenta

81

CAPÍTULO 1

Uma viagem no tempo

Você imagina como era a vida e quais eram os costumes das pessoas cerca de 60 anos atrás? Observe a imagem a seguir e leia algumas informações sobre como era o cotidiano das pessoas na década de 1950.

1 Não se beijava em público como hoje. No máximo, o noivo podia se despedir beijando a mão da noiva e deixá-la em casa, após o passeio.

2 As mulheres lavavam a roupa em grandes bacias.

3 A televisão, em branco e preto, era ainda muito cara e difícil de encontrar. Por isso, muitas vezes, o pessoal ia assistir à TV na casa dos vizinhos. Era o assunto do dia...

4 Os namoros, em geral, começavam com uma seresta.

5 Era impensável perder o capítulo da novela que a rádio transmitia todos os dias. [...]

6 Faltava eletricidade com frequência. Ainda bem que havia o lampião a gás. [...].

7 Já existia o fogão a gás, mas muitos mantinham em casa o fogão a lenha.

8 As ruas eram calmas, com poucos carros, e as crianças podiam brincar à vontade nas calçadas.

Claude Clément. *Vovó Luci*: no tempo dos nossos avós. São Paulo: Scipione, 2001. p. 22-23.

Roda de conversa

1 Há cerca de 60 anos havia seresta (ou serenata).

   a. Você imagina o que é uma seresta?

   b. Localize a seresta na cena. Descreva como ela está representada.

2 Estes eram itens comuns na década de 1950.

- roupas lavadas em bacia
- fogão a lenha
- TV em preto e branco
- ferro a carvão
- lampião a querosene ou gás
- máquina de escrever

■ Atualmente, como são estes itens ou o que os substitui?

3 De acordo com o texto, já havia fogão a gás, mas muitas pessoas mantinham o fogão a lenha. Você imagina por quê?

4 Atualmente, além do fogão a gás, que outros equipamentos usamos para cozinhar ou aquecer alimentos?

5 Em 1950, as ruas eram calmas e as crianças podiam brincar nas calçadas. No lugar onde você mora ainda é assim? Comente.

Fazendo conexões

Observe alguns objetos que eram modernos na década de 1950. Você os conhece?

Para compor uma exposição que ocorrerá ao final desta unidade, pesquise duas imagens de objetos antigos. Faça assim:

1. Procure fotografias dos objetos na internet, em livros ou revistas.
2. Desenhe ou cole uma cópia da fotografia em uma folha avulsa.
3. Anote as informações: seu uso, época em que foi mais usado, etc.
4. No dia combinado, mostre e conte aos colegas o que descobriu.

EM AÇÃO!

Hora da leitura 1

No depoimento a seguir, você conhecerá um pouco da infância de uma importante escritora brasileira, Rachel de Queiroz. Ela nasceu em 1910, no estado do Ceará, e faleceu em 2003.

Leia inicialmente o título e observe a ilustração abaixo.

- Como você imagina que era a escola na década de 1920?
- Que objeto aparece sobre a mesa?
- O que os alunos estão estudando?

Rachel de Queiroz na varanda de sua fazenda, em Quixadá, Ceará. Fotografia de 1998.

Escola antiga

Isto se passava lá pela década de 1920.

Toda tarde, ao encerrar as aulas, naquela escola do Alagadiço, em Fortaleza, se dava a **sabatina** de tabuada. (Vocês sabem o que é? É a tabela das quatro operações, com números de um a dois algarismos.) As crianças decoravam a tabuada em voz alta, cantando assim:

Sabatina: prova oral sobre um assunto estudado.

"Duas vezes um, dois, duas vezes dois, quatro, duas vezes três, seis", etc., etc. Na hora da sabatina, os alunos de toda a classe, de pé, formavam uma roda, com a palmatória à vista, na mão da professora. Somar e diminuir ainda era fácil, mas, quando chegava a tabuada de multiplicar, era um perigo. A casa de sete, por exemplo, era a mais difícil: "Sete vezes seis, sete vezes oito" — já sabe, o coitado errava, a professora mandava o seguinte corrigir e, se ele acertasse, tinha direito de dar um **bolo** de **palmatória** na mão do que errou. Doía como fogo.

Sempre havia os sabidinhos que decoravam tudo e davam bolo nos outros. Mas recordo um grandalhão chamado Alcides, apelidado "o rei dos burros", que não acertava jamais. Mas não chorava nunca, podia levar vinte bolos, mordia os beiços e aguentava firme. Quando chegava em casa, estava com as palmas inchadas e tinha que botar as mãos de molho em água de sal.

Algum tempo depois, inaugurou-se a chamada "**Escola Nova**". Acabaram com a tabuada, com a sabatina e com a palmatória.

Acho que foi boa ideia.

Rachel de Queiroz. *Memórias de menina*. Rio de Janeiro: José Olympio, 2009. p. 7-8.

Bolo: tapa dado na palma da mão; castigo.
Palmatória: peça de madeira com cabo e parte circular usada antigamente nas casas e escolas para castigar crianças, batendo com ela na palma da mão.
Escola Nova: movimento do início do século passado que defendia uma escola pública e gratuita para todos.

Sugestão de leitura

Memórias de menina, de Rachel de Queiroz. Editora José Olympio.

As onze histórias deste livro apresentam recordações de acontecimentos, costumes e vivências da infância da escritora Rachel de Queiroz, vividas na Região Nordeste, por volta dos anos 1920.

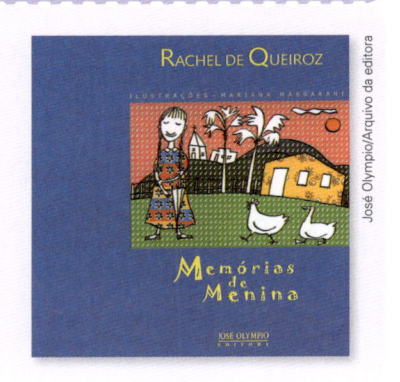

Linha e entrelinha

1 Qual é o assunto principal do texto?

_____

2 Em que época e local acontecem os fatos narrados no texto?

_____

3 Observe a **referência bibliográfica** no final do texto.

a. Qual é o nome do livro de onde o texto foi extraído?

> **Referência bibliográfica:** conjunto de informações acerca do livro de onde o texto foi extraído.

_____

b. Que palavra poderia substituir o termo **memórias** no título?

_____

4 Releia este trecho do texto.

> (Vocês sabem o que é? É a tabela das quatro operações, com números de um a dois algarismos.)

a. A quem se refere a palavra **vocês** nesse trecho?

_____

b. Esse trecho entre parênteses foi criado para dar:

☐ uma sugestão   ☐ um conselho   ☐ uma explicação

5 Qual é o sentido da expressão "Doía como fogo", usada no texto?

_____

6 O texto termina com a frase "Acho que foi boa ideia".

a. Essa frase representa:

☐ uma reclamação   ☐ uma sugestão   ☐ uma opinião

b. O que foi uma boa ideia?

_____
_____

7 Alcides era o aluno que mais sofria castigos físicos.

    a. Sublinhe a parte do texto que conta como Alcides era.

    b. Circule a imagem de Alcides na ilustração abaixo.

    c. Que palavra do texto ajuda a encontrar Alcides na ilustração?

---

8 Converse com os colegas e exponha a sua opinião.

    a. Qual é sua opinião a respeito de apelidos depreciativos como o que foi dado a Alcides na escola? Explique.

    b. Alcides realmente precisava de punição? Explique.

    c. A atitude de Alcides diante dos bolos que levava pode ser considerada corajosa? Por quê?

    d. Em 1920, quando um aluno errava a resposta, era punido. E hoje, quando você não acerta uma questão, acontece a mesma coisa? Explique.

    e. Na década de 1920, a escola permitia aos alunos castigarem uns aos outros. Quais eram as consequências disso na relação entre eles? Explique.

    f. Em sua opinião, castigar alguém por errar uma resposta ajuda a resolver a dificuldade? Explique.

    g. O que se pode fazer para ajudar alguém que tem dificuldade em aprender algum assunto ou conteúdo na escola?

Produção de texto

Convite e registro de depoimento

Você e seus colegas convidarão um adulto com 60 anos ou mais para falar sobre a infância dele e farão um registro do depoimento desse convidado.

Com a ajuda do professor, escolham uma pessoa que goste de falar em público e queira contar histórias do tempo de criança.

Após a escolha do convidado que dará o depoimento, é preciso elaborar um convite.

> Um **convite** pode ser oral ou escrito. Um convite serve para solicitar a participação de alguém em um evento (festa, exposição, debate, formatura, casamento, etc.).

O convite deverá conter as seguintes informações:

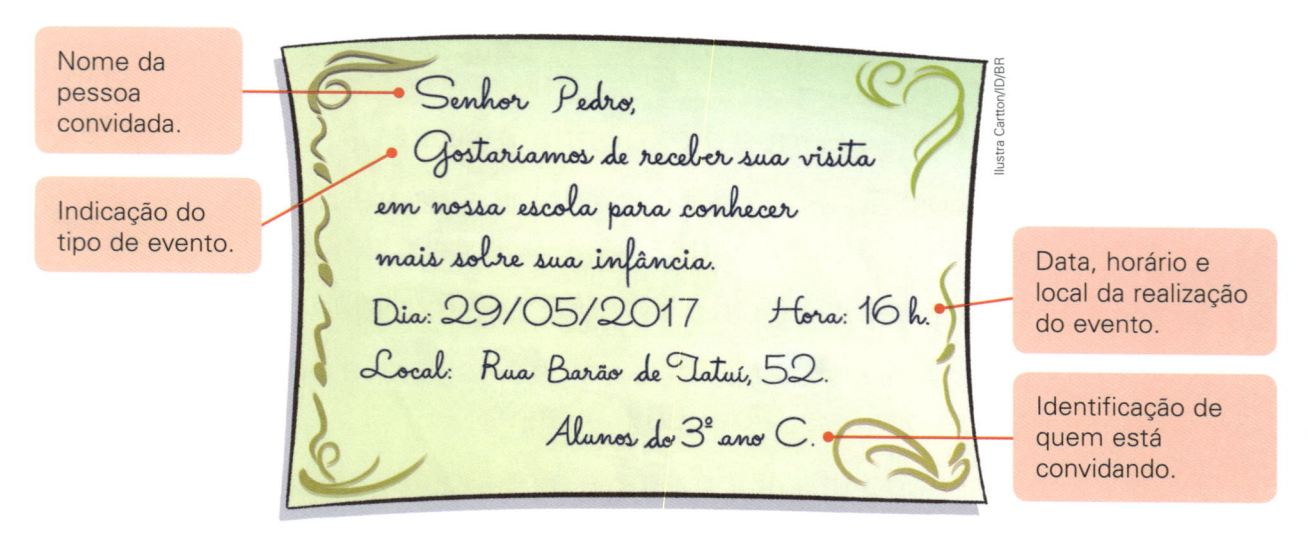

- Nome da pessoa convidada.
- Indicação do tipo de evento.
- Data, horário e local da realização do evento.
- Identificação de quem está convidando.

> Senhor Pedro,
> Gostaríamos de receber sua visita em nossa escola para conhecer mais sobre sua infância.
> Dia: 29/05/2017   Hora: 16 h.
> Local: Rua Barão de Tatuí, 52.
>   Alunos do 3º ano C.

Elaborem o convite com o professor, definindo coletivamente os itens acima. Se for preciso, acrescentem outros itens.

O próximo passo, após a elaboração do convite, é preparar uma lista de assuntos sobre os quais vocês gostariam que o convidado falasse.

Vejam algumas sugestões: tipos de brinquedos e brincadeiras, roupas usadas na época pelas crianças e pelos adultos, como era a escola e o que as crianças estudavam, como as pessoas se divertiam, quais eram os utensílios domésticos usados na época, etc.

Planejar e produzir

1 Com o auxílio do professor, elaborem a lista dos temas que gostariam que fossem abordados.

2 A lista deverá ser enviada à pessoa convidada, com o convite, para que ela possa se preparar para dar o depoimento.

3 No dia marcado, ouçam o depoimento com atenção e anotem as principais informações. Lembrem-se de escrever o nome do convidado e o ano em que ele nasceu.

4 Sempre que possível, façam perguntas ao convidado para aprofundar os assuntos mais interessantes.

5 Se possível, gravem ou filmem o depoimento para que possam revê-lo. Tirem também fotografias do evento.

6 Agora, com a ajuda do professor e usando as anotações feitas e a gravação, se houver, elaborem um texto coletivo. Em uma folha avulsa, registrem as principais informações do depoimento, organizando-as em subtítulos: brincadeiras, costumes, vida escolar, etc.

Revisar, avaliar e reescrever

Itens a avaliar	Sim	Não
1. As principais informações foram registradas?		
2. Os dados pessoais do convidado foram anotados?		
3. O texto foi organizado em subtítulos?		

O registro do depoimento e as fotografias tiradas no dia da visita farão parte da exposição que será organizada no final desta unidade.

EM AÇÃO!

Hora da leitura 2

Esta é a capa de um exemplar do "Estadinho", suplemento infantil do jornal *O Estado de S. Paulo*. Observe-a.

O Estado de S. Paulo. 26 jan. 2013. Estadinho.

- Que ambiente é retratado na imagem da capa?
- Qual é o assunto da principal reportagem desse exemplar do "Estadinho"?
- Sendo uma publicação para criança, por que a imagem da capa desse exemplar está em preto e branco com papel amarelado?
- Que trecho dos textos presentes na capa mais se relaciona com o fato de a imagem estar em preto e branco e o papel amarelado?
- Que detalhes da imagem também remetem à ideia de tempo passado?
- Em sua opinião, os materiais escolares dos seus pais e dos seus avós eram diferentes dos seus? Explique.

Abra esta mochila

NATÁLIA MAZZONI

As férias estão acabando. Você já arrumou seu material escolar? É gostoso colocar na mochila estojo, lápis, caderno, canetinhas, livros. Já pensou que seus pais e avós também fizeram isso um dia? Quer dizer, não era bem assim. A caneta, por exemplo, usava tinteiro e, para colar algo no papel, era preciso usar goma e pincel.

Diferente, não é? Para entrar no clima de volta às aulas, o **Estadinho** propõe que você faça uma viagem no tempo e pare na sala de aula deles. O sinal para a aula começar já vai tocar. Vamos?

Caneta

Os chineses já usavam pincéis para escrever 1.000 anos antes de Cristo. Depois, vários objetos ajudaram o homem nessa tarefa: varetas de bambu, canetas com ponta de bronze e os famosos modelos feitos com penas de aves, no início da Idade Média.

No final do século 19, surgiram as canetas-tinteiro (com ponta fina de ferro e reservatório de tinta) nos Estados Unidos. A caneta que você conhece, esferográfica, só foi inventada em 1938, pelo húngaro Lazlo Biro. De lá pra cá, muitos modelos viraram moda, como o de 10 cores nos anos 1980.

Lápis

No fim do século 18, os lápis eram feitos com pedaços de grafite enrolados em cordas ou peles de animais. Mais tarde, os alemães usaram madeira para cobrir o grafite. Em 1795, o químico francês Nicholas Jacques Conté desenvolveu um processo de produção que misturava grafite em pó com argila, o que possibilitava vários graus de dureza e, mais tarde, o acréscimo de cor. Em 1859, os lápis ganharam borracha na ponta. De todos, ficaram famosos os da marca Fritz Johansen e os lápis com tabuada.

Estojo

As latinhas de metal Lotus, da Johann Faber, eram itens de desejo nos anos 1940. Já as crianças dos anos 70 e 80 se apaixonaram pelo modelo com botões: os cliques faziam aparecer os lápis e as borrachas.

Ábaco

Para aprender a fazer contas, as crianças usavam o ábaco, instrumento antigo que nasceu na Mesopotâmia há mais de 5.500 anos.

Apontador

Nos anos 1880, quando a produção de lápis aumentou, surgiram os apontadores. Eles eram bem diferentes: tinham manivela e eram feitos de metal.

Cola

Até os anos 1970, ninguém usava cola em bastão na aula de Artes (que só foi inventada em 1969). Para colar, usava-se goma arábica, uma substância amarela tirada de plantas. Também, era comum usar cola feita em casa, com água e farinha de trigo.

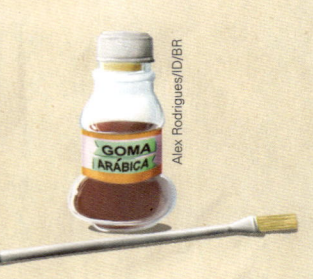

Lancheira

As lancheiras de metal começaram a ser produzidas em 1950 e tinham estampas de super-heróis, artistas de filmes, grupos musicais ou desenhos. Antes, o lanche ia em sacolas de pano ou sacos de pão.

Para colorir

Dos anos 1970 a 90, as aquarelas vendidas numa paleta de papel eram itens de desejo. As canetinhas Playcolor (a branca apagava as outras!) e Sylvapen também.

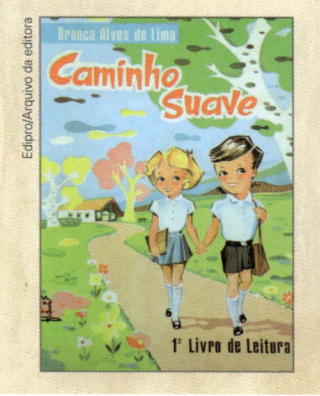

Cartilhas

Por muito tempo as cartilhas compunham quase todo o material didático das crianças. A famosa *Caminho Suave*, por exemplo, foi criada em 1948 pela professora Branca Alves de Lima e tinha um método de alfabetização que relacionava letras do alfabeto a desenhos (a letra "e", por exemplo, virava tromba de elefante, e a letra "i", a torre de uma igreja).

Na década de 1990, as cartilhas foram removidas das escolas pelo Ministério da Educação, depois que pedagogos condenaram o método de ensino. [...]

Caderno de caligrafia

Cada vez mais raro nas escolas, o caderno de caligrafia certamente fez parte da infância de seus pais e avós. O caderno pautado era usado para aprimorar a letra e poderia ser um terror de quem não tinha letra bonita.

Anuário escolar

A foto que você tira todos os anos na escola também era diferente. As imagens de anuário traziam o aluno numa mesa, com lápis na mão e mapa no fundo.

Enciclopédia

Você usa a internet para fazer a lição de casa? Na época de seus pais e avós, a melhor forma de pesquisar era usando enciclopédias. A Conhecer, publicada no Brasil pela primeira vez em 1967, vendeu mais de 100 milhões de exemplares. Os fascículos eram lançados até que a coleção ficasse completa para encadernar tudo numa capa dura vermelha com escritos dourados.

Outra enciclopédia muito famosa é a Barsa, lançada em 1960 e vendida de porta em porta.

Mobiliário

Carteiras duplas e com reservatório de tinta para caneta eram fabricadas no Brasil em 1900, quando ainda escrevia-se Brasil com "z". [...]

O Estado de S. Paulo, São Paulo, 26 jan. 2013. Suplemento infantil Estadinho.

Linha e entrelinha

1 Por que na introdução são citadas as férias e a volta às aulas?

_____

_____

2 Recorde este trecho da reportagem:

> O sinal para a aula começar já vai tocar. Vamos?

a. De que aula esse trecho trata? Explique.

_____

_____

b. Se essa fosse uma aula dada na escola, qual seria a disciplina, isto é, a área de conhecimento?

_____

c. O trecho "Vamos?" funciona como um convite. A quem é feito esse convite?

_____

d. Que outro trecho da introdução representa um convite direto?

_____

_____

3 Para simplificar a linguagem e se aproximar do leitor, há perguntas feitas ao leitor. Grife no texto todos os trechos em que isso ocorre.

4 A reportagem é destinada ao público infantil. O assunto causa interesse em crianças? Por quê?

_____

_____

5 Quais vantagens os apontadores atuais apresentam em relação aos apontadores de manivela citados no texto?

_____

_____

_____

6 Recorde o trecho "Cola".

  a. Por que as colas atuais são mais práticas do que a goma arábica?

  _____

  _____

  b. Além da goma arábica, que cola caseira era usada antes de 1970?

  _____

  c. Que curiosidade acerca da aula de Arte é citada nesse trecho?

  _____

7 O ábaco era usado para realizar contas. Que invento mais moderno realiza esse tipo de tarefa atualmente?

_____

8 A caneta-tinteiro exigia o uso de mata-borrão.

  a. Pelo nome você supõe o que era o mata-borrão? Conte aos colegas suas hipóteses.

  b. Procure em um dicionário o sentido da palavra **mata-borrão** e explique por que era necessário usá-lo em conjunto com a caneta-tinteiro.

  _____

  _____

  _____

noventa e cinco **95**

9 A que parte da reportagem se referem as imagens abaixo? Explique.

elefante   e

igreja   i

_____

_____

10 Releia a parte "Caligrafia".

a. Qual era a função do caderno de caligrafia nas escolas?

_____

_____

b. Escreva o seu nome na segunda pauta de caligrafia, empregando letra cursiva. Veja o exemplo e siga as orientações do professor.

Caligrafia

11 Recorde o trecho "Enciclopédia" e indique se a informação é verdadeira **V** ou falsa **F**.

☐ Conforme a reportagem, com o surgimento da internet as enciclopédias não são mais publicadas.

☐ Assim como a internet, as enciclopédias reúnem informações de diferentes assuntos e áreas de conhecimento.

☐ As enciclopédias eram a principal fonte de informações usada por estudantes na maior parte do século XX.

☐ A enciclopédia Conhecer foi lançada no Brasil em fascículos.

Vamos interagir?

Mostre e conte

Você participará de uma atividade chamada "Mostre e conte". Para isso, é preciso conseguir um objeto antigo. Faça assim:

1 Converse com familiares e verifique se eles têm um objeto antigo em casa que você possa levar à escola. Exemplo: vitrola, rádio, cartilhas antigas, ferro de passar a carvão, apontador de mesa, caneta-tinteiro, máquina de escrever, máquina fotográfica antiga, brinquedos antigos, ábaco, etc.

2 Na conversa, descubra como funciona o objeto e como era usado. Anote as principais informações.

3 Diante do espelho, treine e ensaie como você fará a apresentação.

4 No dia combinado com o professor, leve o objeto para a sala ou peça a seu familiar que o leve para você. Tenha cuidado com o objeto.

5 Na sua vez, posicione-se à frente da sala, mostre o objeto aos colegas e conte a eles as informações que você pesquisou acerca do objeto. Use um tom de voz que possa ser ouvido e compreendido por todos.

6 Para que a apresentação seja dinâmica e não monótona, não leia suas anotações, use-as apenas como apoio à memória.

Língua viva

Palavras e expressões do fundo do baú

Lugares, roupas e objetos se modificam ao longo dos anos. Isso também acontece com a língua. Com o tempo, algumas palavras são esquecidas e outras surgem no nosso vocabulário.

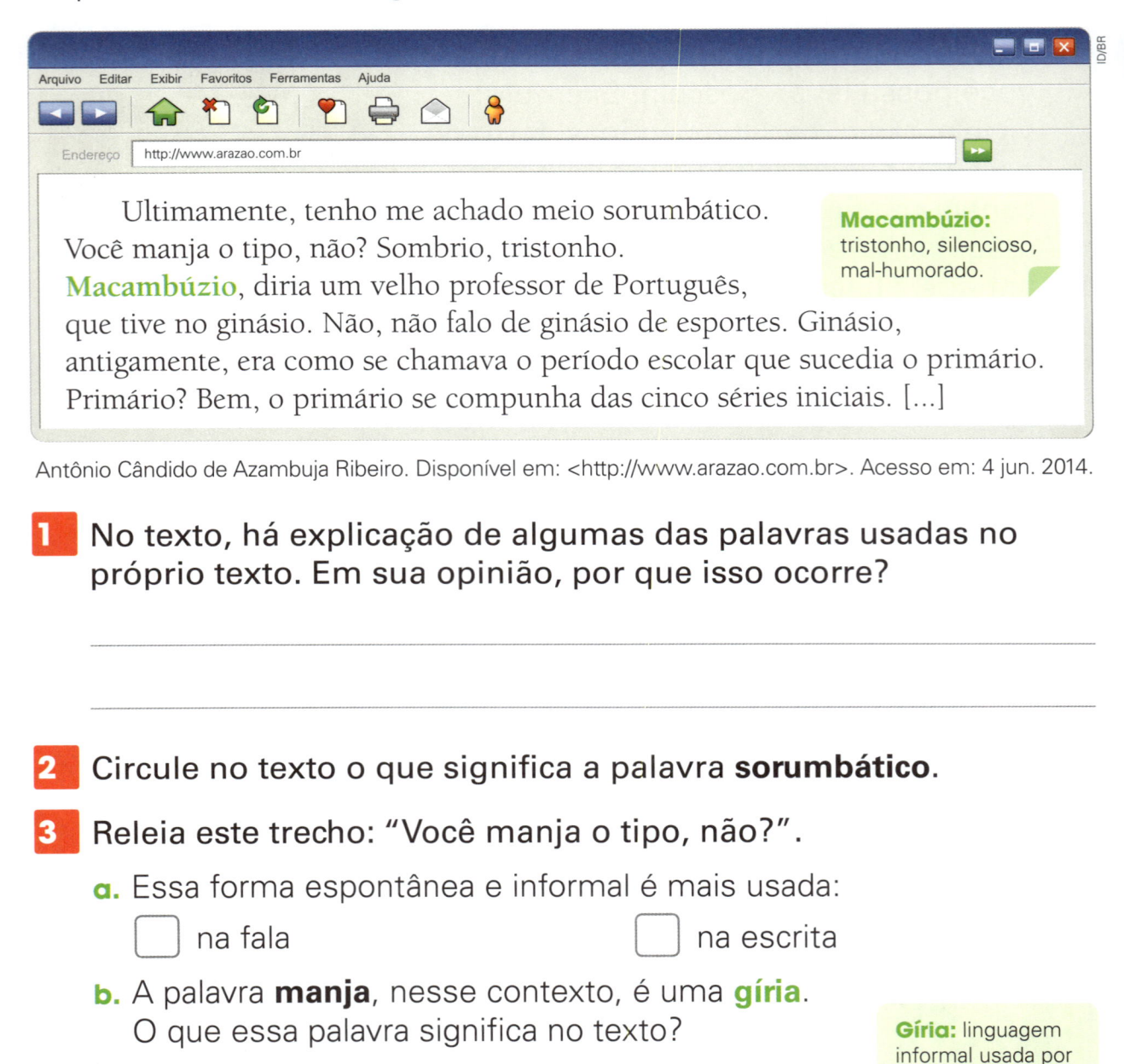

> Endereço: http://www.arazao.com.br
>
> Ultimamente, tenho me achado meio sorumbático. Você manja o tipo, não? Sombrio, tristonho. **Macambúzio**, diria um velho professor de Português, que tive no ginásio. Não, não falo de ginásio de esportes. Ginásio, antigamente, era como se chamava o período escolar que sucedia o primário. Primário? Bem, o primário se compunha das cinco séries iniciais. [...]
>
> **Macambúzio:** tristonho, silencioso, mal-humorado.

Antônio Cândido de Azambuja Ribeiro. Disponível em: <http://www.arazao.com.br>. Acesso em: 4 jun. 2014.

1 No texto, há explicação de algumas das palavras usadas no próprio texto. Em sua opinião, por que isso ocorre?

_____

_____

2 Circule no texto o que significa a palavra **sorumbático**.

3 Releia este trecho: "Você manja o tipo, não?".

   a. Essa forma espontânea e informal é mais usada:

   ☐ na fala   ☐ na escrita

   b. A palavra **manja**, nesse contexto, é uma **gíria**. O que essa palavra significa no texto?

   Gíria: linguagem informal usada por determinado grupo de pessoas.

   _____

4 Conforme o texto, no passado havia **primário** e **ginásio**. Atualmente, qual é o nome dos nove anos escolares, após a Educação Infantil?

   ☐ Ensino Fundamental   ☐ Ensino Médio   ☐ Ensino Superior

5 Várias palavras usadas nesse texto foram "tiradas do fundo do baú". O que essa expressão significa?

☐ Significa que as palavras estavam guardadas em um móvel.

☐ Significa que as palavras eram usadas antigamente.

☐ Significa que as palavras nunca mais serão usadas.

Como nossa língua é viva e dinâmica, ela se modifica ao longo do tempo. Por isso, muitas palavras envelhecem e praticamente deixam de ser usadas, e podem ser substituídas por outras mais novas. Exemplos:

Motorneiro: palavra que nomeia o condutor de bonde.

Alpendre: hoje, usa-se mais a palavra **varanda**.

Alcova: hoje, usa-se a palavra **quarto**.

Pesquisando palavras e expressões usadas antigamente

1. Pergunte a pessoas mais velhas de sua família ou a conhecidos se eles se lembram de palavras ou expressões que eram mais usadas antigamente e quase não se usam mais.

2. No caderno, anote as palavras e o significado delas.

3. Na sala de aula, reúna-se em grupo com alguns colegas para juntar as informações obtidas por vocês.

- Façam uma lista das palavras e expressões encontradas.
- Pesquisem imagens para ilustrar as palavras.
- Transcrevam as palavras e expressões com seu significado em uma cartolina e coloquem o título "Palavras e expressões do fundo do baú".
- Mostrem e contem aos colegas dos demais grupos as suas descobertas. Depois, guardem o material para a exposição que ocorrerá ao final da unidade.

EM AÇÃO!

Nossa língua

▬ Encontro consonantal e dígrafo

1 Leia em voz alta este trava-língua várias vezes.

> T**rês** ti**gr**es **tr**istes e **três pr**atos de **tr**igo.
> **Três pr**atos de **tr**igo para **três** ti**gr**es **tr**istes.

Domínio público.

a. Você conseguiu ler várias vezes o trava-língua sem se confundir com a pronúncia das palavras? Conte aos colegas.

b. A parte destacada nas palavras do trava-língua representa:

☐ encontro de vogais   ☐ encontro de consoantes

2 Leia esta frase e observe a parte destacada nas palavras.

> Pe**dr**o a**br**iu a po**rt**a para o ca**rt**eiro.

■ Escreva as palavras em que o encontro de consoantes fica:

em sílabas separadas	
na mesma sílaba	

Nos exemplos acima, temos **encontro consonantal**, ou seja, o encontro de duas ou mais consoantes.

3 Leia estas palavras em voz alta. Preste atenção na parte destacada.

| pê**ss**ego | to**rt**a | sa**ld**o | mi**lh**o | **gr**ama |
| ba**rr**o | ni**nh**o | di**gn**o | de**sc**er | po**st**e |

a. Sublinhe as palavras em que a parte destacada representa dois sons diferentes.

b. Circule as palavras cuja parte destacada representa apenas um som.

Só há **encontro consonantal** se cada letra do encontro representar um som diferente. Se duas letras representam um único som, então, há **dígrafo**. Veja:

cravo — encontro consonantal (dois sons diferentes são pronunciados)

ca**rr**o — dígrafo (um único som é pronunciado)

Dígrafo: grupo de letras que representa um único som. São dígrafos consonantais: **rr**, **ss**, **ch**, **lh**, **nh**, **sç**. Também são dígrafos **gu**, **qu**, **xc** e **sc**, quando seguidos de **e** ou **i**. Já o grupo **xs** é dígrafo quando seguido de qualquer vogal.

4 Leia em voz alta este outro trava-língua.

A vaca malhada foi molhada por outra vaca molhada e malhada.

Domínio público.

a. Circule as palavras do trava-língua que têm pronúncia parecida.

b. A parte destacada nas palavras do trava-língua, ao ser pronunciada, representa:

☐ um som apenas   ☐ dois sons

5 Junte as sílabas embaralhadas e forme três nomes de animais que contenham encontro consonantal.

MI | UR | BRA | FOR | ZE | GA | SO

6 Com as letras de cada quadro, siga a pista dada e forme o nome de um vegetal comestível. Comece pela letra destacada.

S	R	E
F	P	I
E	A	N

Possui encontros consonantais (**sp**, **fr**)

A	R	T
B	R	E
A	**B**	E

Possui dígrafo (**rr**)

H	I	A
B	N	R
O	B	**A**

Possui encontro consonantal (**br**) e dígrafo (**nh**)

cento e um **101**

7 Faça como no exemplo, indique o dígrafo ou os dígrafos, quando houver mais de um, e separe as sílabas.

Palavra	Dígrafo	Separação silábica
telhado	lh	te-lha-do
farinha		
cochicho		
charrete		
sucesso		
foguete		
quilômetro		
cachorro		

8 Indique se a parte destacada é dígrafo ou encontro consonantal.

a. vi**dr**o _____

b. **br**aseiro _____

c. mi**lh**aral _____

d. **bl**oco _____

e. ni**nh**o _____

f. a**tl**eta _____

g. a**rr**oz _____

h. a**ss**obio _____

i. abe**lh**a _____

j. e**xc**eção _____

9 Preencha a cruzadinha e pinte os dígrafos das palavras.

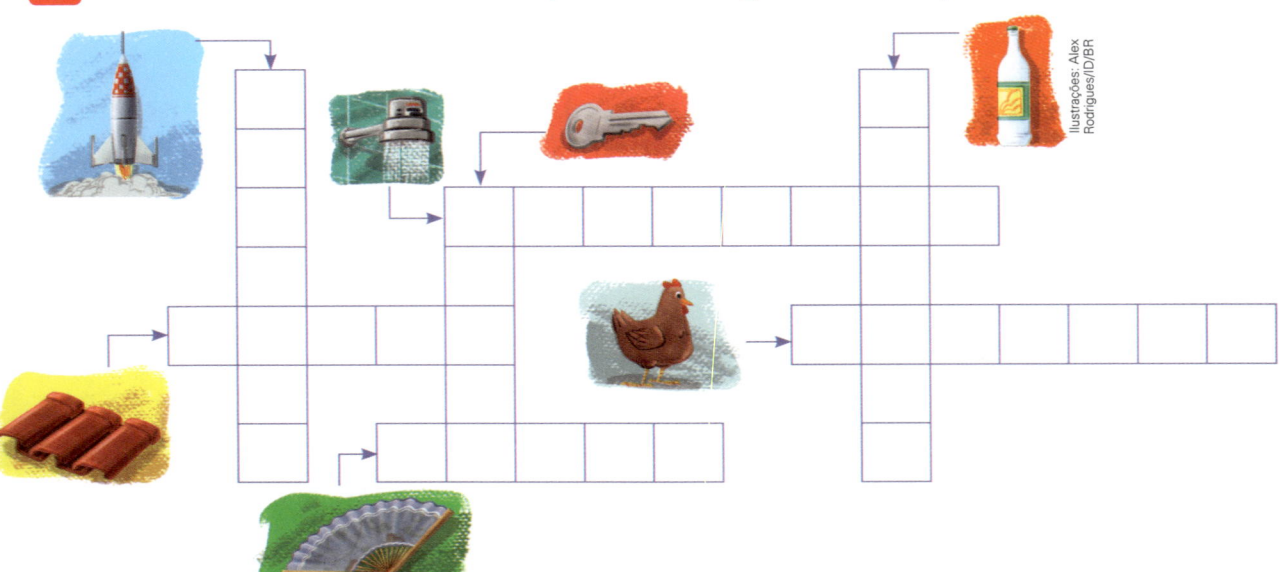

Construção da escrita

▬ Uso de g, j

1 Observe e leia esta tira.

> DE TODAS BORBOLETAS QUE EU JÁ CONHECI, VOCÊ É A ÚNICA QUE NÃO FUGIU!

> CONFESSE! VOCÊ ESTÁ SENTINDO ALGO!

> PODE APOSTAR!

Fernando Gonsales. *Níquel Náusea*: botando os bofes de fora. São Paulo: Devir, 2002. p. 35.

a. O que a barata imaginou que a borboleta estivesse sentindo?

_____

b. O que a borboleta realmente estava sentindo?

_____

c. Leia em voz alta as palavras da tira grafadas com **g**: **fugiu** e **algo**. A pronúncia do **g** é igual ou diferente nessas palavras?

_____

d. Em algumas palavras, **g** e **j** representam o mesmo som. Circule na tira a palavra em que o **g** representa o mesmo som que **j**.

2 Pinte a trilha em que o som representado pela letra **g** é igual em todas as palavras.

A GARRAFA GAVETA GORRO GESSO GIRASSOL
B ASPARGO PÊSSEGO ACELGA GOIABA GENGIBRE
C GAIVOTA GALINHA CIGARRA GAMBÁ GIRAFA
D GOLFINHO GANSO GORILA GATO GAVIÃO

3 Leia estas palavras em voz alta. Depois, anote se a pronúncia das letras destacadas em cada baú é igual ou diferente.

A GALO / JACARÉ   **B** GELO / JERIMUM   **C** GIZ / JILÓ   **D** GOTA / JOVEM   **E** GURI / JUIZ

_____   _____   _____   _____   _____

4 Observe as palavras da atividade anterior e complete as frases.

a. A letra **g** representa o mesmo som que **j** quando seguida das vogais _____.

b. O som representado pela letra _____ (**g** ou **j**) é sempre igual.

5 Em cada esquema, falta uma sílaba escrita com **g** ou **j**. Descubra a sílaba que falta e escreva as palavras.

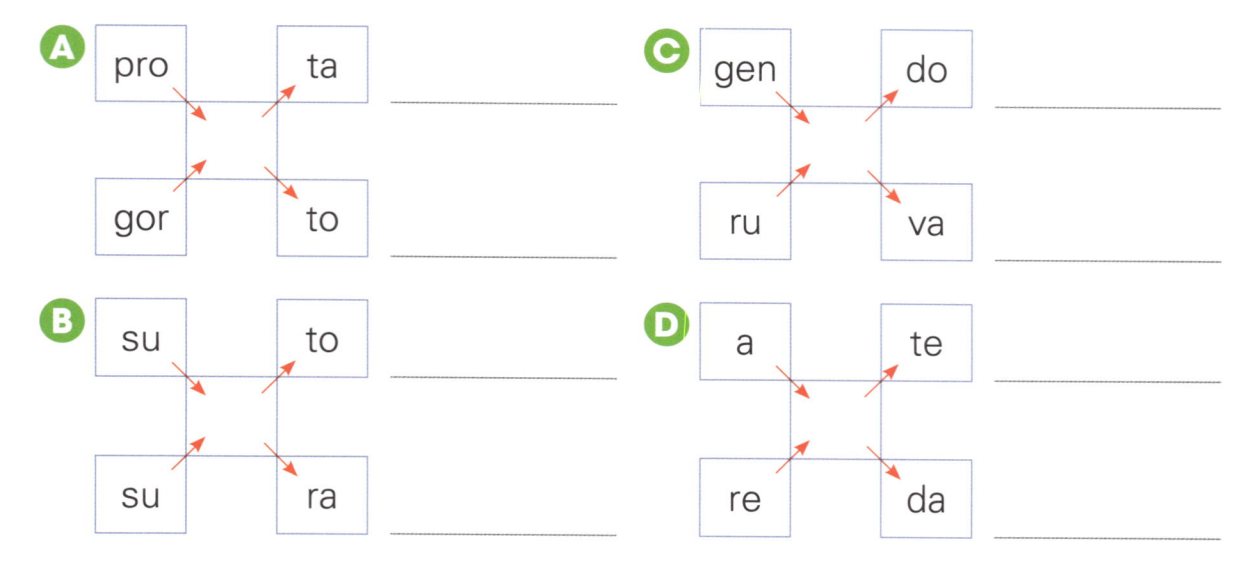

A pro / ta / gor / to _____

B su / to / su / ra _____

C gen / do / ru / va _____

D a / te / re / da _____

6 Circule, em cada grupo, a palavra cujo som representado pela letra inicial é diferente.

A
jerimum   gelado
gemada   goma
javali   gesso

B
jamanta   jumento
gesto   gado
jaca   girafa

Lembre-se!
Dependendo da vogal que acompanha a letra **g**, o som muda. Já a letra **j** representa sempre o mesmo som.

7 Complete as palavras com **GE** ou **JE**, **GI** ou **JI**.

a. _____ latina

b. _____ ma

c. in _____ ção

d. _____ lado

e. _____ boia

f. berin _____ la

g. can _____ ca

h. _____ gante

i. má _____ co

j. man _____ ricão

8 Escreva o nome correspondente a cada figura.

_____

_____

_____

_____

_____

_____

9 Escreva as palavras que o professor ditará.

_____

_____

_____

_____

_____

_____

_____

_____

10 Destaque as páginas 325 a 329 deste livro e brinque com o **Jogo do g ou j**.

CAPÍTULO 2 — Contadores de história

Muito tempo atrás, estes cartões foram enviados pelo avô João Guimarães Rosa, um importante escritor brasileiro, para a neta Vera Lúcia. Observe-os.

João Guimarães Rosa. *Ooó do vovô!*: correspondência de João Guimarães Rosa, vovô Joãozinho, com Vera e Beatriz Helena Tess. São Paulo: Edusp/Imprensa Oficial do Estado; Belo Horizonte: PUC-Minas, 2003. p. 21, 43.

Roda de conversa

1 Observe o primeiro cartão.

　a. Que convite o avô fez à neta?

　b. Ao dizer "aqui tem histórias muito bonitas", provavelmente o avô estava se referindo a quê?

　c. Pelo cartão, é possível saber em que cidade morava o avô e em que cidade morava a neta?

　d. No trecho "você vem cá", a palavra **cá** representa qual lugar?

　e. Que elogio o avô faz à residência da neta?

　f. É possível saber com precisão quando o primeiro cartão foi escrito? Explique.

2 Observe o segundo cartão.

　a. Como Vera Lúcia é chamada pelo avô?

　b. Na frase "O trem é para nenen vir ati.", por que o avô escreveu "vir ati" e não "vir aqui"?

　c. Por que era preciso um trem para Vera visitar o avô?

　d. Esse cartão foi escrito em 25 de novembro de 1966. De que modo vovô João indicou o mês de novembro?

3 Observe o desenho do trem.

　a. Quem está sobre o trem?

　b. E diante do trem?

4 Lendo os cartões e observando os desenhos, o que podemos concluir quanto aos sentimentos do avô pela neta?

5 No primeiro cartão, o avô menciona várias histórias. Qual delas você escolheria para ouvir?

6 Das histórias que você conhece, de quais você mais gosta? Conte uma dessas histórias aos seus colegas.

Hora da leitura 1

Como você percebeu na leitura dos cartões da página 106, o avô João contava muitas histórias para a neta Vera. A seguir, você lerá um depoimento de Vera, já adulta, a respeito desse avô querido.

- O que você imagina que Vera dirá no depoimento, agora que já é adulta?
- Será que o avô João ainda conta histórias?

Meu avô Joãozinho

Aracy, minha avó, e João Guimarães Rosa, Joãozinho para ela, conheceram-se em 1938. [...] Foi quando começou uma história de amor que durou quase trinta anos. [...]

Moraram inicialmente na praia do Russel, no Flamengo, e depois na rua Figueiredo de Magalhães, em Copacabana. Posteriormente fixaram residência na rua Francisco Otaviano, 33, no Posto 6, no Arpoador, onde ele veio a falecer. Foi ali que o conheci e convivi com ele, infelizmente por tão pouco tempo.

O escritor brasileiro João Guimarães Rosa e a esposa, Aracy, em fotografia da década de 1940.

Morávamos em São Paulo, meus pais, Edu e Bia, e meus quatro irmãos: Beatriz Helena, minha irmã, mais velha um ano, a quem eu chamava de "dois-neném" (eu era a número um, claro!); e meus irmãos mais velhos, Eduardo (Bite), Luiz Renato (Uiz Renato) e Plínio (Pínio).

Caçula, eu não ia ainda para a escola, o que me permitia passar mais tempo no Rio. Os cartões, escritos entre 1966 e 1967, quando eu tinha entre 3 e 4 anos de idade, eram como vovô Joãozinho me convidava para mais uma temporada no Rio.

Demorei a falar (por pura preguiça, diziam), limitava-me a apontar para os objetos que eu queria pegar, chamando-os de "ooó". Daí meu avô carinhosamente chamar-me de "ooó do vovô". Nos cartões e nas anotações ele recriava um universo completamente familiar para nós dois, reproduzindo sons, imagens, objetos e personagens, numa linguagem sedutora.

Todo esse material — cartões, anotações, cartas e desenhos feitos por mim e por minha irmã [...] — foi guardado pela minha avó por anos. [...]

Vovô Joãozinho [...] era o vovô que contava estórias, muitas estórias, que fazia dormir cantando músicas de ninar, que levava ao Zoológico — adorávamos o Zoológico do Rio —, que escrevia cartas e desenhava cartões...

Fotografia de Guimarães Rosa dando autógrafos em uma livraria no Rio de Janeiro.

Quando ele morreu, num domingo, 19 de novembro de 1967, eu tinha quatro anos e três meses. [...]

Cada vez que releio esses cartões, sinto um carinho imenso por esse "vovô queído" e muita pena por não ter tido mais tempo com o nosso vovô Joãozinho.

Vera Tess. Em: João Guimarães Rosa. *Ooó do vovô!*: correspondência de João Guimarães Rosa, vovô Joãozinho, com Vera e Beatriz Helena Tess. São Paulo: Edusp/Imprensa Oficial do Estado; Belo Horizonte: PUC-Minas, 2003. p. 11-12.

João Guimarães Rosa nasceu em Minas Gerais, em 1908, e faleceu no Rio de Janeiro, em 1967. Ele é considerado um dos mais importantes escritores brasileiros de todos os tempos. Em seus livros, apresentava os costumes e a força do povo sertanejo de nosso país.

Linha e entrelinha

1 Os fatos contados no texto são imaginários? Explique.

_____

2 Por que, quando pequena, Vera era chamada de "Ooó do vovô"?

_____

_____

3 De acordo com o texto, como Vera chamava os irmãos?

a. Beatriz Helena _____   c. Luiz Renato _____

b. Eduardo _____   d. Plínio _____

4 Explique a origem do apelido "dois-neném".

_____

_____

5 Observe esta ilustração. Ela é uma representação simplificada e parcial de alguns locais da cidade do Rio de Janeiro. Marque um **X** nos locais onde os avós de Vera moraram.

6 Por que Vera passava mais tempo com os avós do que os irmãos dela?

_____

_____

7 No segundo parágrafo, três palavras terminam com **-mente**. Qual delas expressa, ao mesmo tempo, uma lamentação e uma opinião?

_____

8 Em que período os cartões foram escritos?

_____

9 Se Vera já era adulta quando escreveu o texto, por que chamou o avô de "vovô queído"?

_____

_____

10 Vovô João era um contador de histórias.

   a. Em que trecho do texto Vera faz essa afirmação?

_____

   b. Sublinhe o trecho do primeiro cartão da página 106 em que o avô João se coloca como um contador de histórias.

11 No depoimento há informações sobre os cartões escritos pelo vovô João para Vera. Converse com os colegas.

   a. Com base no quinto parágrafo, quem seriam as personagens e as situações que aparecem nos desenhos?

   b. Quais personagens das histórias contadas pelo vovô João são citadas também na parte escrita do primeiro cartão da página 106?

12 Vera reconhece a dedicação do vovô João. E você, de que forma reconhece os cuidados e o carinho de seus avós ou de pessoas mais velhas para com você?

Hora da leitura 2

A seguir, você lerá um dos capítulos do livro *Cazuza*. Escrita na década de 1930, essa obra literária contém as memórias de infância do menino Cazuza, vivida no interior do Maranhão no final do século XIX.

- O que está acontecendo na cena abaixo?
- Por que as crianças estão animadas e felizes?

A contadeira de histórias

Vovó Candinha é outra figura que nunca se apagou de minha recordação.

Não havia, realmente, mulher que tivesse maior prestígio para as crianças de minha idade. Para nós, era um ser à parte, quase sobrenatural, que não se confundia com as outras criaturas. É que ninguém no mundo contava melhor histórias de fadas do que ela.

Devia ter seus setenta anos: rija, gorda, preta, bem preta e a cabeça branca como algodão em pasta.

Morava distante. Vinha ao povoado, de quando em quando, visitar a Luzia, sua filha caçula, casada com o Lourenço Sapateiro.

E quando corria a notícia de que ela ia chegar, a meninada se assanhava como se ficasse à espera de uma festa. Não saíamos da porta da Luzia, perguntando insistentemente:

— Quando ela chega?

— Traz muitas histórias bonitas?

— Traz muitas novas?

Afoiteza: ousadia, coragem.
Efusão: entusiasmo, ternura.

Era pela manhã que vovó Candinha costumava chegar. O dia nem sempre havia acabado de nascer e já a pequenada estava à beira do rio para recebê-la. Mal ia saltando da canoa, nós corríamos a abraçá-la com tanta **afoiteza** e tanta **efusão** que havia perigo de lhe rasgarmos o vestido rodado, de chita ramalhuda.

— Quantas histórias a vovó traz?, perguntávamos.

— Um bandão delas, respondia a velha.

De dia não conseguíamos que ela nos contasse história nenhuma.

— Quem conta histórias de dia, dizia, negando-se, cria rabo como macaco.

Mal a noite começava a cair, a meninada caminhava para casa de Luzia, como se se dirigisse para um teatro. Após o jantar, vovó Candinha vinha então sentar-se ao batente da porta que dava para o terreiro. [...]

Sentávamo-nos em derredor, caladinhos, de ouvido atento, como não fora tão atento o nosso ouvido na escola.

Ela começava:

— Era uma vez uma princesa muito orgulhosa, que fez grande má-criação à fada sua madrinha...

Acendiam-se os nossos olhos, batiam emocionados os nossos corações...

Não sei se é impressão de meninice, mas a verdade é que, até hoje, não encontrei ninguém que tivesse mais jeito para contar histórias infantis.

Na sua boca, as coisas simples e as coisas insignificantes tomavam um tom de grandeza que nos **arrebatava**; tudo era surpresa e maravilha que nos entrava de um jato na compreensão e no entusiasmo.

E não sei onde ela ia buscar tanta coisa bonita. Ora eram princesas formosas, aprisionadas em palácios de coral, erguidos no fundo do oceano ou das florestas; ora reis apaixonados que abandonavam o trono para procurar pelo mundo a mulher amada, que as fadas invejosas tinham transformado em coruja ou rã.

Não perdíamos uma só de suas palavras, um só dos seus gestos.

Ela ia contando, contando... Os nossos olhinhos nem piscavam...

[...]

Lá pelas tantas, um de nós encostava a cabeça no companheiro mais próximo e fechava os olhos, cansado. Depois outro; depois outro.

E quando vovó Candinha acabava a história, todos nós dormíamos uns encostados aos outros, a sonhar com os palácios do fundo do mar, com as fadas e as princesas maravilhosas.

Viriato Correa. *Cazuza*. São Paulo: Nacional, 2011. p. 24-26.

Arrebatar: levar para longe no imaginário, para outros mundos.

Linha e entrelinha

1 Converse com os colegas sobre o título do texto.

   a. Se no título fosse usada a palavra **contadora** em vez de **contadeira** o sentido seria o mesmo?

   b. Por que se usou **contadeira** e não **contadora** de histórias?

2 Segundo um provérbio, "Quem conta história de dia cria rabo de cutia".

   a. Que frase semelhante vovó Candinha usava?

   b. Em sua opinião, ouvir histórias à noite ajuda a criar um clima mais fantasioso para o que é contado? Conte aos colegas.

3 O gênero do texto que você leu é denominado **memórias**.

   a. Que palavra do início do texto mais se relaciona com o gênero textual memórias?

   b. Que trecho das memórias dá pistas de que Cazuza não é mais criança ao recordar os fatos narrados?

   c. Qual é o principal fato narrado nesse trecho?

   d. Que trecho do texto revela que vovó Candinha não é a única figura de quem Cazuza se recorda nesse livro de memórias?

4 Marque **V** para verdadeiro e **F** para falso.

☐ Luzia era a filha única de vovó Candinha.

☐ As histórias que vovó Candinha narrava eram contos de fadas.

☐ Vovó Candinha começava a contar as histórias já na beira do rio, ao desembarcar da canoa.

☐ As histórias de vovó Candinha faziam as crianças se emocionar profundamente, como se fossem transportadas para outros mundos.

5 Grife no texto os trechos que revelam a plena atenção das crianças às histórias de vovó Candinha.

6 Responda com base na relação entre as crianças e vovó Candinha.

a. As crianças do texto eram netas de vovó Candinha? Explique.

b. Por que as crianças tanto amavam vovó Candinha?

c. De que modo vovó Candinha demonstrava amor pelas crianças?

7 Em sua vida há também algum(a) contador(a) de histórias tão envolvente quanto vovó Candinha? Quem?

Produção de texto

■ Coleta e registro de memórias

Leia um trecho de um livro chamado *Um avô e seu neto*.

> Os avós sabem de muitas coisas. Os avós guardam a infância deles na memória, com seus rios azuis, suas ruas de barro, chapéus, cavalos, lampiões. Um mundo tão antigo que já quase não cabe mais neste nosso mundo.

Roseana Murray. *Um avô e seu neto*. São Paulo: Moderna, 2000. p. 5.

Converse com os colegas.

1 Seus avós ou familiares também já lhe contaram histórias da infância deles?

2 O que você descobriu com essas histórias?

3 Que elementos do passado, citados na segunda frase do texto acima, são diferentes da realidade em que você vive?

Agora, leia este texto, que mostra que os avós são verdadeiras fontes de histórias.

Ao alcance da mão

De onde vêm as histórias? Elas não estão escondidas como um tesouro na gruta de **Aladim** ou num baú que permaneceu no fundo do mar. Estão perto, ao alcance de sua mão. [...]

Velho em cadeira de balanço é boa história na certa. [...]

Quando um avô fica quietinho, com o olhar perdido no passado, não perca a ocasião. Tal como Aladim da lâmpada maravilhosa, você descobrirá os tesouros da memória.

> **Aladim:** personagem do conto "Aladim e a lâmpada maravilhosa". Aladim é um jovem que encontra uma lamparina encantada na qual habita um gênio capaz de realizar qualquer desejo.

Ecléa Bosi. *Velhos amigos*. São Paulo: Companhia das Letras, 2004. p. 9-11.

Planejar e produzir

Você vai coletar e registrar uma das histórias vividas por seus avós ou outro familiar mais **idoso**. Depois de feito o registro, você lerá a história coletada para seus colegas de classe.

Idoso: pessoa que já tem muitos anos de vida.

1. Peça a um familiar mais velho que conte (ou reconte) algumas histórias interessantes vividas por ele ao longo da vida. Se for possível, grave o relato.

2. Escolha a história que julgar mais interessante e escreva-a em primeira pessoa, ou seja, como se o texto fosse escrito pela própria pessoa que contou a história.

3. Para que o leitor compreenda bem o registro de memórias que você fará, o texto precisa conter estes elementos.

> **1 Acontecimento**
> Conte o que aconteceu.

> **3 Lugar**
> Conte onde aconteceu.

> **2 Pessoas**
> Conte com quem aconteceu.

> **4 Tempo**
> Conte quando aconteceu.

4. Quando terminar, leia a história para quem lhe contou. Verifique se ela está fiel ao que ocorreu e, se for preciso, peça ajuda a essa pessoa para melhorar o texto. Dê um título a ele.

Revisar, avaliar e reescrever

Itens a avaliar	Sim	Não
1. Seu texto está fiel aos fatos da história ouvida?		
2. Você indicou as pessoas envolvidas, o lugar e o tempo?		
3. A história contém um desfecho (um final)?		

Quando o professor solicitar, conte a história para seus colegas, sem ler, usando suas anotações apenas como apoio à memória. Mais adiante seu texto fará parte da exposição que ocorrerá no final da unidade.

EM AÇÃO!

Fazendo conexões

Preparando uma entrevista

Por meio de uma entrevista, podemos conhecer melhor uma pessoa e o que ela pensa. Veja, por exemplo, este trecho de uma entrevista feita com Tatiana Belinky (1919-2013), autora de muitos livros infantis.

As perguntas desta entrevista foram feitas por crianças como você.

Você imaginava que seus livros iriam fazer tanto sucesso?

Não. Realmente, foi mais do que eu esperava. Fiquei muito contente, me dá muito prazer. Esperava que gostassem, claro, senão, não publicaria, mas foi melhor que a encomenda.

[...]

Com quantos anos escreveu seu primeiro livro?

Sempre escrevi muito, mas comecei a publicar há 20 anos. [...]

O que a senhora gostava de ler quando era pequena?

Poesia, gostava muito de poesia. E também de contos de fadas, contos de aventura. Quem lê muito, lê tudo.

Tatiana Belinky, em novembro de 2009.

Folha de S.Paulo, São Paulo, 25 set. 2004. Suplemento infantil Folhinha.

Você entrevistará um familiar ou uma pessoa conhecida com 60 anos ou mais para aumentar seu conhecimento a respeito da vivência das crianças no passado e também para conhecer melhor a pessoa entrevistada. A entrevista será lida por outras pessoas.

1 De quais assuntos você gostaria de saber?

_____

_____

_____

Fazendo conexões

2 Decida quem você entrevistará e combine o dia e o horário da entrevista.

Entrevistado	Data	Horário

3 Elabore duas ou mais perguntas sobre o que você quer saber a respeito da época em que o entrevistado era criança.

_____

_____

_____

4 O professor fará coletivamente um roteiro de perguntas. Colabore, sugerindo as perguntas que você elaborou acima.

5 Quando o roteiro estiver pronto, transcreva-o do quadro de giz.

Vamos interagir?

Entrevista

Agora que você já tem o roteiro de perguntas que usará, realize a entrevista com a pessoa escolhida. Para isso, siga as etapas a seguir.

Entrevistando

1. Se houver possibilidade, grave a entrevista. Se não for possível gravá-la, peça ao entrevistado que fale devagar para que você possa anotar as respostas.
2. Faça uma pergunta de cada vez e não interrompa a fala do entrevistado. Espere que ele acabe de falar e solicite a ele que repita alguma parte caso você não tenha entendido.
3. Depois, passe a entrevista a limpo, seguindo o modelo da página 119. Anote primeiro a pergunta e em seguida a resposta.

Apresentando a entrevista

No dia combinado com o professor, apresente a entrevista aos colegas.

Depois, converse com os colegas sobre as descobertas que vocês realizaram.

Guarde a entrevista, pois ela fará parte da atividade coletiva que será realizada no final desta unidade.

EM AÇÃO!

Usos do dicionário

Verbete e acepção

Cada palavra definida em um dicionário com todo o conjunto de explicações e informações que vem a respeito dela é chamada **verbete**. Observe o seguinte verbete.

descer des·cer
1. **Descer** é ir para baixo.
Tomás **desce** para a sala para dar boa-noite.
2. É também levar alguma coisa para baixo.
Vovô **desceu** as malas do armário para o chão.
≠ O contrário de **descer** é subir.

Esse conjunto de informações é chamado de **verbete**.
Os dicionários e as enciclopédias são obras de referência compostas de verbetes.

Dicionário Larousse infantil da língua portuguesa. São Paulo: Larousse do Brasil, 2005. p. 84.

1 Quantos sentidos foram apresentados para o verbete **descer**?

_____

2 Cada significado do verbete foi separado por:

☐ letras   ☐ números   ☐ ilustrações

3 A frase que aparece após cada sentido do verbete serve para:

☐ saber o **antônimo** da palavra.
☐ exemplificar o uso da palavra.

Antônimo: palavra com sentido contrário ao de outra palavra.

4 Além dos sentidos e das frases que exemplificam o uso da palavra, que outras informações encontramos nesse verbete?

_____

_____

Cada sentido do verbete é chamado de **acepção**. Quando um verbete apresenta mais de uma acepção, elas são numeradas.

5 Leia em voz alta as definições das seguintes palavras.

colher (é)
Talher constituído de concha rasa e cabo.

colher (ê)
1. Desprender de ramo ou haste.
2. Tirar. 3. Recolher. 4. Fazer colheita.

Aurélio B. de Holanda Ferreira. *Aurélio mirim*: dicionário ilustrado da língua portuguesa. Curitiba: Positivo, 2005. p. 88.

a. O som das duas palavras é igual ou diferente?

b. Para que servem as indicações **(é)**, **(ê)** nesses verbetes?

Elaborando um verbete ilustrado

EM AÇÃO!

Para compor a exposição que será realizada no final desta unidade, elabore um verbete ilustrado sobre um brinquedo ou objeto antigo. Faça assim:

1. Escolha o objeto ou brinquedo a ser definido no verbete.
2. Em uma folha avulsa, produza o verbete, seguindo estas etapas.

Escreva a palavra com caneta colorida.

Anote cada sentido. Se houver mais de um sentido, numere-os.

Escreva uma frase para exemplificar o uso da palavra.

chocalho (cho-ca-lho)
1. Chocalho é um brinquedo para neném que faz barulho quando é sacudido.
2. Outras coisas que fazem barulho quando são sacudidas podem ser chamadas de **chocalho**.

A cascavel tem um **chocalho** *na extremidade.*

Instituto Antônio Houaiss. *Meu primeiro dicionário Houaiss*. Rio de Janeiro: Objetiva, 2010.

Escreva a mesma palavra separando as sílabas.

Faça um desenho ou cole uma ilustração referente à palavra definida no verbete.

3. Caso tenha dúvida, consulte um dicionário.
4. Quando terminar, mostre seu trabalho aos colegas.

Nossa língua

▪ Substantivo

1 Leia o poema e complete-o com as palavras representadas pelas ilustrações.

A venda do seu Chico

A venda do seu Chico tem de tudo:

desde renda até ▢.

Tem arroz, ▢, carne de sol,

▢ para peão, lençol, semente de ▢.

Tem ▢ e linha, milho para ▢,

▢ de barro, unguento para catarro,

folhinha, ▢ para viagem,
tem tudo quanto é bobagem.
Tem até dicionário de rima!

Roseana Murray. *Pera, uva ou maçã?* São Paulo: Scipione, 2005. p. 43.

Todas as palavras que você escreveu para substituir as ilustrações são substantivos.

Substantivos são palavras usadas para nomear e identificar pessoas, animais, vegetais, objetos, sentimentos, ações, etc.

2 Qual das palavras abaixo tem o mesmo sentido do substantivo **venda**, como aparece no texto?

☐ açougue ☐ farmácia ☐ padaria ☐ mercearia

3 Na venda do seu Chico, há "unguento para catarro". Leia a seguir os sentidos da palavra **unguento**.

> **unguento** *substantivo*
> 1. Essência utilizada para perfumar o corpo.
> 2. Medicamento de uso externo à base de gordura [...]

Instituto Antônio Houaiss. *Dicionário Houaiss da língua portuguesa*. Rio de Janeiro: Objetiva, 2009. p. 1 905.

■ Marque a palavra que define esse produto vendido por seu Chico.

☐ banha ☐ perfume ☐ remédio ☐ sabonete

4 Leia os sentidos da palavra **folhinha**. Depois, sublinhe o sentido que essa palavra tem no texto.

> **folhinha** *substantivo*
> 1. Folha pequena.
> 2. Calendário impresso numa única folha ou em pequenas folhas.

Instituto Antônio Houaiss. *Dicionário Houaiss da língua portuguesa*. Rio de Janeiro: Objetiva, 2009. p. 912.

5 Observe e leia esta tira.

Fernando Gonsales. *Níquel Náusea*: botando os bofes de fora. São Paulo: Devir, 2002.

■ Escreva a palavra da tira acima que nomeia:

uma pessoa	uma peça de roupa	um animal

6 Leia o poema a seguir e responda ao que se pede.

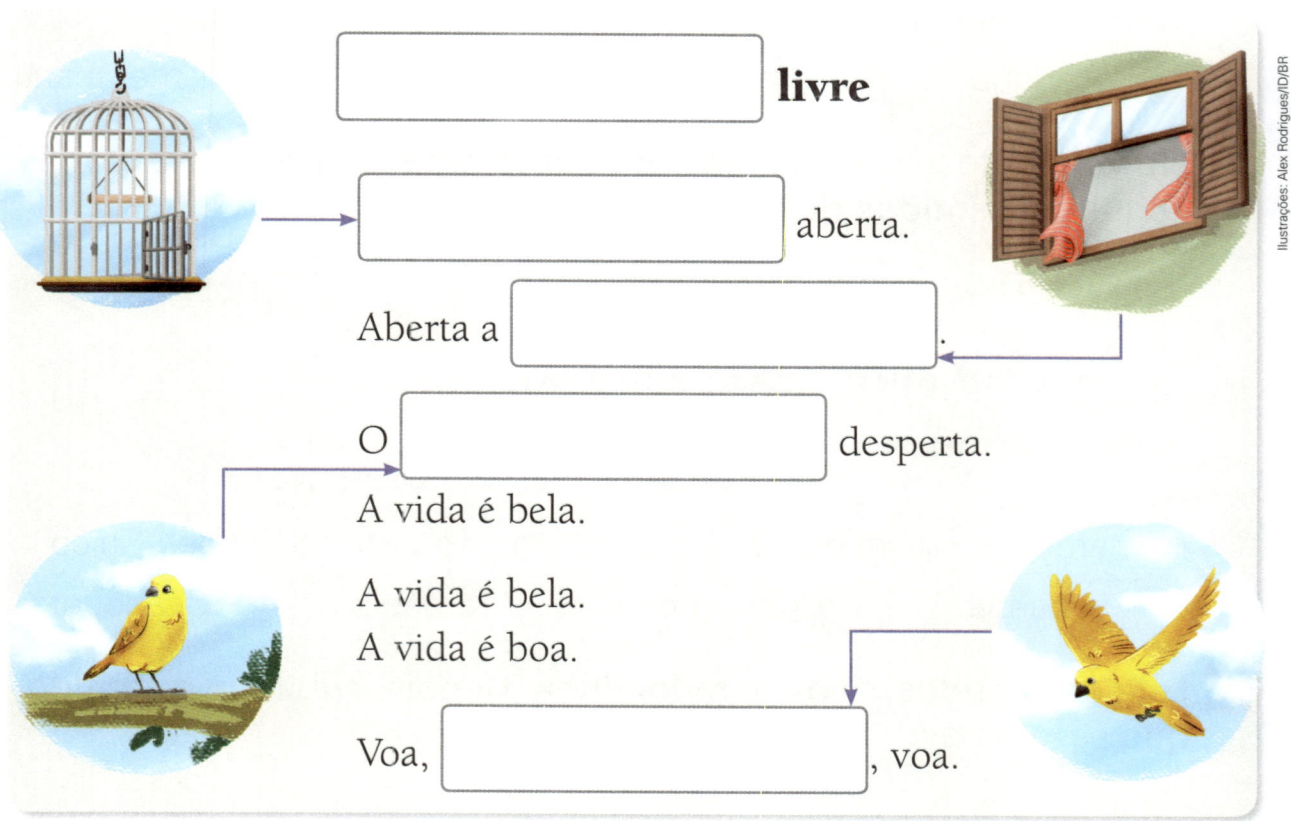

　　　　　　　　　　　[   ] **livre**

　　　　　　[   ] aberta.

　　　　Aberta a [   ].

　　　　O [   ] desperta.
　　　　A vida é bela.

　　　　A vida é bela.
　　　　A vida é boa.

　　　　Voa, [   ], voa.

Sidónio Muralha. *A dança dos pica-paus*. São Paulo: Global, 2000. p. 51.

a. Complete os espaços com o substantivo correspondente.

b. Anote no título o melhor substantivo que o completa.

c. Circule o substantivo presente no quarto e no quinto versos.

d. Que ação o pássaro do poema realizou?

_____

_____

e. Qual substantivo melhor representa o fato narrado no poema?
☐ gaiola　　☐ prisão　　☐ liberdade　　☐ cativeiro

f. Pinte o verso que demonstra que a voz que fala no poema é favorável à liberdade do pássaro e não a mantê-lo na gaiola.

g. Por que não devemos manter os pássaros presos em gaiolas?

_____

_____

Construção da escrita

▬ Uso de r, rr

1 Decifre estas adivinhas.

> O que é que está no começo da rua, no meio da Terra e no fim do mar?
>
> Domínio público.

> Qual é a letra que não quer que você acerte de jeito nenhum?
>
> Domínio público.

2 Leia estes trava-línguas em voz alta e bem depressa.

> A aranha arranha a rã.
> A rã arranha a aranha.
> Nem a aranha arranha a rã.
> Nem a rã arranha a aranha.
>
> Domínio público.

> Compadre, compre pouca pedra preta.
> Quem compra muita pedra preta
> gasta uma nota preta.
> Eu pouco comprei e pouco gastei.
>
> Domínio público.

■ Escreva as palavras dos trava-línguas em que o **r** representa:

o mesmo som que em **r**ato	o mesmo som que em va**r**a

3 Em qual destas palavras o som representado pela letra **r** é diferente dos demais?

☐ raposa   ☐ cachorro   ☐ rã   ☐ besouro

4 Escreva o nome destes vegetais. Depois, circule o nome em que a pronúncia do **r** é diferente.

5 Acrescente **r**, formando dígrafos para modificar o som, a escrita e o sentido das palavras a seguir.

a. moro _____

b. careta _____

c. caro _____

d. aranha _____

e. tora _____

f. carinho _____

g. muro _____

h. vara _____

i. fera _____

j. coro _____

6 Circule em cada quadro a palavra em que o som representado por **r** ou **rr** é diferente dos demais.

Quadro 1: pandeiro, rede, régua, relógio

Quadro 2: serrote, carretel, caracol, ferro

Quadro 3: rato, cenoura, raquete, robô

Ilustrações: Alex Rodrigues/ID/BR

7 Conclua, marcando **V** para verdadeiro e **F** para falso.

☐ Dependendo da palavra e da posição que ocupa na sílaba, a letra **r** representa diferentes sons.

☐ A letra **r** representa sempre um mesmo som.

☐ A letra **r** no interior das palavras, entre vogais, como em **vara**, representa um som mais brando do que iniciando uma palavra.

☐ A letra **r** quando inicia uma palavra ou o dígrafo **rr** representam um som mais forte, como em **rato** e **carro**.

8 Comece pela letra do centro e forme palavras. Siga as pistas.

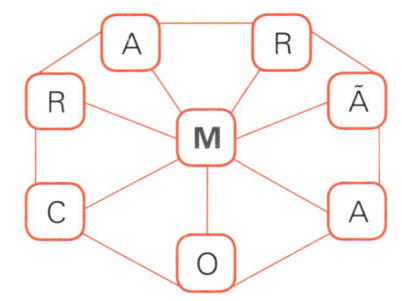

massa alimentícia

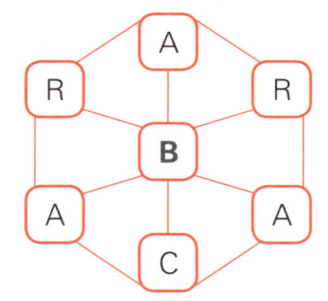

tenda usada para acampar

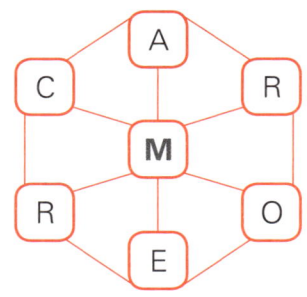

animal parecido com pato e ganso

_____   _____   _____

a. Pinte o dígrafo que aparece em todas as palavras formadas.

b. Separe as sílabas das palavras formadas.

_____

9 Complete com **r** ou **rr**.

a. fe____ida
b. fe____adura
c. to____e
d. ba____ata
e. que____ido

f. ba____o
g. ba____aco
h. ga____oa
i. se____ote
j. besou____o

k. dou____ado
l. ba____anco
m. gue____eiro
n. tou____o
o. ve____uga

10 Acrescente **r**, como no exemplo, e forme outra palavra.

a. dama   d**r**ama
b. fio _____
c. faca _____
d. boca _____
e. tio _____

f. tem _____
g. pego _____
h. gude _____
i. toco _____
j. boto _____

11 Resolva esta adivinha!

Como se faz para transformar um pato em um prato?

Domínio público.

CAPÍTULO 3 — Chega de solidão!

Antes da internet e do *e-mail*, uma das formas mais comuns de se corresponder com alguém era enviar uma carta pelo correio. Até hoje, as cartas são enviadas de um lugar para outro, levando notícias e amenizando a saudade, fazendo rir ou chorar.

A seguir, você lerá um trecho do livro *A viagem de uma carta*. Após vencer grande distância, a carta escrita por uma menina, finalmente, chega às mãos de alguém muito especial.

A viagem de uma carta

Cheguei ao meu destino. Colocaram-me na mochila de um funcionário do correio, que quase me matou de susto com sua possante moto.

Ai meu Deus, quanto vento! Eu me agarrava à sua bolsa, com medo de cair.

Ele me pôs com jeito numa caixinha.

Logo mãos doces me pegaram; fui acariciada, olhos cheios de lágrimas me fitavam. Depois de cheirada e apertada ao peito daquela velhinha, ela me levou para sua cadeira de balanço. Entre um sorriso e uma lágrima, ajeitou os óculos no rosto e leu baixinho: "Minha querida vovozinha..."

Fui lida e relida, depois guardada com várias cartas de outros estados e países.

Andréa Guimarães. *A viagem de uma carta*. Belo Horizonte: RHJ, 1991.

Roda de conversa

1 O que você sentiu ao ler esse texto?

2 Quem é a personagem que relata os acontecimentos nesse texto?

3 Que personagem escreveu a carta e para quem a carta foi escrita?

4 A chegada da carta despertou algum sentimento na avó? Explique.

5 A avó leu a carta imediatamente, assim que a recebeu? Explique sua resposta.

6 Por que, ao se preparar para ler a carta, além de sorrir, a avó também chorava?

7 Pelas ações da avó, é possível deduzir o tipo de sentimento que ela tem pela neta? Explique.

8 Que passagem do texto informa que a avó leu a carta mais de uma vez?

9 Quais palavras do texto demonstram o carinho que a neta tinha pela avó?

10 O texto apresenta a saudação da carta. Como você imagina a continuação da carta?

11 Em sua opinião, o que aconteceu à carta depois de ter sido guardada?

12 A neta era a única pessoa que escrevia para a avó? Que trecho do texto justifica sua resposta?

Hora da leitura 1

A visita de alguém, a chegada de um *e-mail* ou uma simples carta pode trazer muita alegria a quem vive ou se sente só... Nem todas as pessoas idosas vivem cercadas de filhos, netos, parentes ou vizinhos.

A seguir, você lerá o início do livro *Pinóquio*, que conta a história de Pinóquio e Gepeto. Eles aparecem na cena abaixo.

- O que você sabe sobre a história de Pinóquio?
- Você conhece a personagem Gepeto? Sabe a profissão dele?
- O que está acontecendo na cena abaixo?
- Que animais de estimação há nesse local?

Pinóquio

Gepeto era um velhinho simpático, fabricante de bonecos de pau chamados marionetes, que vivia sozinho na sua casinha, tendo por companhia só um gato e um peixinho dourado. Ele gostava muito desses companheiros, mas não podia nem mesmo conversar com eles, que não respondiam, e por isso a vida de Gepeto era bem solitária...

Até que um dia, encontrando um pedaço de pau de boa qualidade, resolveu fazer um boneco especialmente caprichado, não para vender nem para dar, mas para ficar com ele só para si mesmo. O boneco ficou tão bonitinho, que Gepeto lhe deu um nome, Pinóquio. Era um nome engraçado, e combinava tão bem com o boneco, que Gepeto pensou: "Que bom seria se ele fosse um menino de verdade!".

O seu pensamento foi ouvido por uma fada, a bondosa fada Turquesa, que, com dó da solidão de Gepeto, aproveitou o sono do velho e, tocando Pinóquio com sua varinha de condão, falou:

— Pinóquio, de agora em diante você vai poder andar e falar. Você continuará sendo um boneco, mas um boneco especial, que fará companhia ao velho Gepeto, como se fosse seu filho, bonzinho, carinhoso e obediente.

[...]

Quando Gepeto acordou, ficou maravilhado!

— Que bom, que bom, agora tenho um filhinho!

No começo, tudo foi funcionando às mil maravilhas, e o velho Gepeto estava muito feliz. Mas, poucos dias depois, Pinóquio começou a pôr, como se diz, as manguinhas de fora: ficou desobediente, teimoso e levado demais [...]. Dizia que aprender a ler e a contar era bobagem, perda de tempo para brincar. Imaginem só!

Carlo Collodi. *Pinóquio*. Adaptação de Tatiana Belinky. São Paulo: Martins Fontes, 1997.

Sugestão de leitura

Pinóquio, de Carlo Collodi. Adaptação de Tatiana Belinky. Editora Martins Fontes.

Cansado da solidão, Gepeto fabrica um boneco de madeira e lhe dá o nome de Pinóquio. Graças à magia de uma fada, o boneco ganha vida, mas, por ser mentiroso e desobediente, envolve-se em grandes confusões. Como castigo, a cada vez que conta uma mentira, seu nariz cresce um pouco. O maior sonho de Pinóquio é tornar-se um menino de verdade.

Linha e entrelinha

1 Gepeto construía bonecos chamados marionetes. Em qual destas imagens aparece uma marionete?

A B C

2 Por que, segundo o texto, Gepeto teve a ideia de construir um boneco de pau para ele mesmo?

_____

3 Antes de Pinóquio, quais eram os companheiros de Gepeto?

_____

4 Ao ver o boneco pronto, Gepeto pensou: "Que bom seria se ele fosse um menino de verdade!". Esse pensamento expressa:

◻ uma ordem   ◻ um agradecimento
◻ uma dúvida   ◻ um desejo

5 De acordo com o texto, além de transformar Pinóquio em um boneco especial, qual era o outro poder da fada? Comprove sua resposta com um trecho do texto.

_____

_____

6 Qual é o objeto que permite à fada realizar uma magia?

_____

7 A fada transformou Pinóquio em um boneco especial.

　　a. Gepeto presenciou a fada realizando a magia? Explique.

　　_____

　　b. Após a magia da fada, o que Pinóquio poderia fazer?

　　_____

　　c. Com que objetivo a fada realizou essa transformação?

　　_____

　　d. Gepeto continuou a considerar Pinóquio como um boneco? Explique.

　　_____

8 Releia o último parágrafo.

　　a. O que significa a expressão "às mil maravilhas"?

　　_____

　　b. O que significa a expressão "pôr as manguinhas de fora"?

　　_____

　　c. O trecho "Imaginem só!" é dirigido:

　　　☐ a Pinóquio　　☐ a Gepeto　　☐ à fada　　☐ aos leitores

　　d. Ao usar a expressão "imaginem só", o narrador parece concordar ou discordar do que dizia Pinóquio, que aprender a ler era bobagem?

　　_____

9 Na sequência da história, Pinóquio desenvolve o hábito de mentir. Converse com os colegas.

　　a. Por que não é correto mentir para as pessoas?

　　b. O que significa o **provérbio** "a mentira tem pernas curtas"? Você concorda com esse provérbio? Explique.

> **Provérbio:** frase que contém sabedoria ou ensinamento popular.

Produção de texto

Cartão

Observe atentamente esta pintura. Depois, converse com os colegas.

Ilustração baseada na obra *Alguém ama você*, de Dianne Dengel, pintada em 2003.

1 Que tipo de correspondência a mulher da pintura recebeu?

2 Que frase, escrita em língua inglesa, pode ser lida na correspondência? Você sabe o significado dela?

3 Quem você imagina que enviou essa correspondência?

4 Pela expressão da personagem, o que ela está sentindo?

5 Em sua opinião, por que a personagem abriu a correspondência ali mesmo, ao lado da caixa do correio?

6 Quais elementos da cena dão indícios de que a personagem não recebe correspondência com frequência?

7 Que animal faz companhia à personagem?

Planejar e produzir

Um simples cartão pode propiciar muitas alegrias a quem o recebe. Elabore um ou mais cartões para presentear seus avós durante a exposição que ocorrerá no final desta unidade. Faça assim:

Atenção!
Planeje a mensagem e a disposição das imagens antes de escrever, desenhar ou colar.

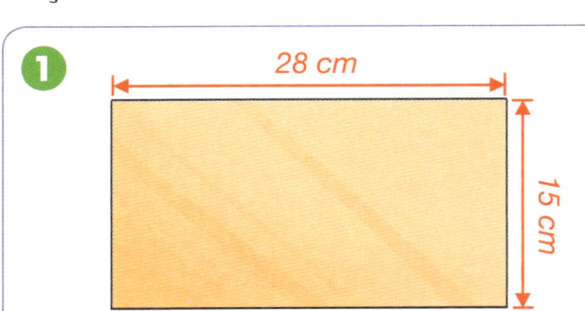

1 28 cm / 15 cm
Usando tesoura sem ponta, recorte um pedaço de cartolina colorida de 28 cm × 15 cm.

2 Depois, cuidadosamente, dobre a cartolina ao meio.

3 Decore a frente do cartão com desenhos coloridos ou recortes de revista.

4 Na parte de dentro, escreva uma mensagem bem bonita, assine e coloque a data.

Revisar, avaliar e reescrever

Itens a avaliar	Sim	Não
1. Você decorou a frente do cartão?		
2. Você escreveu uma mensagem carinhosa?		
3. Você assinou e datou o cartão?		

Guarde o cartão em um envelope até a realização da exposição no final desta unidade. Caso seus avós morem longe e não possam participar dessa atividade, envie o cartão pelo correio, preenchendo um envelope com a ajuda de um adulto.

EM AÇÃO!

Hora da leitura 2

O texto a seguir é uma versão modernizada do conto "Chapeuzinho Vermelho". Observe a ilustração e converse com os colegas sobre as questões a seguir.

- Você conhece a história de Chapeuzinho Vermelho?
- A cena abaixo representa o momento em que Chapeuzinho chega à casa da avó. Por que será que Chapeuzinho está com um capacete?
- Que diferenças há entre essa cena e a cena correspondente no conto original?

Chapeuzinho Vermelho de raiva

— Senta aqui mais perto, Chapeuzinho. Fica aqui mais pertinho da vovó, fica.

— Mas vovó, que olho vermelho... E grandão... Que que houve?

— Ah, minha netinha, estes olhos estão assim de tanto olhar para você. Aliás, está queimada, hein?

— **Guarujá**, vovó. Passei o fim de semana lá. A senhora não me leva a mal, não, mas a senhora está com um nariz tão grande, mas tão grande! Tá tão esquisito, vovó.

Guarujá: cidade do litoral de São Paulo.

— Ora, Chapéu, é a poluição. Desde que começou a industrialização do bosque que é um Deus nos acuda. Fico o dia todo respirando este ar horrível. Chegue mais perto, minha netinha, chegue.

— Mas em compensação, antes eu levava mais de duas horas para vir de casa até aqui e agora, com a estrada asfaltada, em menos de quinze minutos chego aqui com a minha moto.

— Pois é, minha filha. E o que tem aí nesta cesta enorme?

— Puxa, já ia me esquecendo: a mamãe mandou umas coisas para a senhora. Olha aí. [...] Vovó, sem querer ser chata.

— Ora, diga.

— As orelhas. A orelha da senhora está tão grande. E ainda por cima, peluda. Credo, vovó!

— Ah, mas a culpada é você. São estes discos malucos que você me deu. Onde se viu fazer música deste tipo? Um horror! Você me desculpe porque foi você que me deu, mas estas guitarras, é guitarra que diz, não é? Pois é; estas guitarras são muito barulhentas. Não há ouvido que aguente, minha filha. Música é a do meu tempo. Aquilo sim, eu e seu finado avô, dançando valsas... [...]

Chapeuzinho pula para trás:

— E esta boca imensa???!!!

A avó pula da cama e coloca as mãos na cintura, brava:

[...]

Mario Prata. *Chapeuzinho Vermelho de raiva*. Disponível em: <http://linkte.me/z2v24>. Acesso em: 26 abr. 2016.

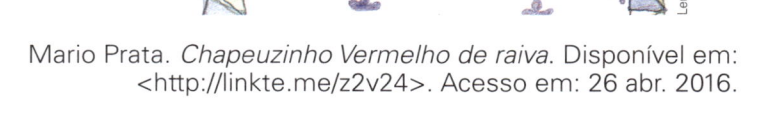

- O que você imagina que a vovó dirá a Chapeuzinho?
- Será que essa é a vovó ou é um lobo vestido de vovó?

Linha e entrelinha

1 Sublinhe no texto o trecho que indica o motivo da visita de Chapeuzinho à avó.

2 Para demonstrar que gostou de receber a visita da neta, que pedido a vovó faz para Chapeuzinho no início do texto?

3 No conto original, quem faz esse pedido e com que intenção?

4 Nessa versão, não há lobo. Que mudanças ocorreram no bosque que prejudicam a sobrevivência de animais como o lobo?

5 Observe a ilustração.

  a. Quem é mais velha: esta Chapeuzinho ou a da versão original? Explique.

  b. De acordo com a ilustração, que palavra poderia substituir o apelido Chapeuzinho?

6 Releia este trecho.

> — [...] Aliás, está queimada, hein?
> — Guarujá, vovó. Passei o fim de semana lá.

  a. No texto, que sentido tem a palavra **queimada**?

  b. De que modo, supostamente, Chapeuzinho teria se queimado?

7 Cite algumas palavras ou expressões do texto que comprovam que as ações dessa história ocorreram no tempo atual.

_____

8 No final, Chapeuzinho pergunta: "— E esta boca imensa???!!!".

a. Na versão original, o que acontece quando Chapeuzinho faz essa pergunta?

_____

b. Por que ela pulou para trás antes de fazer essa pergunta?

_____

c. Além de fazer uma pergunta, o uso repetido de dois tipos de sinal de pontuação ???!!! nesse contexto indica que a personagem demonstra o quê?

_____

9 Leia agora o trecho final do texto.

> A avó pula da cama e coloca as mãos na cintura, brava:

ESCUTA AQUI, QUERIDINHA: VOCÊ VEIO AQUI HOJE PARA ME CRITICAR, É?!

a. Usada nesta situação, a palavra **queridinha** indica que a vovó foi:
- ☐ carinhosa
- ☐ irônica
- ☐ indiferente

Mario Prata. *Chapeuzinho Vermelho de raiva*. Disponível em: <http://linkte.me/z2v24>. Acesso em: 26 abr. 2016.

b. Que tipo de crítica Chapeuzinho fez à vovó?

_____

10 Por que criticar a aparência das pessoas não é uma atitude adequada?

Língua viva

Português do Brasil × Português de Portugal

Em 1500, os portugueses chegaram ao Brasil. Ao longo do tempo, a língua portuguesa tornou-se a língua mais falada no nosso país.

Atualmente, o português falado no Brasil tem algumas diferenças do que é falado em Portugal. Veja alguns exemplos.

Brasil	Portugal
menino	*miúdo*
chiclete	*pastilha elástica*

Brasil	Portugal
sorvete	*gelado*
goleiro	*guarda-redes*

Junte-se com um colega para realizar o teste a seguir e verifiquem como vocês se sairiam se viajassem para Portugal.

1 Em Portugal, **salva-vidas** é:
- a. nadadeiro
- b. salva-banhista
- c. banheiro

2 Se você for comprar **fósforos** em Portugal, deverá pedir por:
- a. biberão
- b. chamiço
- c. palitinho

3 Quem quer tomar **um cafezinho** em Portugal pede o quê?
- a. uma dose
- b. uma bica
- c. uma bicada

4 Se um português disser para você **dar uma curva**, ele estará pedindo para você:
- a. dar uma cambalhota
- b. ir embora
- c. se agachar

5 **Tomar o autocarro na paragem** em Portugal significa:
- a. comprar autorama na loja
- b. embarcar em ônibus no ponto
- c. tirar o carro da garagem

6 Em Portugal, **tira-cápsulas** é:
- a. quem conserta TV
- b. martelo
- c. abridor de garrafas

7 Como se diz **calcinha** em Portugal?
- a. cueca
- b. bermuda
- c. vestido

8 Em Portugal, se você fosse comprar **meias**, teria de pedir:
- a. peludas
- b. peúgas
- c. pezudas

9 Para **consertar um cano furado** em Portugal, você chamaria o:
- a. caneleiro
- b. pixote
- c. picheleiro

10 **Trem** para os portugueses é:
- a. comboio
- b. navio
- c. boia

11 **Sanduíche** em Portugal é:
- a. sande
- b. sanduba
- c. pão com recheio

12 **Chupar rebuçado** em Portugal significa:
- a. chupar bala
- b. chupar chupeta
- c. mascar chiclete

13 Se quiser comer **doces** em Portugal, você vai à:
- a. confeitaria
- b. pastelaria
- c. padaria

14 Se você quiser comer **pimenta** em Portugal, terá de pedir por:
- a. ardidinha
- b. piri-piri
- c. abafador

Confiram as respostas ao lado do terceiro quadro abaixo. Cada resposta certa vale 1 ponto. Somem os seus pontos!

0 a 4 pontos	5 a 11 pontos	12 a 14 pontos
Em Portugal, vocês ficariam atrapalhados com algumas palavras. Procurem conhecer melhor essas diferenças, pesquisando em livros e na internet.	Apesar das diferenças de linguagem, até que vocês conseguiriam se sair bem. Certamente, teriam poucas dificuldades para se comunicar com os portugueses.	Parabéns! Vocês foram muito bem, pois compreenderam o sentido de palavras usadas de modo tão diferente do que estamos acostumados.

Respostas: 1c, 2b, 3b, 4b, 5b, 6c, 7a, 8b, 9c, 10a, 11a, 12a, 13b, 14b.

cento e quarenta e três **143**

Nossa língua

▪ Substantivo: próprio, comum e coletivo

1 Releia este trecho do livro *Pinóquio.*

> O boneco ficou tão bonitinho, que Gepeto lhe deu um nome, Pinóquio.

a. Sublinhe as palavras desse trecho que são nomes de personagens.

b. Que palavra desse trecho se refere a Pinóquio, mas é um nome comum?

_____

2 Observe e leia esta tira.

Quino. *Mafalda vai embora.* São Paulo: Martins Fontes, 1999. p. 19.

a. Por que o menino correu até o espelho?

_____

b. Na tira, há uma palavra que identifica o menino entre todos os outros, pois é o nome próprio da personagem. Circule-a.

c. Que palavra o menino usou para se identificar no segundo quadrinho? Circule-a.

> Os nomes (substantivos) podem ser **próprios** ou **comuns**. Veja:
> **Raul** é um **menino** muito criativo.
>
> **substantivo comum** (pode ser qualquer menino)
>
> **substantivo próprio** (identifica um menino entre todos os outros)
> Os substantivos próprios são escritos com letra inicial maiúscula.

3 Observe e leia esta tira.

Quadrinho 1: — COMO É QUE A SUA MÃE DEIXOU VOCÊ TER UM BICHO DE ESTIMAÇÃO?
Quadrinho 2: — EU EXPLIQUEI COMO O ROMEU É CALMO, LIMPINHO, BONITO, INTELIGENTE...
Quadrinho 3: — MÃE, POSSO CRIAR O ROMEU?

Ziraldo. Disponível em: <http://linkte.me/ht369>. Acesso em: 26 abr. 2016.

a. Na tira, que palavras são utilizadas para nomear o gato?

Substantivo comum _____ Substantivo próprio _____

b. Circule a palavra que foi usada no terceiro quadrinho para nomear a mulher e indicar o parentesco dela com o menino.

c. Você tem ou gostaria de ter um bicho de estimação? Que substantivos o nomeiam ou poderiam nomeá-lo?

Substantivo comum (tipo de animal)	
Substantivo próprio (nome do animal)	

4 Leia estas frases e complete as afirmações a seguir.

A **Gepeto** fabricou um boneco de pau.
B O **carpinteiro** fabricou um boneco de pau.
C O **velhinho** fabricou um boneco de pau.

a. Na frase ☐, o substantivo é a profissão de quem fez o boneco.

b. Na frase ☐, o substantivo dá indícios da faixa etária de quem fez o boneco, mas poderia ser qualquer um nessa faixa etária.

c. Na frase ☐, o substantivo usado permite saber com exatidão quem foi a pessoa que fez o boneco.

5 Por que, na frase indicada como resposta no item **c**, sabemos exatamente quem foi a pessoa que fez o boneco?

_____

6 Leia esta quadrinha e sublinhe todos os substantivos comuns.

> Sete cravos, sete rosas,
> e no meio um alfinete,
> aceite, meu amor,
> este simples ramalhete.

Domínio público.

a. Qual desses substantivos representa um conjunto de flores?

_____

b. Que outro nome esse conjunto poderia receber?

☐ molho ☐ floricultura ☐ buquê ☐ cacho

> A palavra **ramalhete** (ou **buquê**) é um **substantivo comum** e é também um **substantivo coletivo**, pois nomeia um conjunto de seres da mesma espécie: flores.

7 Conheça outros substantivos coletivos lendo esta HQ.

COLETIVOS
OVELHA – REBANHO
CÃO – MATILHA
LOBO – ALCATEIA
ABUTRE – BANDO
CAVALO – TROPA
ABELHA – ENRASCADA

Adão Iturrusgarai. *Folha de S.Paulo*, 30 abr. 2005. Suplemento infantil Folhinha.

■ O substantivo coletivo de **abelha** não é **enrascada**. Qual é?

☐ colônia ☐ manada ☐ enxame ☐ multidão

8 Leia esta quadrinha.

Nesta rua, nesta rua, tem um bosque,
que se chama, que se chama solidão.
Dentro dele, dentro dele mora um anjo,
que roubou, que roubou meu coração.

Domínio público.

a. Que substantivo coletivo há nessa quadrinha? _____

b. Que conjunto ele representa? _____

c. Que substantivos comuns fazem parte da quadrinha? Circule-os.

9 Associe o coletivo ao conjunto que ele representa.

A	B	C	D	E
estrelas	porcos	peixes	fotografias	bananas

F	G	H	I	J
elefantes	uvas	chaves	músicos	soldados

☐ penca ☐ manada ☐ cacho ☐ vara

☐ cardume ☐ molho ☐ batalhão ☐ banda

☐ constelação ☐ álbum

10 Destaque as páginas 317 a 323 deste livro e brinque com o **Jogo da memória: substantivos coletivos**.

Construção da escrita

▪ Uso de s, ss, c, ç

1 Leia este trecho de um poema.

> Leve, breve, **s**uave,
> Um canto de ave
> **S**obe no ar com que prin**c**ipia
> O dia.
> Escuto, e pa**ss**ou...
> Pare**c**e que foi **s**ó porque escutei
> Que parou.

Fernando Pessoa. *O almirante louco*. São Paulo: SM, 2007. p. 23.

a. Que palavras do início do poema ajudam a criar a ideia de que o canto da ave era agradável?

_____

b. As letras **s**, **c** e o dígrafo **ss** nas palavras em que foram destacadas representam:

☐ sons diferentes   ☐ sons iguais

c. Circule as palavras do poema em que a letra **c** representa um som diferente do som representado por essa letra em **prin c ipia**.

2 Circule a palavra em que a letra ou o dígrafo destacado não representa o mesmo som que nas demais palavras.

o**ss**o    **c**ebola    gan**s**o    **s**apato    ta**ç**a    me**s**a

> Dependendo da posição que ocupam na palavra, **s**, **ss**, **c** e **ç** podem ou não representar um mesmo som.
> Consultar a grafia correta de uma palavra em um dicionário, quando surgir uma dúvida, é uma forma de aprender.

3 Leia estas palavras. Preste atenção na letra destacada.

PE**C**O	TRAN**C**A	FOR**C**A	TRO**C**O	RO**C**A
PE**Ç**O	TRAN**Ç**A	FOR**Ç**A	TRO**Ç**O	RO**Ç**A

- Nas palavras da parte inferior do quadro, o uso de **ç** alterou:
  - ☐ apenas o som das palavras.
  - ☐ apenas o sentido das palavras.
  - ☐ o som, o sentido e a grafia das palavras.

Lembre-se!
O sinal embaixo da letra **c** é chamado de cedilha.
O **ç** só aparece antes de **a, o, u**.

4 Copie as palavras da lista conforme a pronúncia do **c**.

Lista de compras
cenoura   caju
coco   rúcula
alface   melancia

Som como em **c**eia	Som como em **c**omida

a. Em qual grupo acima entrariam as palavras **maçã**, **almoço**, **açude**?

_____

b. Conclua e complete com as vogais adequadas.

- A letra **c** representa o mesmo som que em **c**omida diante das vogais _____, _____, _____.
- A letra **c** representa o mesmo som que em **c**eia diante das vogais _____, _____.

5 Estas palavras parecidas têm sentidos diferentes entre si. Qual é o sentido de cada uma? Converse com os colegas.

A
CELA
SELA

B
A**Ç**O
A**SS**O

C
A**C**ENTO
A**SS**ENTO

D
CON**S**ERTO
CON**C**ERTO

EM AÇÃO!

Exposição "Do fundo do baú"

1. Entendendo a atividade

Você e seus colegas vão prestar uma homenagem aos seus avós e a pessoas idosas, expondo em painéis os trabalhos realizados nesta unidade.

2. Preparando os painéis

Sigam as orientações do professor para montar os painéis com os seguintes trabalhos.

- **Imagens de objetos antigos**, propostas na página 83.
- **Registro de depoimento e fotografias**, proposto na página 89.
- **Palavras e expressões do fundo do baú**, propostas na página 99.
- **Registro de memórias**, proposto na página 118.
- **Entrevista**, proposta na página 121.
- **Verbete ilustrado de objeto antigo**, proposto na página 123.

3. Convidando

Convidem seus avós e outras pessoas da idade deles, além de outros familiares, amigos e vizinhos, para visitar a exposição. Peçam a eles que levem brinquedos, roupas, revistas, moedas e outros objetos da época em que eles eram crianças.

No dia da exposição, haverá um baú onde os convidados poderão colocar os objetos que levaram e depois retirá-los para mostrar e falar sobre o uso que faziam deles.

4. Preparando o baú

Se não for possível arranjar um baú antigo, utilizem uma caixa grande com tampa. Decorem a caixa para que fique bem bonita, como a caixa ao lado.

5. No dia do evento

Auxiliem o professor na organização do ambiente. Preferencialmente, deixem as cadeiras em círculo.

Posicionem-se ao lado dos painéis para informar aos convidados o que vocês aprenderam ao longo da unidade.

Depois, na hora marcada, todos se sentam e, na ordem estabelecida pelo professor, cada convidado retira do baú o objeto que levou e conta a história desse objeto.

Para encerrar, leiam para os convidados dois textos desta unidade: "A contadeira de histórias" e "Meu avô Joãozinho". Ao final, aproveitem para presentear os avós com os cartões produzidos na página 137.

Avaliando a atividade

1. Qual dos objetos apresentados mais chamou a sua atenção? Por quê?
2. Você colaborou para a realização da exposição?
3. Qual dos painéis causou maior interesse nos convidados? Você imagina o motivo?
4. Das coisas que você aprendeu com os convidados no dia do evento, o que você achou mais interessante?
5. O evento ajudou você a valorizar mais as experiências das pessoas idosas? De que forma? Comente.

O que aprendi?

1 Nesta unidade, você refletiu sobre a vida na época em que seus avós ou bisavós eram crianças.

a. Cite duas diferenças entre os costumes atuais e os da época deles.

_____

_____

b. Por que é importante conhecer e valorizar a experiência de avós e demais pessoas idosas?

_____

_____

2 Complete com uma única letra e forme palavras com encontros consonantais.

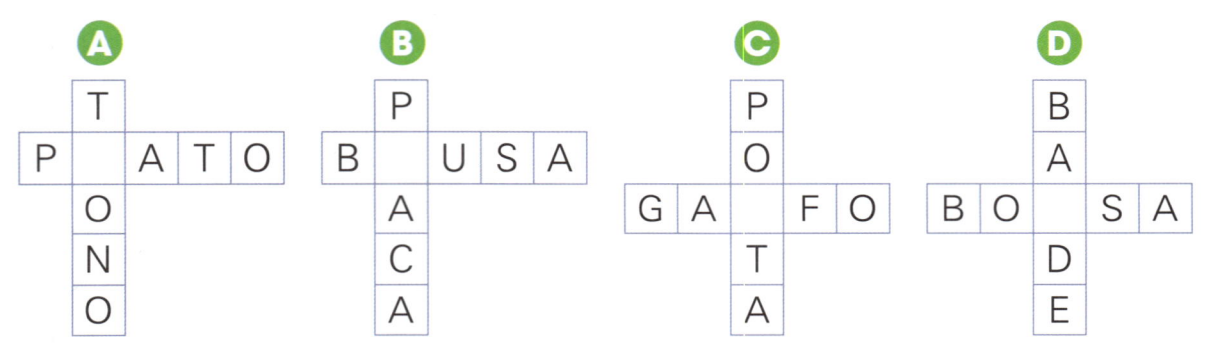

A
P A T O
T
O
N
O
(PATO / TONO)

B
B U S A
P
A
C
A
(BUSA / PACA)

C
G A _ F O
P
O
T
A
(GAFO / POTA)

D
B O _ S A
B
A
D
E
(BOSA / BADE)

3 Ligue os substantivos coletivos às figuras correspondentes.

molho   batalhão   álbum   cacho

4 Em qual destas palavras o **s** está após um ditongo e representa o mesmo som que a letra **z** representa em **zebra**? Circule-a.

crise   casamento   atrasado   pouso   países   Teresa

152 cento e cinquenta e dois

5 Observe esta tira.

Jim Davis. *Garfield*.

a. Das palavras escritas com a letra **c** na tira, qual apresenta som igual ao representado por **s** em **sol**? _____

b. Em qual palavra da tira a letra **s** representa o mesmo som que a letra **z** na palavra **razão**? _____

c. Separe os substantivos da tira em:

comuns	
próprios	

6 Pense em nomes de animais que tenham **r** ou **rr** e escreva-os na coluna correta, conforme o som que o **r** ou **rr** representa.

Som como em **r**ádio	Som como em va**r**a

7 Circule a palavra em que a letra **g** representa um som diferente dos demais.

galo    gorila    golfinho    gambá    girafa    gafanhoto

UNIDADE 3

Amizades

Conviver com os amigos torna a vida ainda mais agradável.

- Em que local essas pessoas estão?

- Circule na cena a criança que está ajudando um amigo a se locomover.

- Por que na piscina as crianças devem usar boias e estar sempre acompanhadas de adultos?

- Os jogadores adversários estão se cumprimentando no campo. O que essa atitude demonstra?

- Qual destas palavras não pode ser usada para caracterizar a cena ao lado?

união   harmonia   felicidade
convivência   respeito   rivalidade

- A cena demonstra a agradável convivência entre amigos. Em sua opinião, por que é importante ter amigos?

Saber Ser

BEM-VINDO AO CLUBE DA CIDADE

155

CAPÍTULO 1 — Amigos inseparáveis

Brincar, passear, conversar, gargalhar, contar ou ouvir um segredo, confiar, trocar ideias, aconselhar, incentivar, conquistar... São tantos os momentos que passamos com os amigos.

Quem é que não gosta de ter amigos? Certa vez, Salomão, um rei muito sábio que viveu cerca de três mil anos atrás, escreveu: "Quem encontrou um amigo encontrou um tesouro". Amigos fiéis são tesouros valiosos que devem ser conquistados, preservados e valorizados.

Observe neste cartão comemorativo uma possível definição de amigo.

> NÃO É UM PAI NEM UMA MÃE...
> NÃO É UM COMPANHEIRO*...
> NÃO É UM FILHO...
> NÃO É UM IRMÃO...
> MAS É UM POUQUINHO DE TODOS ELES...
> FELIZ DIA DO AMIGO

Nik. Gaturro. Disponível em: <http://linkte.me/owcg5>. Acesso em: 28 abr. 2016.

Roda de conversa

1 Esse cartão comemorativo apresenta as características de qual gênero textual: poema, história em quadrinhos ou receita?

---
* Neste caso, **companheiro** está sendo usado com o mesmo sentido de **cônjuge**, isto é, pessoa casada com outra.

2 Qual é o tema do cartão?

3 Para que serve esse cartão?

4 O Dia do Amigo celebra a amizade entre as pessoas. Você sabe em que data ocorre essa comemoração no Brasil?

5 Se você fosse homenagear um amigo ou uma amiga no Dia do Amigo, quem você homenagearia? Por quê?

6 Qual é a definição de amigo que aparece no cartão?

7 A mensagem desse cartão homenageia a pessoa que envia ou a pessoa que recebe o cartão? Explique.

8 No cartão, aparecem um pássaro, um rato, um cachorro, uma gata, um gato, um gatinho, uma aranha, um peixe, uma gatinha e outro gato.

a. Quais desses animais normalmente não agem como companheiros um do outro?

b. Que mensagem eles passam pelo fato de aparecerem unidos no cartão?

c. Observe a última cena. Que ação dos animais demonstra união entre eles?

9 Defina o que é um amigo para você.

10 Conte aos colegas um momento inesquecível que você já viveu com um amigo ou com uma amiga.

Sugestão de leitura

A cartilha do amigo, de Betty Milan. Editora de Cultura.

Neste livro, o leitor é convidado a refletir sobre como ser feliz cultivando e valorizando a amizade. Afinal, quem tem um amigo tem um bem precioso.

Hora da leitura 1

A história em quadrinhos a seguir tem como tema a amizade entre Cascão e Cebolinha, duas personagens da Turma da Mônica.

- Será que Cascão e Cebolinha são unidos?
- Será que após um desentendimento um sabe desculpar o outro?
- Será que eles sabem guardar segredo um do outro?

DESDE QUE ERAM PEQUENININHOS!
AMIGOS SABEM QUANDO SERÃO AMIGOS!
Mauricio de Sousa Editora Ltda.
POIS COMPARTILHAM MOMENTOS...
...DÃO FORÇA!
ESTÃO SEMPRE LADO A LADO!
NAS CONQUISTAS...
...NAS DERROTAS!

NAS HORAS BOAS... ...E NAS DIFÍCEIS!

AMIZADE NEM SEMPRE É PENSAR DO MESMO JEITO! MAS ABRIR MÃO...DE VEZ EM QUANDO!

PLANO Nº 537

AMIZADE É COMO TER UM IRMÃO... ...QUE NÃO MORA NA MESMA CASA!

É COMPARTILHAR SEGREDOS... ...EMOÇÕES!

Mauricio de Sousa Editora Ltda.

160 cento e sessenta

É COMPREENSÃO... ...É DIVERSÃO!

É CONTAR COM ALGUÉM... ...SEMPRE QUE PRECISAR!

É TER ALGO EM COMUM!

É NÃO TER NADA EM COMUM!

É NÃO TER NADA EM COMUM, **MESMO**!

É SABER QUE SE TEM MAIS EM COMUM DO QUE SE IMAGINA!

- É SENTIR SAUDADE!
- É QUERER DAR UM TEMPO!
- É DAR PREFERÊNCIA!
- É BATER UM CIUMINHO!
- AMIZADE QUE É AMIZADE NUNCA ACABA!
- MESMO QUE A GENTE CRESÇA!
- E APAREÇAM OUTRAS PESSOAS NO NOSSO CAMINHO!

Mauricio de Sousa. *HQ Cascão e Cebolinha*. São Paulo: Globo, 2005.

Sugestão de leitura

Amigos de verdade, de Telma Guimarães Castro Andrade. Editora do Brasil.

Apesar dos convites para brincar no parquinho do prédio, Bento prefere ficar em casa para navegar na internet, ver *e-mails* e jogar *videogame* sozinho. Mas logo descobre que lá embaixo a meninada está se divertindo muito... Será que ainda dá tempo de brincar com os amigos de verdade?

cento e sessenta e três **163**

Linha e entrelinha

1 Qual é o principal assunto da HQ lida?

_____

2 Em que tempo a história se passa?

☐ Apenas na época em que Cascão e Cebolinha eram bebês.

☐ Apenas na época em que Cascão e Cebolinha eram crianças.

☐ Desde quando Cascão e Cebolinha eram bebês até quando se tornaram adultos.

3 Cascão recebeu esse apelido porque não se preocupa com a higiene pessoal. Essa característica é destacada em quais quadrinhos?

_____

4 Essa HQ é repleta de recursos visuais.

a. Neste quadrinho, o que representam as nuvens ao lado dos pés das personagens e as gotas diante de Cascão?

_____

_____

_____

b. O que representam os traços em torno das mãos das personagens neste quadrinho?

_____

_____

c. O que representam as estrelinhas vermelhas no quadrinho ao lado?

_____

_____

_____

5 Segundo a história, amizade "é compartilhar segredos".

a. Que segredo Cebolinha guardou a respeito de Cascão?

_____

b. O que a expressão facial de cada personagem demonstra no quadrinho ao lado?

- Cascão: _____

_____

- Cebolinha: _____

_____

c. O que o gesto de Cebolinha no quadrinho ao lado demonstra?

_____

_____

d. A sequência da história confirma a atitude de Cebolinha?

_____

_____

e. Por que é importante guardar os segredos dos nossos amigos? Converse com os colegas.

6 Retome o trecho da HQ em que aparece o quadrinho ao lado e responda.

a. O que aconteceu antes desta cena?

_____

_____

b. Provavelmente, como eles devem estar se sentindo nesse momento?

_____

_____

7 Observe os recursos utilizados nos quadrinhos a seguir.

A É CONTAR COM ALGUÉM...

B É NÃO TER NADA EM COMUM, MESMO!

a. O que representa o movimento dos braços de Cebolinha, ilustrado no quadrinho **A**?

_____

_____

b. No quadrinho **B**, o que representa a grande nuvem de poeira?

_____

_____

8 Em quais quadrinhos a história:

a. volta ao tempo em que Cascão e Cebolinha eram bebês?

_____

b. dá um salto no tempo, mostrando as personagens já adultas?

_____

9 Se houvesse um balão de fala para cada personagem deste quadrinho, o que estaria escrito neles? Escreva nos balões.

10 Qual foi a brincadeira que mais apareceu nessa história?

_____

11 Apesar das diferenças ou dos desentendimentos, Cascão e Cebolinha permanecem amigos. Que frase do texto melhor explica isso?

☐ "Amigos sabem quando serão amigos!"

☐ "Amizade que é amizade nunca acaba!"

☐ "Numa amizade que se estende há muito tempo!"

12 Por que neste quadrinho o balão de pensamento está direcionado para as duas janelas ao mesmo tempo?

_____
_____
_____
_____
_____

13 Na HQ que você leu, há muitas frases definindo a amizade. Escreva você também uma definição de amizade.

Para mim, amizade é _____
_____

14 Na HQ aparece a seguinte frase: "Amizade é bater um ciuminho!". Converse com os colegas.

a. Em sua opinião, amigos sentem ciúme um do outro? Por quê?

b. Você já sentiu ciúme de um amigo ou uma amiga? Por qual motivo?

c. O que você fez ou faria para superar o ciúme?

Produção de texto

▬ Classificado poético

Você já viu a seção de anúncios classificados de um jornal? Os classificados são anúncios publicados em jornais e revistas com o objetivo de fazer negócios como compra, venda e aluguel de imóveis; compra e venda de automóveis; indicação de vagas de emprego; oferecimento de serviços; etc.

Compare estes anúncios classificados.

Depois, converse com os colegas.

A

VENDE-SE

Casa com 3 dormitórios sendo 1 suíte, sala, cozinha ampla, banheiro social, área de serviço, varanda nos fundos, garagem para 2 carros, parte superior com varanda.
Telefone: 2222-0000.

Folha do Estado, Cuiabá, p. 3, 19 nov. 2013. Adaptado.

B

VENDE-SE

Vende-se uma casa encantada
no topo da mais alta montanha
[...]
Tem jardineiras nas janelas.
onde convém plantar margaridas.

Tem quartos de todas as cores
que aumentam ou diminuem
de acordo com o seu tamanho
e na garagem há vagas
para todos os seus sonhos.

Roseana Murray. *Classificados poéticos*. São Paulo: Moderna, 2010.

1 O que ambos os anúncios oferecem ao comprador?

2 Qual anúncio apresenta uma descrição realista da casa?

3 Qual anúncio apresenta uma descrição poética da casa?

4 Cite as situações imaginárias apresentadas no anúncio poético.

5 Que palavra do anúncio poético deixa claro que a casa não é uma casa comum, do mundo real?

6 Qual desses anúncios poderia ser publicado em um jornal? Por quê?

Planejar e produzir

Agora é a sua vez de produzir um anúncio classificado poético. O conteúdo do anúncio será a procura de um amigo, como no exemplo a seguir. O anúncio fará parte de um álbum de recordação que você dará de presente a um amigo ou a uma amiga no final desta unidade.

Procura-se um amigo

Não precisa ser perfeito, basta ser humano,
basta ter sentimentos, basta ter coração.
Precisa saber falar e calar, sobretudo saber ouvir.
Tem que gostar de poesia, de madrugada,
de pássaro, de Sol, da Lua, do canto, dos ventos
e das canções da brisa.

Texto anônimo de circulação na internet.

1 Defina as características que você deseja que o amigo ou a amiga tenha.

2 Lembre-se de que o anúncio é poético; por isso, procure usar frases que causem emoção em quem lê.

3 Não se prenda apenas a fatos e situações reais. Extrapole, use toda a criatividade e imaginação que desejar.

Revisar, avaliar e reescrever

Itens a avaliar	Sim	Não
1. Você incluiu as características desejadas do(a) amigo(a)?		
2. O anúncio criado causa emoção no leitor?		
3. O estilo do texto lembra o de um anúncio classificado?		

Quando o professor solicitar, leia o anúncio poético para os colegas e ouça com atenção os anúncios que eles criaram. Depois, guarde-o, para compor o álbum de recordação.

Hora da leitura 2

No conto a seguir, você verá como é ruim para uma criança estar sem amigos por perto.

E vem o Sol

Tinham acabado de se mudar para aquela cidade. Passaram o primeiro dia ajeitando tudo. Mas, no segundo dia, o homem foi trabalhar, a mulher quis conhecer a vizinha. O menino, para não ficar só num espaço que ainda não sentia seu, a acompanhou.

Entrou na casa atrás da mãe, sem esperança de ser feliz. Estava cheio de sombras, sem os companheiros. Mas logo o verde de seus olhos se refrescou com as coisas novas: a mulher suave, os quadros coloridos, o relógio cuco na parede. E, de repente, o susto de algo a se enovelar em sua perna: o gato. Reagiu, afastando-se. O bichano, contudo, se aproximou de novo, a maciez do pelo agradando. E a mão desceu numa carícia.

O menino experimentou de fininho uma alegria, como sopro de vento no rosto. Já se sentia menos solitário. Não vigorava mais nele, unicamente, a satisfação do passado. A nova companhia o avivava. E era apenas o começo. Porque seu olhar apanhou, como fruta na árvore, uma bola no canto da sala. Havia mais surpresas ali. Ouviu um som familiar: os pirilins do *videogame*. E, em seguida, uma voz que gargalhava. Reconhecia o momento da jogada emocionante. Vinha lá do fundo da casa o convite. O gato continuava afofando-se nas suas pernas. Mas elas queriam o corredor. E, na leveza de um pássaro, o menino se desprendeu da mãe. Ela não percebeu, nem a dona da casa. Só ele sabia que avançava, tanta a sua lentidão: assim é o imperceptível dos milagres.

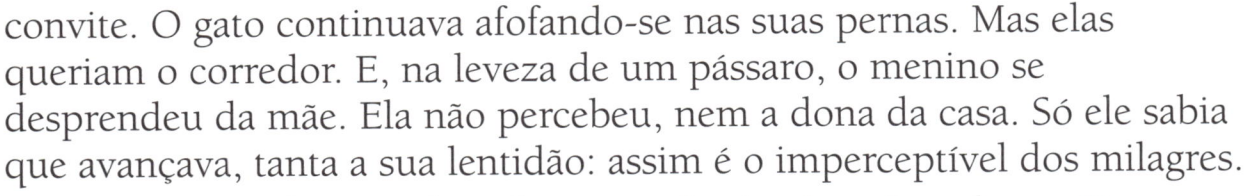

Enfiou-se pelo corredor silencioso, farejando a descoberta. Deteve-se um instante. O ruído lúdico novamente atraiu o menino. A voz o chamava sem saber seu nome.

Então chegou à porta do quarto — e lá estava o outro menino, que logo se virou ao dar pela sua presença. Miraram-se, os olhos secos da diferença. Mas já se molhando por dentro, se amolecendo. O outro não lhe perguntou quem era nem de onde vinha. Disse apenas: quer brincar? Queria. O Sol renasceu nele. Há tanto tempo precisava desse novo amigo.

João Anzanello Carrascoza. Revista *Nova Escola*. Disponível em: <http://linkte.me/r07g7>. Acesso em: 28 abr. 2016.

Sugestão de leitura

Terra costurada com água, de Lúcia Hiratsuka. Edições SM.

Tuti não quer emprestar seu lápis novo para Laura, e a amizade entre elas fica abalada. Mas Laura é apresentada ao barro, terra mágica que a água costura, e algo novo vai acontecer... Neste livro, o leitor é convidado a uma reflexão sobre o desapego e a força da amizade.

Linha e entrelinha

1 No total, quanto tempo as ações do conto cobrem? Explique.

_____

_____

2 Reflita acerca das personagens.

a. Quantas personagens há e como são identificadas no conto?

_____

_____

b. Das personagens citadas, qual é a principal, isto é, qual é a personagem sobre a qual giram as ações do conto?

_____

3 O primeiro parágrafo termina assim: "O menino, para não ficar só num espaço que ainda não sentia seu, a acompanhou".

a. De que espaço esse trecho trata?

_____

b. Quem o menino acompanhou? Para onde foram?

_____

c. Como o menino estava se sentindo nessa parte do texto? Por quê?

_____

_____

d. Grife no texto um trecho que comprove sua resposta ao item **c**.

4 Na casa da vizinha, os sentimentos do menino começam a mudar.

a. Que acontecimento começa a mudar o sentimento de tristeza do menino pelo de alegria?

_____

b. De início, a que é comparada a alegria sentida pelo menino?

_____

5 Em certo momento, o menino vê uma bola no canto da sala.

a. Possivelmente, ter encontrado uma bola na casa da vizinha significou o que para o menino?

_____

_____

b. Que comparação é feita no texto com a descoberta da bola na sala?

_____

_____

c. As hipóteses do menino em relação à bola se confirmaram? Explique.

_____

_____

6 Recorde este trecho do conto.

> Enfiou-se pelo corredor silencioso, farejando a descoberta.

a. Nesse contexto, a palavra **farejar** tem o sentido de:

☐ cheirar   ☐ apertar   ☐ procurar   ☐ ouvir

b. Que descoberta o menino estava farejando?

_____

_____

7 O título do texto é "E vem o Sol".

a. O que o Sol simbolicamente representa nesse conto?

_____

b. Que trecho do conto revela o oposto do título, associando tristeza e falta de luz à ausência de amigos por perto?

_____

8 Para você qual ensinamento há nesse conto? Conte aos colegas.

Produção de texto

Conto: a construção da personagem

Como você pôde perceber no conto "E vem o Sol", ao contar uma história, o narrador vai apresentando as personagens e, assim, o leitor se familiariza com elas, passando a entender como são, de onde vieram, o que pretendem, etc.

O narrador pode apresentar diretamente ao leitor as características da personagem ou deixar que o leitor as descubra por meio de pistas colocadas na narrativa.

Veja como a personagem do texto abaixo é apresentada ao leitor.

Pedro e Tina

Cada vez que Pedro tentava desenhar uma linha... ela saía toda torta.

Quando todos à sua volta olhavam para cima... Pedro olhava para baixo. [...]

Um dia, de manhã bem cedo, quando estava andando de costas contra o vento, Pedro deu um encontrão em Tina.

Stephen Michael King. *Pedro e Tina:* uma amizade muito especial. São Paulo: Brinque-Book, 1999.

Converse com os colegas.

1. A partir da leitura desse trecho, que ideia você fez de Pedro?

2. O narrador informou diretamente essa característica de Pedro ou deixou o leitor ir percebendo, construindo a ideia?

3. Segundo o texto, "Pedro deu um encontrão em Tina". O que é um **encontrão**?

4. Pedro e Tina não se conhecem. Como será que Tina reagiu ao encontrão?

5. Como você imagina que é a personagem Tina fisicamente?

6 Veja na ilustração ao lado o que aconteceu a Pedro e Tina após o encontrão.

a. O que eles estão fazendo?

b. O que isso significa?

Agora, você dará continuidade ao conto "Pedro e Tina". Para isso, siga os passos indicados abaixo.

Planejar e produzir

1 Em uma folha avulsa, copie o trecho do texto "Pedro e Tina" que está na página ao lado.

2 Em seguida, dê continuidade ao texto, caracterizando a personagem Tina. Ela deve ter características opostas às de Pedro. Conte quem ela é, como ela é, de que modo age, etc.

3 Na sequência, narre o que aconteceu após o encontrão e conte sobre a forte amizade que surgiu entre Pedro e Tina.

4 Escreva em terceira pessoa, ou seja, o narrador observa e conta os fatos, mas não participa da história.

5 Crie um desfecho (final) bem interessante para o conto.

Revisar, avaliar e reescrever

Itens a avaliar	Sim	Não
1. A narração continuou em terceira pessoa?		
2. Você apresentou as características de Tina?		
3. Você elaborou um bom desfecho para a narrativa?		

Quando o professor solicitar, leia o texto para os colegas. Depois, conversem sobre as diferentes características que cada um criou para a personagem Tina.

Língua viva

Linguagem formal e informal

1 Observe estas situações e leia os balões de fala.

A SENHOR PREFEITO, SOLICITAMOS A VOSSA EXCELÊNCIA A REFORMA DESTA PRAÇA E A CONSTRUÇÃO DE UMA CICLOVIA PARA QUE POSSAMOS BRINCAR EM SEGURANÇA.

B FALA, GALERA! TUDO BELÊ?

UAU, GABI! QUE *BIKE* DA HORA!

E AÍ, DUDA, FIRMEZA? VAMOS JOGAR BOLA?

VALEU, ZECA! VAMOS NESSA!

a. Quem está falando na cena **A**? A quem essa pessoa se dirige?

_____

b. Na cena **B**, com quem as crianças estão conversando?

_____

c. Qual é o objetivo da fala do menino na cena **A**?
- ☐ Ele está fazendo um pedido ao prefeito.
- ☐ Ele está discutindo com o prefeito.
- ☐ Ele está dando um comunicado à população.

d. E na cena **B**, qual é o objetivo da fala das crianças?
- ☐ Elas estão elogiando a reforma da praça.
- ☐ Elas estão se cumprimentando e conversando.
- ☐ Elas estão se despedindo.

e. Em que cena há palavras ou expressões que são mais usadas nas conversas entre amigos? Escreva dois exemplos.

_____

_____

f. Em que cena aparecem palavras utilizadas para se dirigir a uma autoridade, de maneira formal? Copie dois exemplos.

_____

g. A linguagem usada pelas crianças na cena **B** seria adequada para a cena **A**? Explique.

_____

_____

_____

A linguagem utilizada pode variar de acordo com a situação e a pessoa com quem se fala ou para quem se escreve.

> A **linguagem formal** é utilizada em situações como a apresentação de um trabalho, uma conversa com uma autoridade, um discurso, um documento escrito, uma entrevista, etc.
>
> A **linguagem informal** é utilizada em conversas do dia a dia com amigos, colegas, vizinhos, familiares; para escrever uma carta pessoal, um bilhete, um *e-mail*; para contar uma piada; etc.

2 Leia este trecho do diário pessoal de um menino chamado Zuza e converse com os colegas.

> 30 de agosto
>
> Hoje, na hora do futiba, veio um barulhinho de portão enferrujado e apareceu o Chico. O pessoal ficou contente, se bem que o Chico é o maior perna de pau. Grosso que nem só ele. Quase não acerta na bola e ainda por cima reclama por qualquer coisinha.
>
> Zuza

a. De modo geral, a linguagem usada por Zuza no diário pessoal é **formal** ou **informal**?

b. Apresente uma palavra ou trecho que comprove sua resposta.

c. Nesse texto de diário pessoal, o que significa a expressão "perna de pau"?

Ricardo Azevedo. *Nossa rua tem um problema*. São Paulo: Ática, 1999. p. 12-13.

Nossa língua

■ Singular e plural

1 Observe as placas desta barraca de frutas.

- LARANJA — 1 real a dúzia
- BANANA — 1 real a dúzia
- MAÇÃ — 3 reais o quilo
- PERA — 4 reais o quilo

a. O que as palavras **dúzia** e **quilo** indicam?

_____

_____

b. Por que a escrita da palavra **real** variou nas duas últimas placas?

_____

Dependendo do contexto, algumas palavras sofrem variação. Veja:

Variação de número

singular

menina
Refere-se a um elemento apenas.

plural

meninas
Refere-se a mais de um elemento.

178 cento e setenta e oito

O modo mais comum de formar o plural é acrescentar **-s** ao final da palavra, mas existem outras formas. Observe:

colage**m** – colage**ns**	sab**ão** – sab**ões**	sabo**r** – sabo**res**
papel – pap**éis**	alem**ão** – alem**ães**	gi**z** – gi**zes**
inglê**s** – ingle**ses**	m**ão** – m**ãos**	cant**il** – cant**is**

2. No **Jogo do plural**, o participante marca ponto se acertar o plural da palavra mostrada na carta que ele tirou.

O PLURAL DE **GAVIÃO** É...

a. Qual é o plural da palavra que aparece na carta do participante da imagem ao lado?

_____

b. Estas são algumas cartas desse jogo. Anote o plural que os participantes deverão formar.

ANEL

NUVEM

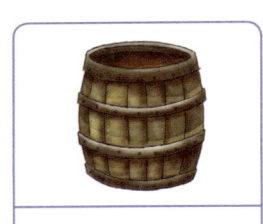

BARRIL

CANTOR

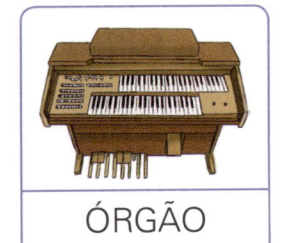

PÃO

BALÃO

ÓRGÃO

AVESTRUZ

c. Em qual palavra das cartas acima o plural foi formado apenas pelo acréscimo de **-s**? _____

3 Passe o título destes livros para o plural.

a. *O sapo encantado*

b. *O jardim secreto*

c. *O livro invisível*

_____   _____   _____

_____   _____   _____

_____   _____   _____

4 Dê o plural, conforme o exemplo de cada quadro.

ão → ões	
Singular	Plural
sabão	sabões
balão	
estação	
cordão	
mamão	
tubarão	

ão → ães	
Singular	Plural
alemão	alemães
cão	
capitão	
catalão	
capelão	
tabelião	

5 Nas palavras abaixo, o plural é feito apenas com o acréscimo de **-s**. Dê o plural de cada palavra a seguir.

a. órfão _____

b. sótão _____

c. irmão _____

d. chão _____

e. mão _____

f. grão _____

6 Encontre, no diagrama abaixo, o plural destas palavras e anote-os.

pimentão    melão    maçã   noz

```
R E Q Y U P A E T Ã S R T R E A P
S V A G E N S C A N T Z R W N S I
A Y N Õ V E T E Z P E S M P Q A M
M O M M U C A D P A T S O R U I E
E T A S Ó R Ç X R F O Ó A F R Z N
N V Ç Q B S P O M E L Õ E S L S T
D W A M P R S Z Y A W U Õ G E I Õ
O P S V E N N O Z E S S O R R I E
I Y O S F I S R G L P W R P N I S
N L I C T Ã A D S F E I J Õ E S E
S E G C A J U S F C E G S A L U C
```

caju    feijão 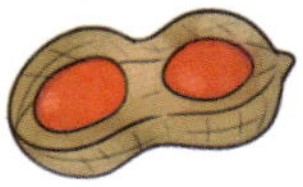   amendoim    vagem

7 Apresente o plural de cada palavra.

a. leão _____   f. jornal _____

b. trem _____   g. cobertor _____

c. girassol _____   h. jardim _____

d. funil _____   i. cartaz _____

e. raiz _____   j. anzol _____

8 Destaque as páginas 309 a 315 deste livro e brinque com o **Jogo do plural**.

Construção da escrita

▰ Letra s representando o mesmo som que z

1 Leia este poema em voz alta.

A mosca tonta

Eu sou a mosca
Que zumbe e zumbe
E pousa na louça
Da tua cozinha.
Voo, revoo,
Zuno que zuno
E desço no doce.
[...]

Eu sou a mosca
Que zumbe e zumbe,
Não sabe se fica,
Não sabe se vai
E voa e zumbe
Sem mais direção
E cai na panela
Que ferve o feijão.

Zunir: zumbir.

Sérgio Capparelli. *111 poemas para crianças*. Porto Alegre: L&PM, 2006. p. 42.

a. Lidos em voz alta, os versos nos fazem lembrar de que som?

_____

b. Que palavras do poema escritas com **z** nos ajudam a lembrar desse som?

_____

c. No poema, há uma palavra em que a letra **s** representa o mesmo som representado pela letra **z**. Que palavra é essa?

_____

> Dependendo da posição que ocupa na palavra, a letra **s** representa o mesmo som representado pela letra **z**.

2 Leia estas palavras em voz alta, prestando atenção na pronúncia do **s**.

ca**s**a   me**s**a   ro**s**eira   calabre**s**a   **s**apo

- Agora responda: nas palavras em que o **s** representa o mesmo som que a letra **z**, a letra **s** está no:
  - ☐ início das palavras
  - ☐ interior das palavras, entre vogais
  - ☐ final das palavras
  - ☐ interior das palavras, entre consoantes

3 Forme palavras em que o **s** represente o mesmo som que **z**.

O que é cheio de	é...
graça	
sabor	
valor	
ânsia	
gosto	

Lembre-se!
Nas palavras terminadas em **-oso** ou **-osa**, a letra **s** representa o mesmo som que **z**.

4 Circule as palavras que apresentam ditongo seguido de **s**.

coisa   azedo   pesado   causa
mesada   pouso   rosa   treze
lousa   casebre   ousadia   prisão
azulado piso   vaso   aplauso

Lembre-se!
Nas palavras em que há ditongo antes de **s**, a letra **s** representa o mesmo som que **z**.

5 Forme palavras usando **-sinho** ou **-zinho**. Assim:

ca**s**a → ca**s**inho   tatu → tatu**z**inho

Lembre-se!
Nas palavras que têm **s** na sílaba final, usa-se **-sinho**; nas palavras que não têm, usa-se **-zinho**.

a. pão _____
b. asa _____
c. nariz _____
d. coisa _____
e. mesa _____
f. chinês _____
g. café _____
h. raso _____
i. pé _____
j. flor _____
k. portuguesa _____
l. tarde _____

CAPÍTULO 2 — Convivência

Observe nesta página e na página seguinte como esta reportagem, que foi publicada no suplemento infantil de um jornal, está organizada. Não é preciso ler o texto, apenas observe as páginas reproduzidas.

Roda de conversa

1 Em que meio de comunicação essa reportagem foi publicada?

2 Qual é o título da reportagem? Que texto aparece abaixo do título?

Folhinha — **FOLHA DE S.PAULO** — **Amizade** +5
sábado, 17 de março de 2007

clubinho
só de amigos
Crianças contam como são formadas as panelinhas na hora do recreio

Turminha do futebol

Os quatro mosqueteiros Vinícius Monteiro, 8, Gabriel Francato, 9, Pedro Henrique Pereira, 9, e Nícolas Gugliotti, 9, são todos palmeirenses declarados.

E se um fosse corintiano? "Ah, mesmo assim a gente seria amigo!", responde Vinícius, da Escola Carandá.

O grupo afirma que menino também forma panelinha. "Mas não é igual aos grupinhos das meninas", explica Nícolas. "É que a gente não curte fazer fofoca", provoca Gabriel.

Alguns grupinhos do futebol reúnem meninas boas de bola. "Acho idiota essa coisa de clubinho. Gosto de jogar e brincar com todo mundo", diz Roberta Chede, 9.

Quem entra e quem sai?

E quando chega alguém novo na escola? Cinco novatos do 6º ano do Colégio São Domingos ainda se misturam pouco com a turma da classe. "A gente acaba sempre ficando junto porque já se conhecia da outra escola", diz Luiza Schafer, 10.

No Dante Alighieri, Bruna Ramos, 10, é também aluna nova. Ela veio de Brasília e, por enquanto, fez poucas amizades. "Às vezes, fico sozinha. É mais ou menos difícil entrar num grupo", diz.

"Roubo" de amiga

Se não é fácil entrar em uma panela, também não é tranquilo sair do clube.

"É muito chato quando um grupo tira aquela que é sua melhor amiga do seu grupo", afirma Juliana Pedroza, 10, que adora Isabella — mas não curte algumas amizades que ela cultiva.

Qual é a senha?

O menino Lucas Nagamine, 7, conta que tem um clubinho chamado "meu amigo nuggets". "Mas nosso clubinho não é panelinha", explica. "Para entrar [no grupinho], é só virar amigo", completa.

Participação
Se você é o mandachuva, o capitão ou o líder, deixe os colegas participarem das atividades, darem suas opiniões e apresentarem propostas para o grupo.

Oportunidade
Se um menino ou uma menina tentar se aproximar do seu grupinho, que tal deixar que ele ou ela mostre suas ideias e seus gostos?

Fontes: Maria Irene Maluf, presidente da Associação Brasileira de Psicopedagogia, Adriana Fóz Veloso, educadora e psicopedagoga, e Isa Maria Telles Silveira, orientadora educacional da Escola Carandá.

Folha de S.Paulo, São Paulo, 17 mar. 2007. Suplemento infantil Folhinha, p. 4-5.

3 Você imagina por que há panelas em todas as imagens dessa reportagem?

4 As crianças que aparecem nas imagens parecem tristes ou alegres? Você imagina por que elas estão assim?

5 Com base nas imagens, no título e nos subtítulos, qual deve ser o assunto tratado nessa reportagem?

6 Observe a forma de apresentação da reportagem. Como os textos estão organizados?

Hora da leitura 1

Nenhum ser humano consegue viver sozinho por muito tempo. Por isso, é importante saber conviver bem com as pessoas em nosso dia a dia.

- Você faz parte de algum grupinho fechado em sua escola? Isso é bom ou é ruim?
- Como você agiria se chegasse um novo colega na classe?
- O que você imagina que é uma panelinha?

Leia agora o texto principal da reportagem mostrada na abertura deste capítulo.

Clubinho só de amigos

Crianças contam como são formadas as panelinhas na hora do recreio

Da esquerda para a direita, as amigas Letícia, 8, Beatriz, 8, Maria Carolina, 8, e Michelle, 8, que curtem a amizade no recreio da escola.

GABRIELA ROMEU
da reportagem local

Panelinha das meninas que lancham na escada, grupinho dos meninos que disputam a bola na quadra ou clubinho de amigos que não se desgrudam nem na hora da lição de casa: qual é a sua turma?

No Colégio Dante Alighieri, oito meninas têm diariamente um encontro marcado durante o recreio, na escada ao lado da lanchonete — o local foi "fundado" por três delas. Ali lancham, trocam confidências e brigam. "A gente briga uma vez por mês, está combinado", brinca Maria Luiza M., 9.

Mas briga mesmo é quando alguém entra no grupo, ou "invade" o local, sem pedir permissão. "A gente tem de analisar se a menina pode entrar ou não. No começo, tem sempre uma rejeição", afirma Bruna Facó, 10.

Também não é fácil entrar num grupinho, do Colégio Pentágono, que é liderado por Beatriz Rosa, 8. "A gente quer uma menina que seja confiável. Que vai saber tudo da gente, mas que não vá contar para as outras."

A alguns quilômetros dali, no Colégio Lourenço Castanho, na turma do 5º ano, há o grupinho "das fofoqueiras, o dos meninos que se acham 'malandros' e o dos que fazem **parada de mão**".

Mas a aluna Isabella Pileggi, 10, conta que não é de um grupinho só. "É legal se misturar com outras pessoas. O grupinho pode virar grupão", diz a menina, que é disputada por dois grupos de colegas na escola.

Outra que se diz "em cima do muro" é Erika da Silva, 9, que, às vezes, lancha com o "grupinho da escada", mas também dá uma de "juíza" com o pessoal do futebol.

A **psicopedagoga** Maria Irene Maluf, presidente da Associação Brasileira de Psicopedagogia, explica que é legal e válido estar aberto a outras amizades. "Para termos mais amigos, é importante aprender a aceitar o outro, que é diferente mesmo, mas nem melhor nem pior."

Que tal colocar essa ideia em prática no próximo recreio?

Da esquerda para a direita, os meninos Lucas, 7, Pedro Vinícius, 8, e Mateus, 8.

Parada de mão: posição de cabeça para baixo, em que se equilibra nas palmas das mãos.
Psicopedagogo: profissional que auxilia crianças e adolescentes com problemas de aprendizagem.

Folha de S.Paulo, São Paulo, 17 mar. 2007. Suplemento infantil Folhinha, p. 4-5.

Linha e entrelinha

1 O texto que aparece abaixo do título é chamado de **olho**.

Crianças contam como são formadas as panelinhas na hora do recreio

Renato Stockler/Folhapress

Olho: frase ou trecho do texto após o título, que destaca informações relevantes de uma reportagem ou notícia.

a. Em sua opinião, por que o olho aparece com fundo colorido e com a frase organizada dessa forma?

b. Qual é a relação entre o olho e o título da reportagem?

c. Que palavra presente no olho indica que o ambiente tratado na reportagem é a escola?

d. Que trecho da legenda referente à fotografia das meninas confirma a resposta dada ao item **c**?

2 Essa reportagem foi escrita para qual público: **adultos** ou **crianças**?

3 Com que sentido a palavra **panelinha** foi usada no texto?

4 Todas as crianças citadas na reportagem concordam que é bom pertencer a uma panelinha? Explique.

5 Recorde a definição dada no texto para a palavra **psicopedagogo**.

> Psicopedagogo: profissional que auxilia crianças e adolescentes com problemas de aprendizagem.

a. Qual foi a psicopedagoga consultada pela reportagem da Folhinha? Sublinhe o nome dela no texto.

b. De qual instituição ela faz parte? Que função ela exerce nessa instituição?

_____

_____

c. Em sua opinião, por que o jornal convidou uma psicopedagoga para opinar sobre o assunto da reportagem?

_____

_____

d. A psicopedagoga consultada apoia a ideia de que as pessoas devem ter um só grupo de amigos? Explique.

_____

6 Qual é o sentido da palavra **legal** no penúltimo parágrafo do texto?

_____

7 Converse com os colegas e exponha suas ideias.

a. Durante o recreio em sua escola, a maior parte dos alunos interage ou há mais grupos fechados? Explique.

b. A psicopedagoga orienta que "para termos mais amigos, é importante aprender a aceitar o outro". Você aceita seus colegas e amigos como eles são? Comente.

c. Qual é sua opinião a respeito das panelinhas na escola?

d. Você está sempre disponível para novas amizades? Comente.

Hora da leitura 2

Nesta seção, você vai ler outros trechos da mesma reportagem.

- O que é importante fazer para não ser excluído de um grupo?
- Para ter amigos é preciso concordar sempre com eles?
- Em sua opinião, é possível alguém participar de vários grupos de amigos ao mesmo tempo?

PARA NÃO EXCLUIR OU SER EXCLUÍDO

Admiração
Em uma amizade, é preciso escolher e ser escolhido. Você tem de admirar o grupo do qual faz parte. Mas, se o grupinho vive chateando você, será que vale a pena fazer parte dele?

Talentos
Mostre que você tem talento, habilidades e pontos fortes. Se você não é bom no futebol, talvez seja craque no computador e possa ser admirado por isso.

Diferenças
Lembre-se de que todos são diferentes. E não adianta ser igual ao restante do grupo para poder ser incluído.

Diversidade
Que tal pertencer a várias panelas ao mesmo tempo? Assim, você pode conhecer outras opiniões e outras ideias. Mas tome cuidado: evite intrigas e leva e traz.

Participação
Se você é o mandachuva, o capitão ou o líder, deixe os colegas participarem das atividades, darem suas opiniões e apresentarem propostas para o grupo.

Oportunidade
Se um menino ou uma menina tentar se aproximar do seu grupinho, que tal deixar que ele ou ela mostre suas ideias e seus gostos?

Qual é a senha?

O menino Lucas Nagamine, 7, conta que tem um clubinho chamado "Meu amigo *nuggets*". "Mas nosso clubinho não é panelinha", explica. "Para entrar [no grupinho], é só virar amigo", completa.

Turminha do futebol

Os quatro mosqueteiros Vinícius Monteiro, 8, Gabriel Francato, 9, Pedro Henrique Pereira, 9, e Nícolas Gugliotti, 9, são todos palmeirenses declarados.

E se um fosse corintiano? "Ah, mesmo assim a gente seria amigo!", responde Vinícius, da Escola Carandá.

O grupo afirma que menino também forma panelinha. "Mas não é igual aos grupinhos das meninas", explica Nícolas. "É que a gente não curte fazer fofoca", provoca Gabriel.

Alguns grupinhos do futebol reúnem meninas boas de bola. "Acho idiota essa coisa de clubinho. Gosto de jogar e brincar com todo mundo", diz Roberta Chede, 9.

Quem entra e quem sai?

E quando chega alguém novo na escola? Cinco novatos do 6º ano do Colégio São Domingos ainda se misturam pouco com a turma da classe. "A gente acaba sempre ficando junto porque já se conhecia da outra escola", diz Luiza Schafer, 10.

No Dante Alighieri, Bruna Ramos, 10, é também aluna nova. Ela veio de Brasília e, por enquanto, fez poucas amizades. "Às vezes, fico sozinha. É mais ou menos difícil entrar num grupo", diz.

"Roubo" de amiga

Se não é fácil entrar em uma panela, também não é tranquilo sair do clube.

"É muito chato quando um grupo tira aquela que é sua melhor amiga do seu grupo", afirma Juliana Pedroza, 10, que adora Isabella — mas não curte algumas amizades que ela cultiva.

Folha de S.Paulo, São Paulo, 17 mar. 2007. Suplemento infantil Folhinha, p. 4-5.

Linha e entrelinha

1 Observe nas páginas 190 e 191 que, além do texto principal da reportagem, há outros textos apresentados em **boxes**.

> **Boxe:** quadro que contém texto com informação complementar e é cercado por fio, fundo colorido ou outro recurso gráfico.

   a. Quais são os subtítulos dos textos que estão em boxes?

   _____

   _____

   b. Quais funções têm os boxes nessa reportagem?

   _____

2 Os boxes do item "Para não excluir ou ser excluído" contêm:

   ☐ experiências de vida   ☐ recomendações   ☐ entrevistas

3 Copie de cada boxe uma fala dirigida diretamente ao leitor.

   _____

   _____

   _____

4 De acordo com o boxe "Participação", como deve ser um líder?

   _____

   _____

5 Que resposta você daria à pergunta apresentada no final do boxe "Admiração"?

   _____

6 Releia o texto do subtítulo "Quem entra e quem sai?".

   a. O que são os trechos entre aspas nesse texto?

   _____

   b. Por que as aspas foram usadas nesses trechos?

   _____

   c. O que representam os números após os nomes das crianças?

   _____

7 Releia este subtítulo da reportagem.

"Roubo" de amiga

a. Qual é o objetivo do uso das aspas nesse subtítulo?

☐ Separar a fala da criança entrevistada do restante do texto.

☐ Indicar que a palavra em destaque não foi usada no sentido em que normalmente é empregada.

b. Qual palavra do depoimento de Juliana se relaciona com a palavra que está entre aspas nesse subtítulo?

---

8 No boxe "Turminha do futebol", o grupo de amigos é chamado de "os quatro **mosqueteiros**".

Mosqueteiro: cavaleiro da guarda francesa que cuidava da proteção do rei.

Os três mosqueteiros é uma história escrita pelo francês Alexandre Dumas. Nela, três amigos juntam-se para combater os inimigos do rei da França. Mais tarde, outro amigo junta-se a eles. "Um por todos e todos por um" é a frase que define a amizade e a união dos mosqueteiros.

■ Por que esses amigos são chamados assim na reportagem?

☐ Porque estudam na mesma escola.

☐ Porque são muito unidos.

☐ Porque os quatro amigos não fazem amizade com outros que não sejam da turma.

9 Releia o texto do boxe "Diversidade" e converse com os colegas.

a. Qual é o sentido de **intrigas** e **leva e traz**?

b. Por que intrigas e leva e traz devem ser evitados?

c. Que conselhos há nesse boxe? Que vantagens há em segui-los?

Vamos interagir?

Debate regrado

Neste capítulo, você leu uma reportagem sobre panelinhas.

Você e seus colegas vão participar de um debate sobre os pontos positivos e os pontos negativos de fazer parte de uma panelinha.

Geralmente, um debate acontece quando há mais de uma opinião sobre um mesmo assunto. Nele, cada um defende a sua posição e apresenta argumentos para tentar convencer o outro.

A escolha dos argumentos é muito importante, pois eles podem modificar o ponto de vista do interlocutor. Desse modo, tanto podemos convencer a outra pessoa como ser convencidos pelos argumentos dela.

Como o debate é uma discussão pública, ao mostrar o modo como você pensa, use uma linguagem mais formal.

Preparação para o debate

1 O professor organizará a classe em dois grupos: um grupo a favor e outro contra a formação de panelinhas.

2 Cada integrante dos grupos pensará nos pontos positivos e negativos a respeito do assunto do debate e os anotará a seguir.

Pontos positivos	Pontos negativos

3 Os integrantes de cada grupo devem se reunir e conversar para definir como defender o ponto de vista do grupo com base nas anotações feitas.

Debatendo

1 Debater é ter o direito de expor com liberdade as próprias ideias e o dever de ouvir com atenção as ideias do outro, mesmo que não concordemos com elas. Por isso, em um debate, é preciso seguir alguns procedimentos:

- Escolher um mediador, ou seja, uma pessoa que determina a vez de cada grupo falar e que controla o tempo de fala de todos.
- Os debatedores que quiserem falar para defender a opinião de seu grupo devem se inscrever antecipadamente com o mediador.
- É preciso respeitar o tempo combinado para que todos os integrantes inscritos possam ter oportunidade de expor sua opinião.
- O integrante do grupo que estiver com a palavra deve falar de modo claro e alto para que todos possam ouvi-lo.
- Cada participante deve respeitar a vez do outro falar. O mediador vai indicar a vez de cada um.

2 Após a apresentação de todos, o mediador permitirá que um representante de cada grupo faça as considerações finais, contando a importância do debate. A seguir, o mediador deverá encerrar o debate, agradecendo a todos pela participação.

Avaliando o debate

Conversem e avaliem o debate.

1. As regras estabelecidas foram respeitadas?
2. Todos os inscritos puderam falar e ser compreendidos?
3. De modo geral, foi usada a linguagem formal?
4. O que você aprendeu com esse debate?

Um debate é uma troca de ideias, opiniões e experiências. Ele nos ajuda a crescer como pessoa e como cidadão, pois refletimos e aprendemos a respeito do assunto tratado.

Produção de texto

■ Receita para preservar amigos

Alguma vez você já seguiu as instruções de uma receita para preparar algum alimento? Leia a seguir duas receitas e compare-as.

A **Vitamina de banana**

Ingredientes

2 bananas
1 colher de sopa de aveia
1 colher de sopa de açúcar
meio copo de leite gelado ou natural

Preparo

1. Peça a um adulto para picar a banana em rodelas.
2. Com a ajuda de um adulto, coloque todos os ingredientes no liquidificador e deixe bater por 1 minuto.
3. Ponha a vitamina no copo e tome em seguida.

Domínio público.

B **Receita de espantar a tristeza**

faça uma careta
e mande a tristeza
pra longe pro outro lado
do mar ou da lua

vá para o meio da rua
e plante bananeira
faça alguma besteira

depois estique os braços
apanhe a primeira estrela
e procure o melhor amigo
para um longo e apertado abraço

Roseana Murray. *Receitas de olhar*. São Paulo: FTD, 1997.

Converse com os colegas.

1 Por que a receita **A** se divide em duas partes?

2 Que diferença há quanto ao uso dessas receitas?

3 As receitas são textos que dão instruções para a realização de algo. Quais palavras das receitas dão ordens, isto é, comandos diretos ao leitor?

4 Você acrescentaria alguma outra instrução à receita **B**? Qual?

Planejar e produzir

Agora, é a sua vez de criar uma receita que não ensina a preparar alimentos, mas sim a preservar amigos.

Para isso, reflita a respeito das atitudes que devemos ter para que uma amizade seja longa.

Escreva cada atitude como uma instrução da "Receita para preservar amigos". Use como referência o poema de Roseana Murray.

Essa receita será parte do álbum de recordações que você montará ao final desta unidade.

Revisar, avaliar e reescrever

Itens a avaliar	Sim	Não
1. As frases estão coerentes com o tema solicitado?		
2. Sua receita contém frases curtas?		
3. Você usou frases que ensinam ao leitor o que fazer?		

Quando o professor solicitar, leia a receita para os colegas da sala. Depois, deixe-a exposta no mural, preservando-a para a atividade de montagem do álbum de recordação que será realizada mais adiante.

Usos do dicionário

A ordem dos verbetes no dicionário

1 Observe e leia esta tira.

> O TRABALHO VEM ANTES DO DESCANSO, FILHO.
>
> NÃO DE ACORDO COM O DICIONÁRIO.

Bill Amend. *FoxTrot*. 2004.

a. O que significa a fala do pai: "O trabalho vem antes do descanso"?

_____

_____

b. Por que, de acordo com o filho, no dicionário o descanso vem antes do trabalho?

_____

_____

Como estão organizadas as palavras de um dicionário?

Você já imaginou o que aconteceria se não houvesse um critério para organizar todas as palavras que constam em um dicionário?

Como você faria, por exemplo, para localizar a palavra **traduzir**? Teria de ler quase todas as palavras constantes no livro até encontrá-la, não é mesmo? Quanto tempo e esforço essa busca acarretaria?

[...]

Para evitar esse desgaste, o dicionário tem um critério de organização, um projeto que orienta, facilita e agiliza o seu uso: ordena alfabeticamente as palavras que o compõem.

> **Acarretar:** resultar, ter como consequência.

Aurélio B. de Holanda Ferreira. *Aurélio mirim*: dicionário ilustrado da língua portuguesa. Curitiba: Positivo, 2005. p. 15.

2 Numere estas palavras de 1 a 6, na ordem em que entrariam no dicionário.

vaso		trancar	
tinta		vale	
urso		urro	

Lembre-se!

Quando as palavras começam com a mesma letra, você deve observar as letras seguintes para verificar a ordem alfabética.

3 Observe a reprodução desta página de dicionário.

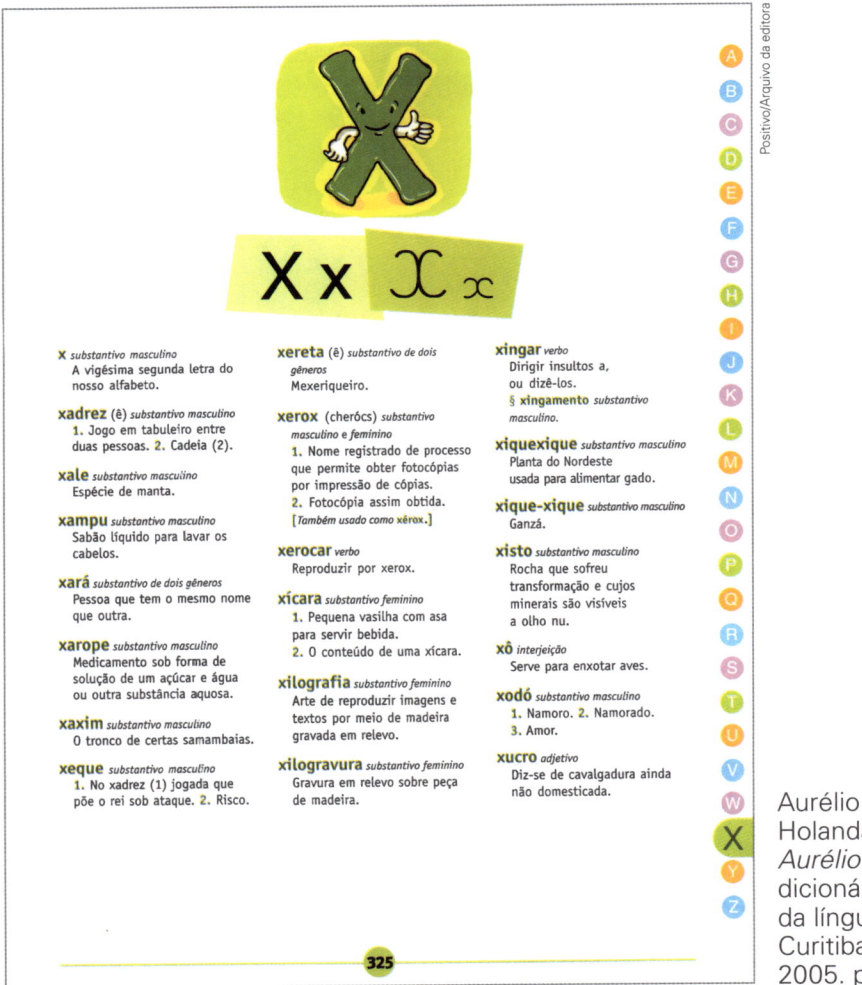

X *substantivo masculino*
A vigésima segunda letra do nosso alfabeto.

xadrez (ê) *substantivo masculino*
1. Jogo em tabuleiro entre duas pessoas. 2. Cadeia (2).

xale *substantivo masculino*
Espécie de manta.

xampu *substantivo masculino*
Sabão líquido para lavar os cabelos.

xará *substantivo de dois gêneros*
Pessoa que tem o mesmo nome que outra.

xarope *substantivo masculino*
Medicamento sob forma de solução de um açúcar e água ou outra substância aquosa.

xaxim *substantivo masculino*
O tronco de certas samambaias.

xeque *substantivo masculino*
1. No xadrez (1) jogada que põe o rei sob ataque. 2. Risco.

xereta (ê) *substantivo de dois gêneros*
Mexeriqueiro.

xerox (cherócs) *substantivo masculino e feminino*
1. Nome registrado de processo que permite obter fotocópias por impressão de cópias.
2. Fotocópia assim obtida.
[Também usado como xérox.]

xerocar *verbo*
Reproduzir por xerox.

xícara *substantivo feminino*
1. Pequena vasilha com asa para servir bebida.
2. O conteúdo de uma xícara.

xilografia *substantivo feminino*
Arte de reproduzir imagens e textos por meio de madeira gravada em relevo.

xilogravura *substantivo feminino*
Gravura em relevo sobre peça de madeira.

xingar *verbo*
Dirigir insultos a, ou dizê-los.
§ **xingamento** *substantivo masculino*.

xiquexique *substantivo masculino*
Planta do Nordeste usada para alimentar gado.

xique-xique *substantivo masculino*
Ganzá.

xisto *substantivo masculino*
Rocha que sofreu transformação e cujos minerais são visíveis a olho nu.

xô *interjeição*
Serve para enxotar aves.

xodó *substantivo masculino*
1. Namoro. 2. Namorado. 3. Amor.

xucro *adjetivo*
Diz-se de cavalgadura ainda não domesticada.

325

Aurélio B. de Holanda Ferreira. *Aurélio mirim*: dicionário ilustrado da língua portuguesa. Curitiba: Positivo, 2005. p. 325.

■ Entre quais verbetes dessa página você encaixaria estas palavras?

	xavante	
	xerife	
	xote	

Nossa língua

▬ Masculino e feminino

1 Observe e leia esta tira.

Fernando Gonsales. *Níquel Náusea*: nem tudo que balança cai. São Paulo: Devir, 2003.

- O que provoca o humor da tira?

_____

_____

2 Escreva no quadro apenas os substantivos que nomeiam aquilo que a barata viu na nuvem, separando-os conforme indicado.

Substantivo feminino	Substantivo masculino

a. Dos substantivos femininos que você anotou no quadro acima, qual é possível passar para o masculino? Dê o masculino dessa palavra.

_____

b. Dos substantivos masculinos do quadro, qual forma o feminino trocando **-o** por **-a** no final da palavra? Dê o feminino dessa palavra.

_____

c. Como se faz o feminino da palavra **alce**? Converse com os colegas.

3 Na tira, que palavra determinante a barata usou antes de cada substantivo para indicar o feminino ou o masculino?

_____

> Quanto ao gênero, em geral, os substantivos se classificam em:
> - **masculinos** — admitem determinantes masculinos: o(s), um(uns), aquele(s), este(s), esse(s): **o** gato, **um** gato, **aqueles** gatos.
> - **femininos** — admitem determinantes femininos: a(s), uma(s), aquela(s), esta(s), essa(s): **a** gata, **uma** gata, **aquelas** gatas.

4 Forme pares associando as palavras que estão no feminino às palavras que estão no masculino.

A menino   B homem   C cantor   D carneiro   E avô

[ ] avó   [ ] ovelha   [ ] mulher   [ ] menina   [ ] cantora

a. Em qual palavra o feminino foi formado trocando a letra **-o** no final da palavra por **-a**? _____

b. Em qual palavra o feminino foi formado apenas acrescentando a letra **-a** no final? _____

c. Em qual palavra o feminino foi formado pela mudança de acentuação e de pronúncia? _____

d. Quais das palavras acima têm uma forma para o masculino e outra bem diferente para o feminino?

_____

_____

Flexão de gênero

O substantivo pode variar em gênero de diferentes modos.

I. Os **substantivos biformes** apresentam duas formas para indicar o gênero. Nesse caso, a flexão se faz:
   a. pela troca de **-o** por **-a**: **garoto** → **garota**
   b. pelo acréscimo de **-a** na terminação: **vendedor** → **vendedora**
   c. pela mudança na estrutura da palavra: **genro** → **nora**
   d. por formas especiais: **diácono** → **diaconisa**

II. Os **substantivos uniformes** apresentam uma única forma para indicar o gênero. Nesse caso, a flexão se faz pela presença:
   a. de um determinante: **um** massagista → **uma** massagista
   b. das palavras **macho** e **fêmea**: onça **macho** → onça **fêmea**

III. Há substantivos que não sofrem variação de gênero:
   o animal   a criança   o sujeito   a vítima

5 Dê o feminino destes substantivos.

| bode | ator | cavalo | leão |

6 Qual das palavras abaixo é um substantivo uniforme? Dê o feminino.

| galo | pato | formiga | touro |

7 Anote a letra indicada da palavra a que cada figura se refere para formar o que se pede.

  a. Forme o masculino de **abelha**.

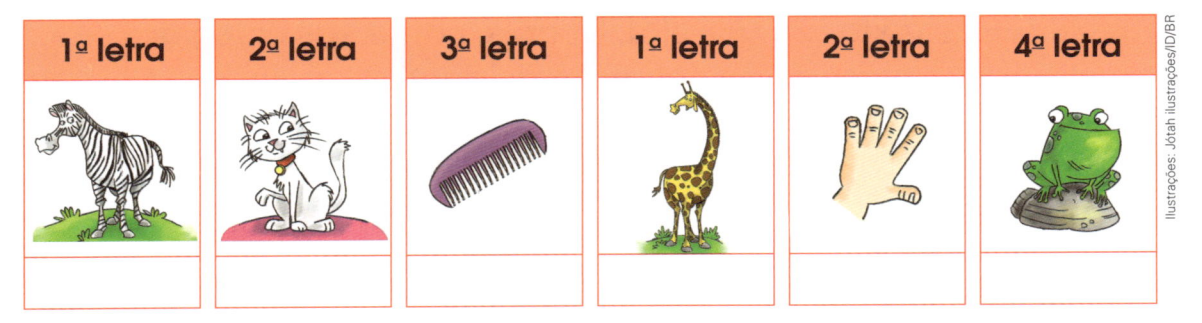

1ª letra	2ª letra	3ª letra	1ª letra	2ª letra	4ª letra
zebra	gato	pente	girafa	mão	sapo

  b. Forme o feminino de **leitão**.

3ª letra	2ª letra	2ª letra	4ª letra	2ª letra	4ª letra
balde	vela	sino	porta	bola	mesa

8 Junte as sílabas conforme a indicação dos quadros e forme o feminino das palavras abaixo.

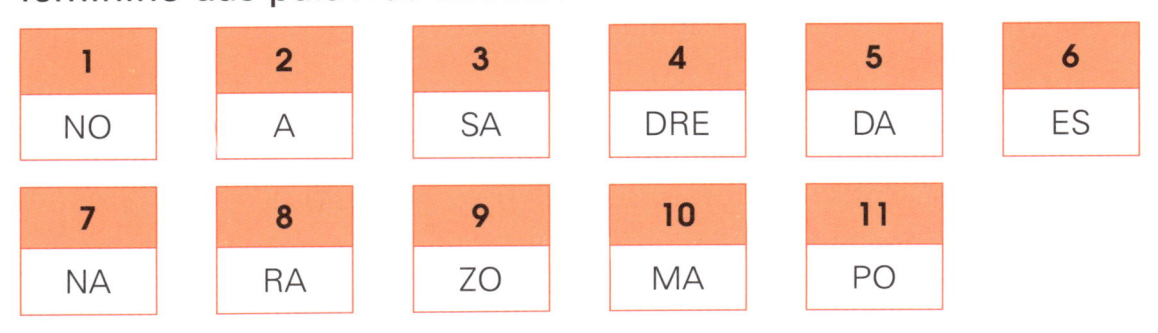

1	2	3	4	5	6
NO	A	SA	DRE	DA	ES

7	8	9	10	11
NA	RA	ZO	MA	PO

a. marido (6 + 11 + 3) _____

b. cavalheiro (5 + 10) _____

c. cavaleiro (2 + 10 + 9 + 7) _____

d. genro (1 + 8) _____

e. padre (10 + 4) _____

9 Leia as instruções da página 306, destaque a página 307 e brinque com o **Dominó do masculino e feminino**.

Construção da escrita

▪ Vogal nasal

1 Leia este texto em voz alta. Depois, conte aos colegas a sua opinião a respeito da definição de dentista que é dada no texto.

Dentista

Dentista é aonde os dentes têm de ir quando estão doendo.
Então, eles passam de "dentes" a "doentes".
Como os dentes não sabem ir sozinhos ao dentista, a gente tem de ir com eles.
Todo mundo fica de boca aberta diante do dentista.
Acho que é para poder berrar mais alto.
Se não fosse o dentista, a gente ficava banguela para sempre, como elefante de circo.
[...]

José Paulo Paes. *Vejam como eu sei escrever*. São Paulo: Ática, 2005. p. 13.

2 No texto acima, há diversas palavras em que uma vogal é seguida de **n** ou **m** na mesma sílaba.

a. Circule na primeira linha um exemplo de palavra escrita com vogal seguida de **n** na mesma sílaba.

b. Agora, sublinhe na primeira linha um exemplo de palavra escrita com vogal seguida de **m** na mesma sílaba.

As palavras que você apresentou na atividade **2** contêm sílabas com som nasal. Isto é, parte da pronúncia dessas sílabas é produzida pelo nariz.
Um mesmo som nasal pode ser escrito de modos diferentes. Observe que a parte destacada de cada palavra representa o mesmo som.

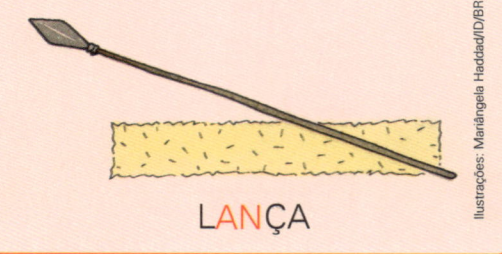

MAÇÃ   TAMBOR   LANÇA

3 A primeira sílaba da palavra **dentista** contém som nasal: **den**-tis-ta. Que outras palavras do poema contêm o mesmo som de **en**, mas são escritas com **m**?

_____

4 Copie do poema uma palavra com:

an	on	un

5 Pinte os quadradinhos das palavras que contêm o mesmo som nasal de **maçã**.

☐ romã   ☐ cantor   ☐ compõe   ☐ samba
☐ nariz   ☐ descanso ☐ mapa   ☐ cãibra

6 A partir das palavras a seguir, forme outras palavras com som nasal acrescentando **m** ou **n** ao final da primeira sílaba.

juta	sobra	mote	mata

7 Leia este trecho de um trava-língua.

> O tempo perguntou para o tempo quanto tempo o tempo tem.

Domínio público.

a. O som nasal que mais se repete nesse trecho do trava-língua também está presente na palavra:

☐ pandeiro   ☐ enxada   ☐ onça   ☐ ímã

b. Que palavra do trava-língua tem o mesmo som nasal que **an**ta?

_____

c. Leia a continuação do trava-língua acima e sublinhe os trechos que representam som nasal.

> O tempo respondeu para o tempo que o tempo tem o mesmo tempo que o tempo tem.

Domínio público.

CAPÍTULO 3 — Solidariedade

Nos capítulos anteriores, você leu sobre a importância da amizade e da boa convivência com as pessoas com quem nos relacionamos.

E as pessoas que não conhecemos, será que também devemos respeitar e ajudar? Neste capítulo, você vai refletir sobre isso. Para começar, observe e leia este cartaz de uma campanha solidária ocorrida no estado de Pernambuco, no início do ano de 2013.

TEM GENTE COM SEDE DE SOLIDARIEDADE

O Sertão e o Agreste de Pernambuco precisam da nossa SOLIDARIEDADE. Sua doação ajudará a construir reservatórios para que as famílias dessas duas regiões acessem água e alimento de qualidade. Mobilize sua família, sua comunidade e as pessoas do seu espaço de trabalho. Faça sua doação!

Federação dos Trabalhadores na Agricultura do Estado de Pernambuco (Fetape), Cáritas NE2 e Arquidiocese de Olinda e Recife. Design: Jorge Verdi

Cartaz da campanha "Tem gente com sede de solidariedade". Esta iniciativa se deu em decorrência da seca e da estiagem que atingiu diversos municípios de Pernambuco, causando muitos estragos e graves alterações nas condições de vida da população local.

Roda de conversa

1 No cartaz, há textos escritos com diferentes tamanhos de letras.

   a. Qual frase do cartaz está escrita com letras maiores?

   b. Por que essa frase está em destaque?

2 Que palavra destacada no título mais se relaciona com:

   a. o contexto da seca?

   b. as pessoas que estão enfrentando esse problema?

   c. a ação da ajuda de quem não está enfrentando esse problema?

3 A imagem do cartaz é bastante criativa. Nela aparece o mapa do estado de Pernambuco.

   a. Como está a vegetação mostrada na imagem? Por que ela foi retratada desse modo?

   b. Em sua opinião, por que as pessoas mostradas estão caminhando com latas sobre a cabeça?

4 Releia este trecho do cartaz.

> O Sertão e o Agreste de Pernambuco precisam da nossa SOLIDARIEDADE. Sua doação ajudará a construir reservatórios para que as famílias dessas duas regiões acessem água e alimento de qualidade. Mobilize sua família, sua comunidade e as pessoas do seu espaço de trabalho. Faça sua doação!

   a. Com base nesse trecho, qual é o objetivo do cartaz?

   b. Conforme o texto, o que será feito com as doações?

   c. Você imagina por que esse trecho está escrito em uma imagem com formato de gota?

   d. O fundo azul na imagem da gota representa o mesmo que o fundo vermelho do restante do cartaz? Explique.

5 No cartaz, aparece a palavra **solidariedade**. Veja os sentidos dessa palavra.

> **solidariedade**
> 1. Vínculo recíproco entre pessoas.
> 2. Sentimento de apoio a outra pessoa, a uma causa, etc.

Aurélio B. de Holanda Ferreira. *Aurélio mirim*: dicionário ilustrado da língua portuguesa. Curitiba: Positivo, 2005. p. 289.

   a. Em sua opinião, por que é importante ser solidário em situações como a do cartaz?

   b. Você já agiu de forma solidária em alguma situação? Qual?

   c. O que você faz com brinquedos, livros e roupas que não usa mais?

Hora da leitura 1

Leia o título do texto, observe a ilustração e converse com os colegas a respeito das seguintes questões.

- O que será que o menino está perguntando ao homem?
- O que o homem está respondendo?
- Com base no título, qual deve ser o assunto do texto?

O homem que não sabia ler

Um menino andando na rua encontrou um homem sentado na calçada.

O menino voltava da escola. O homem descansava depois de um dia duro de trabalho.

— Moço, que horas são? — perguntou o menino.

O homem disse que não tinha relógio e, para falar a verdade, nem sabia ver as horas. O menino não entendeu. O homem explicou:

— Não sei para que servem aquele ponteirão e aquele ponteirinho. Eles giram, giram, giram, mas não consigo entender direito como a coisa funciona.

— Mas é tão fácil! — espantou-se o menino. — O ponteirinho marca as horas e o ponteirão marca os minutos. Por exemplo: se o ponteirinho está no dez e o ponteirão está no cinco, isso quer dizer que são dez horas e vinte e cinco minutos.

O sujeito balançou os ombros.

— Mas qual é o dez e qual é o cinco? Sempre me atrapalho com os números.

O homem tinha idade para ser pai do menino.

— O senhor não conhece os números?

— Nem os números nem as letras.

— O senhor não sabe ler?

— Nem ler nem escrever.

O menino espiou aquela pessoa sentada na calçada.

— Às vezes na rua — contou o homem — fico olhando as letras dos cartazes e perguntando o que será que elas dizem. [...]

O homem suspirou.

[...]

— Não sou daqui — explicou o homem. — Minha cidade fica longe, depois da serra, pegando a rodovia, passando a outra serra e depois a outra, perto do mar. [...]

E seus olhos brilharam tristes.

— Agorinha mesmo estava lembrando de casa, da minha mãe, do meu pai, dos meus irmãos, do povo de lá...

O menino procurou um lugar para sentar.

— E você? — quis saber o homem, examinando o garoto. — Sabe escrever?

O menino estufou o peito:

— Já sou quase da **terceira série**!

O outro sorriu:

— Tenho uma noiva lá na minha terra. É que nem uma princesa. A coisa mais linda desse mundo. Um dia a gente vai casar...

O homem teve uma ideia. Pediu:

— Escreve uma carta para mim?

Dizendo sim com a cabeça, o menino tirou um caderno e uma caneta esferográfica do fundo da mochila.

O homem endireitou o corpo. Pensou um pouco. O vento soprava morno. O homem contou que a cidade grande era cheia de fumaceira e carro buzinando. Contou que se sentia sozinho. Contou que, às vezes, dava medo, que trabalhava muito [...]. Prometeu que ia dar um jeito de conseguir juntar um dinheirinho. Terminou mandando dizer que estava morrendo de saudade e que, no fim do ano, se Deus ajudasse, pegava o ônibus e voltava para casa.

O menino escreveu tudo com letra caprichada, dobrou o papel e entregou ao homem.

A noite já tinha caído. O menino precisava ir embora.

Uma luz surgiu no céu sem ninguém perceber.

O homem apertou a mão do menino.

Ricardo Azevedo. *Papagaio come milho, periquito leva a fama!* São Paulo: Moderna, 2008. p. 33-36.

> **Terceira série:** equivale ao atual 4º ano do Ensino Fundamental.

Linha e entrelinha

1 O texto que você leu é:

☐ uma carta ☐ um conto ☐ um poema

2 Sublinhe no texto o trecho em que o homem fala da cidade de onde veio.

3 Circule a placa que indica a direção da cidade do homem.

4 Que pessoas importantes o homem deixou na cidade dele?

_____

5 O que o homem fazia na cidade em que o menino morava?

_____

_____

6 Em sua opinião, para quem o homem desejava enviar a carta?

_____

7 Que sentido pode ser atribuído ao trecho "Uma luz surgiu no céu sem ninguém perceber"?

_____

_____

8 No final do texto, o homem aperta a mão do menino. O que significa esse gesto?

_____

_____

9 Na situação abordada no texto, o menino foi solidário? De que modo?

_____

_____

10 Converse com os colegas.

a. Qual figura mostra uma atitude de solidariedade? Por quê?

A

B

b. Assim como o menino da história, de que modo você também pode ser solidário? Veja este exemplo e cite outras formas de solidariedade.

Sou solidário quando explico a um colega a resolução de um exercício que ele ainda não entendeu.

Produção de texto

▪ Carta pessoal

Quando alguém está distante, podemos enviar e também receber notícias trocando correspondência, como carta, *e-mail*, etc.

Leia um trecho de uma carta pessoal trocada entre primas.

saudação (Ângela é a destinatária da carta)

Ângela,

Depois que você foi embora para Ribeirão Preto, eu fiquei um tempão andando pela casa que nem barata tonta, achando tudo muito sem graça. Cada vez que eu pensava que ia ter que esperar até as outras férias pra brincar outra vez com você, me dava vontade de sair gritando de raiva. Mamãe me deu um picolé pra eu ficar mais contente, mas a raiva era tanta que eu mastiguei toda a ponta do pauzinho, até fazer uma franjinha. Mais tarde a Maria e a Cláudia vieram me chamar pra brincar. Nós ficamos pulando corda na calçada, e depois sentamos no muro e ficamos brincando de botar apelido nos meninos. O Carlinhos ficou sendo o Carlão-sem-sabão. Toda vez que a mãe dele chama pra tomar banho, ele volta logo depois com outra roupa, mas com a mesma cara. A Cláudia disse que o Carlinhos abre o chuveiro só pra mãe dele ouvir o barulho, mas vai ver ele fica sentado na privada vendo a água correr. Aí troca de roupa, e pronto.

A mania do Chico é dizer que um jogo não valeu sempre que ele está perdendo. Então, o apelido dele ficou sendo mesmo Chico-não-valeu. [...]

Um beijo da
Marisa

conteúdo da carta

uso de palavras e expressões próprias da linguagem informal, espontânea, despreocupada; por exemplo, **pra** em lugar de **para**

despedida e nome ou assinatura (Marisa é a remetente da carta)

Monica Stahel. *Tem uma história nas cartas da Marisa*. São Paulo: Formato, 2013.

Converse com os colegas.

1 Quais destes elementos faltam na carta ao lado?

> local   despedida   data   saudação
> nome do remetente   nome do destinatário

2 Quem escreveu a carta (**remetente**) e quem a receberá (**destinatário**)?

3 Quem mora em Ribeirão Preto: Ângela ou Marisa?

4 Por que a remetente da carta está achando tudo sem graça?

Planejar e produzir

Escreva uma carta para o amigo ou a amiga a quem você presenteará com o álbum de recordações. A carta fará parte desse álbum que será composto no final da unidade.

EM AÇÃO!

1 Na carta, conte a esse amigo ou a essa amiga por que você o(a) escolheu para receber o álbum. Não se esqueça que a carta deve conter todos os elementos indicados na primeira atividade desta página.

2 Empregue a linguagem informal, que é mais adequada ao seu interlocutor: um(a) amigo(a).

Revisar, avaliar e reescrever

Itens a avaliar	Sim	Não
1. Você escreveu o local, a data e a saudação?		
2. Você contou por que escolheu esse amigo ou essa amiga?		
3. Há despedida e seu nome ou sua assinatura na carta?		

Releia a carta e faça os ajustes necessários. Depois, passe o texto a limpo com bastante capricho em uma folha avulsa ou em um papel de carta. Guarde a carta para compor o álbum de recordações.

Hora da leitura 2

O poema que você lerá a seguir é um **soneto** escrito por Mario Quintana, um dos poetas mais importantes de nosso país.

Leia o título do texto e observe as ilustrações desta página e da página seguinte. Depois, converse com os colegas sobre as questões a seguir.

Soneto: poema composto de duas estrofes com quatro versos cada uma e duas estrofes com três versos cada. Estrofe é um conjunto de versos. Verso é cada uma das linhas do poema.

- O que o menino está observando pela janela?
- Em que parte do dia provavelmente essa cena acontece?
- Você imagina por que o menino está de pijama e não foi à escola?
- Além das crianças, quem mais se vê na primeira imagem da página seguinte?
- O que você imagina que o homem que aparece na ilustração no final da página seguinte está escrevendo?

Na minha rua

Na minha rua há um menininho doente.
Enquanto os outros partem para a escola,
junto à janela, sonhadoramente,
ele ouve o sapateiro bater sola.

Ouve também o carpinteiro, em frente,
que uma canção napolitana **engrola**.
E pouco a pouco, gradativamente,
o sofrimento que ele tem se **evola**...

Engrolar: cantar de maneira imperfeita ou apressada.
Evolar: desaparecer.

Mas nesta rua há um operário triste:
não canta nada na manhã sonora
e o menino nem sonha que ele existe.

Ele trabalha silenciosamente...
E está compondo este soneto agora,
pra alminha boa do menino doente...

Mario Quintana. *Canções seguido de Sapato florido e A rua dos cataventos*. Rio de Janeiro: Alfaguara, 2012.
© by Elena Quintana.

Linha e entrelinha

1 Por que o menino não vai à escola como as outras crianças?

_____

2 No início do poema, o uso do substantivo **menininho** em vez de **menino** indica que tipo de sentimento do poeta pelo garoto?

☐ ironia   ☐ carinho   ☐ tristeza   ☐ arrependimento

3 De acordo com o poema, por que o sofrimento do menino vai desaparecendo aos poucos?

☐ Porque ele leu o poema feito para ele.
☐ Porque ele se distraiu.
☐ Porque ele voltou a dormir.

4 Leia este verso do poema: "junto à janela, sonhadoramente". Que sonhos você imagina que o menino tem?

_____

_____

5 Observe as personagens do poema.

menino ☐   sapateiro ☐   poeta ☐   carpinteiro ☐

a. Marque aquelas que contribuem para que a manhã seja sonora.

b. Por que essas personagens deixam a manhã sonora?

_____

_____

c. Segundo o poema, quem trabalha silenciosamente?

_____

6 Copie do poema as palavras que rimam com:

a. doente _____

b. escola _____

c. sonora _____

7 Transcreva um verso do poema que indica que o poeta e o menino moram na mesma rua.

_____

_____

8 O menino e o poeta são vizinhos. Eles também são conhecidos ou amigos? Copie o verso que comprova sua resposta.

_____

9 Em sua opinião, por que o poeta está triste? Comente.

_____

_____

10 Em qual verso da última estrofe o leitor descobre que está lendo o próprio soneto criado para o menino doente?

_____

11 Que palavra da última estrofe mais indica que o soneto está sendo criado no mesmo momento em que se contam os fatos?

_____

12 O que o poeta está fazendo? O que ele deseja para o menino?

_____

13 Em relação ao problema que o menino enfrenta, o poeta é:

☐ indiferente ☐ injusto ☐ solidário ☐ fiel

14 Você já foi solidário com uma pessoa que não conhecia? O que você fez? Conte aos colegas.

Produção de texto

▬ *E-mail*

Com a internet surgiram novas possibilidades de prestação de serviço e de troca de informações à distância. Graças a ela é possível ler jornais e revistas no computador, fazer compras, realizar pesquisas, trocar ideias com pessoas do mundo todo nas salas de bate-papo, nos *sites* de relacionamentos ou pelo correio eletrônico.

O correio eletrônico ou *e-mail* (pronuncia-se *emêil*) surgiu com a internet e apresenta características de outras correspondências, como bilhetes e cartas.

Observe as partes que compõem um *e-mail* que Duda recebeu.

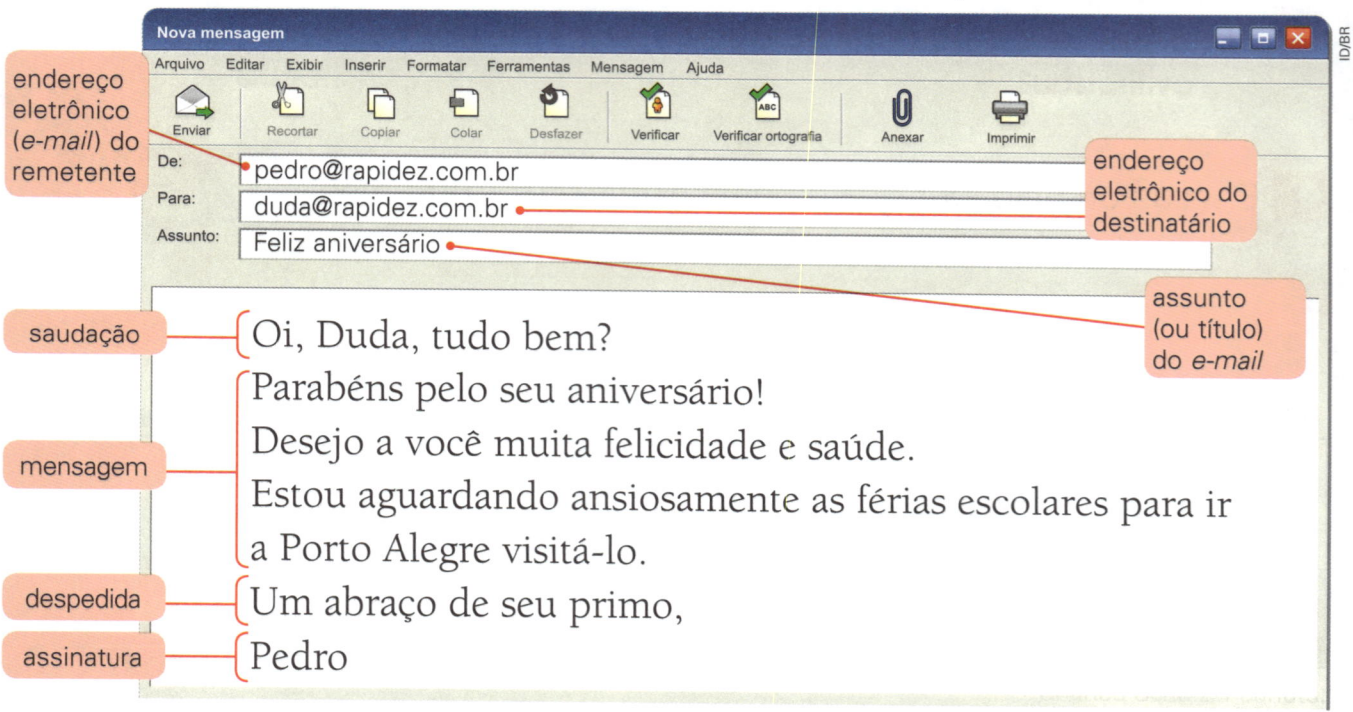

- endereço eletrônico (*e-mail*) do remetente → De: pedro@rapidez.com.br
- Para: duda@rapidez.com.br → endereço eletrônico do destinatário
- Assunto: Feliz aniversário → assunto (ou título) do *e-mail*
- saudação — Oi, Duda, tudo bem?
- mensagem —
  Parabéns pelo seu aniversário!
  Desejo a você muita felicidade e saúde.
  Estou aguardando ansiosamente as férias escolares para ir a Porto Alegre visitá-lo.
- despedida — Um abraço de seu primo,
- assinatura — Pedro

A palavra **e-mail** é a redução de **e**letronic **mail** (que vem do inglês e significa "correio eletrônico") e nomeia não apenas o formato de correspondência enviada pela internet, como também o endereço para o qual enviamos ou recebemos a mensagem.

> Para mandar *e-mails* — mensagens eletrônicas via internet —, basta se cadastrar em algum dos muitos *sites* e provedores de acesso que oferecem esse serviço. Você vai ganhar um endereço eletrônico deste tipo:
> seunome@nomedosite.com.br

Ziraldo. *O livro de informática do Menino Maluquinho*. São Paulo: Melhoramentos, 2004. p. 84.

Na internet, geralmente escrevemos de forma rápida, mas é sempre importante revisar nosso texto. As dicas abaixo poderão ajudá-lo.

> Algumas dicas para escrever *e-mails*:
> 1. Aprender português. Não adianta ficar orgulhoso por mandar um *e-mail* [...] e escrever tudo errado. [...]
> 2. Escrever, se puder, mensagens curtas. Tem gente que recebe muitos *e-mails* e não tem tempo de ler tudo. [...]
> 3. Antes de mandar a mensagem, ler tudo com atenção, conferir o endereço do destinatário e checar se aquela foto ou documento foi realmente anexado à mensagem.

Ziraldo. *O livro de informática do Menino Maluquinho*. São Paulo: Melhoramentos, 2004. p. 85.

Planejar e produzir

Usando um computador conectado à internet, você enviará um *e-mail*, com o assunto de sua preferência, para o amigo ou a amiga que receberá o álbum de recordações que você produzirá no final desta unidade. Você pode, por exemplo, contar uma novidade, contar sobre um filme a que assistiu ou sobre um livro que está lendo, informar o endereço de um *site* que considera interessante, etc. Releia e revise o *e-mail* antes de enviar.

EM AÇÃO!

Revisar, avaliar e reescrever

Itens a avaliar	Sim	Não
1. Você indicou o assunto do *e-mail*?		
2. Há saudação e despedida no *e-mail*?		
3. A mensagem do *e-mail* é interessante?		
4. O texto está livre de erros ortográficos?		

Após o envio, imprima uma cópia do *e-mail* para incluir no álbum. Caso você não tenha acesso à internet, elabore o texto que você enviaria pelo *e-mail* em uma folha avulsa.

Nossa língua

Diminutivo e aumentativo

1 Algumas palavras variam para indicar ideia de tamanho. Observe um caso nesta tira e responda aos itens a seguir.

> OH! UM OSSINHO DA SORTE!
>
> POR QUE ELE SE CHAMA OSSINHO DA SORTE?
>
> PORQUE É MUITA SORTE ENCONTRAR UM OSSINHO!
>
> GRONCH!

Mauricio de Sousa. Turma da Mônica.

a. Que palavra da tira indica algo pequeno? _____

b. Caso indicasse algo de tamanho grande, como essa palavra seria escrita? _____

c. Caso não indicasse algo nem pequeno nem grande, como essa palavra seria escrita? _____

Algumas palavras sofrem variação para indicar tamanho ou intensidade. Chamamos essa variação de **grau**. Observe:

Variação de grau

meninona
(**aumentativo**)

menina
(**grau normal**)

menininha
(**diminutivo**)

2 Complete a tabela com as palavras que faltam, observando o grau do substantivo.

Grau normal	Diminutivo	Aumentativo
pato		
		bocarra
	casebre	
		anelzão / anelão
fogo		fogaréu
nariz		
		ratazana / ratão
amigo		
		muralha
rapaz		rapagão
cão		canzarrão

3 Indique o grau do substantivo: normal, diminutivo ou aumentativo.

a. farinha _____
b. feijão _____
c. panelão _____
d. madrinha _____
e. vozeirão _____
f. chuvisco _____
g. rainha _____
h. palacete _____
i. colchão _____
j. riacho _____
k. televisão _____
l. barcaça _____

4 Em cada grupo, circule a palavra que está no grau normal.

cozinha	porquinho	lobão	porcão
panelinha	pezinho	mão	gatão
canequinha	padrinho	amigão	tubarão

duzentos e vinte e um

5 Leia esta quadrinha e observe as palavras destacadas.

> Plantei um **pezinho** de uva,
> no quintal atrás da **cozinha**.
> Os ramos cresceram depressa
> e invadiram o quintal da **vizinha**.

Domínio público.

a. Das palavras destacadas, circule a que está no diminutivo.

b. Das palavras destacadas, sublinhe as que estão no grau normal.

c. Se os ramos fossem pequenos, como seria o terceiro verso?

_____

6 Nem sempre o diminutivo indica ideia de tamanho. Por que a mãe do Menino Maluquinho está usando algumas palavras no diminutivo no contexto desta tira?

Ziraldo. Menino Maluquinho. Disponível em: <http://linkte.me/w06s6>. Acesso em: 2 jun. 2016.

_____

7 Circule a palavra usada no diminutivo e também no aumentativo que ajuda a construir o humor desta tira.

Fernando Gonsales. *Níquel Náusea*: botando os bofes de fora. São Paulo: Devir, 2002. p. 11.

Construção da escrita

▬ Emprego de **mb** e **mp**

1 Localize no diagrama as palavras referentes a estas imagens.

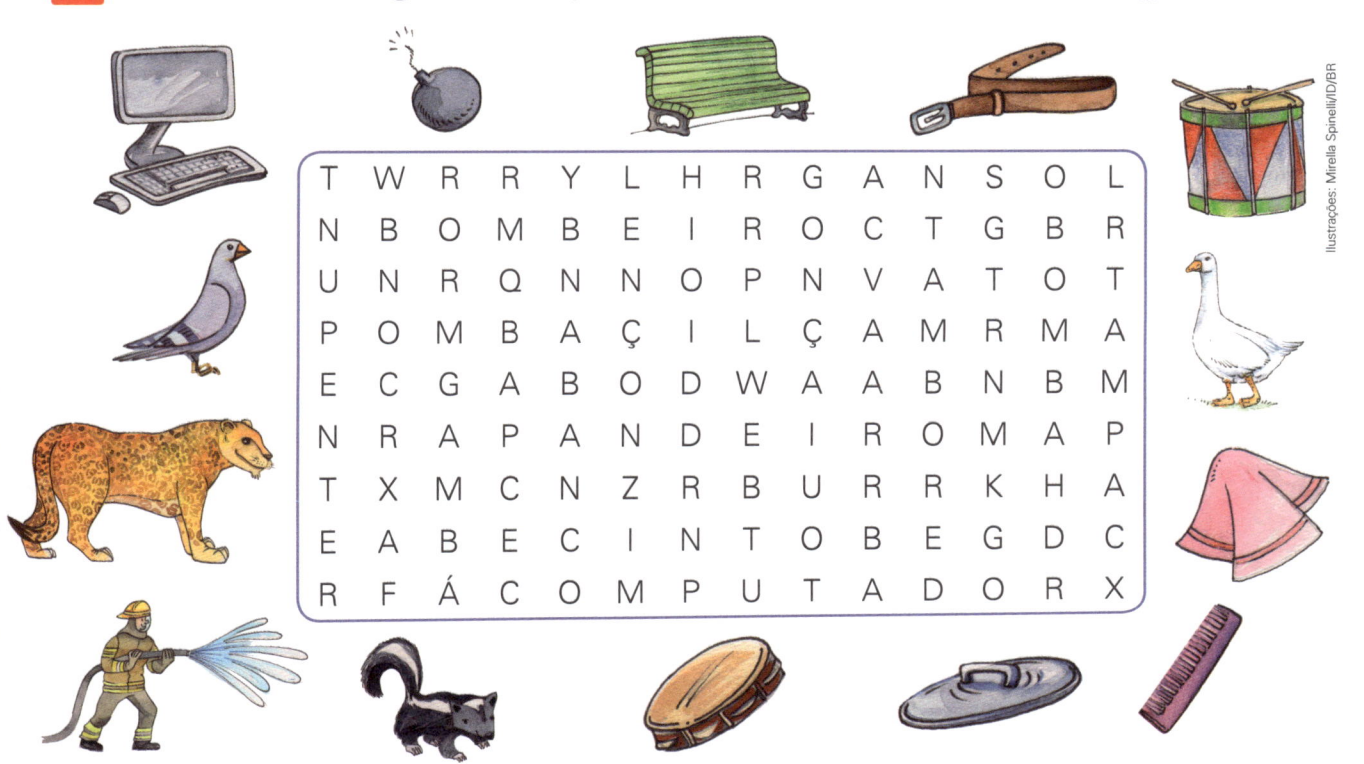

T	W	R	R	Y	L	H	R	G	A	N	S	O	L
N	B	O	M	B	E	I	R	O	C	T	G	B	R
U	N	R	Q	N	N	O	P	N	V	A	T	O	T
P	O	M	B	A	Ç	I	L	Ç	A	M	R	M	A
E	C	G	A	B	O	D	W	A	A	B	N	B	M
N	R	A	P	A	N	D	E	I	R	O	M	A	P
T	X	M	C	N	Z	R	B	U	R	R	K	H	A
E	A	B	E	C	I	N	T	O	B	E	G	D	C
R	F	Á	C	O	M	P	U	T	A	D	O	R	X

a. Agora, transcreva neste quadro as palavras que você localizou.

m antes de consoante, como em o**m**bro	**n** antes de consoante, como em te**n**da

b. Conclua: antes das consoantes **p** e **b** usamos sempre _____.

duzentos e vinte e três **223**

2 Descubra o que estas crianças farão no fim de semana.

Pedro e seus pais pegarão a barraca e irão para o *camping*. Eles vão

| A | | | | | R |

Sandra vai ensaiar para o Carnaval. Ela vai

| S | | | | R |

Ana é nadadora. Tem campeonato. Ela vai

| C | | | | | R |

3 Decifre o código e escreva as palavras formadas.

A	Â	B	C	E	Ê	G	I	L	M	N	O	P	R	T	U
✻	✪	✣	✿	✴	■	▼	✡	❈	●	♠	❖	✠	♥	✤	♣

a. Veículo que transporta doentes ou feridos para o hospital.

   ✻ ● ✣ ♣ ✴ ✪ ♠ ✿ ✡ ✻   _____

b. Brinquedo circular que giramos em torno da cintura.

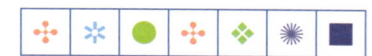

   ✣ ✻ ● ✣ ❖ ✴ ■   _____

c. Nome de um peixe de água doce.

   ✴ ✻ ● ✣ ✻ ♥ ✡   _____

d. Objeto de metal usado para prender o cabelo.

   ▼ ♥ ✻ ● ✠ ❖   _____

e. Parte do corpo que liga os braços ao tronco.

   ❖ ● ✣ ♥ ❖   _____

f. Palavra que é sinônimo de queda.

   ✤ ❖ ● ✣ ❖   _____

g. Resultado de jogo em que não há vencedor.

   ✴ ● ✠ ✻ ✤ ✴   _____

4 Complete com **n** ou **m** para formar palavras.

a. ca____peão
b. ce____tro
c. lo____bada
d. e____baixo
e. tra____ça

f. ca____ção
g. co____bate
h. lo____bo
i. tro____o
j. tro____ba

k. ta____bém
l. te____pestade
m. zu____bido
n. li____peza
o. coe____tro

5 Desembaralhe as letras e forme palavras com **m** antes de **p** e **b**.

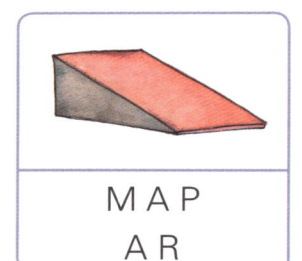

| MUBAB | MHCI ACOB | PAML AIRAN | MAPAED |

| OMB BMO | OBR MAS | MAP AR | ADLMAPÂ |

6 Separe as palavras na coluna correspondente.

LIMPO, PONTE, TINTA, ANJO, UMBIGO, CAMPEÃO, CANTOR, MUNDO, TEMPO, EMBRULHO, COMPADRE, VENTO

N	M

EM AÇÃO!

Álbum de recordações

1. Entendendo a atividade

Você elaborará um álbum de recordações para presentear um amigo ou uma amiga.

2. Selecionando as imagens

Recorte de revistas usadas fotografias ou ilustrações de amigos reunidos. Cole cada imagem no centro de uma folha avulsa.

Faça desenhos em volta para decorar. Depois, escreva uma frase sobre amizade em cada folha. Por exemplo: "Amizade é compartilhar segredos", "Amizade é somar alegria e confiança".

Se houver possibilidade, faça cópias de fotografias suas com esse amigo ou essa amiga e realize os mesmos procedimentos descritos acima.

3. Preparando as páginas

Além das folhas que você montou com imagens, o álbum terá os seguintes trabalhos:

- **Classificado poético**, proposto na página 169.
- **Receita para preservar amigos**, proposta na página 197.
- **Carta para o amigo ou a amiga**, proposta na página 213.
- **Cópia do *e-mail***, proposto na página 219.

Decida a ordem em que você colocará cada texto no álbum. Antes de cada texto, coloque uma das páginas com imagens que você elaborou.

Se desejar, inclua outras páginas com textos (poema, HQ, letra de música, bilhete, etc.), cartões e recortes sobre amizade.

4. Preparando a capa do álbum

Use uma cartolina para fazer a capa.

A Com tesoura sem ponta, recorte papéis coloridos em vários formatos.

B Coloque os recortes sobre a cartolina e planeje onde cada um ficará.

C Vá colando uma figura de cada vez. Varie a distância entre elas.

D Dobre a cartolina no meio. Agora é só juntar as folhas e grampear.

5. Expondo os álbuns

Deixe o seu álbum exposto na sala de aula.

Tenha cuidado ao manusear os álbuns dos colegas.

Depois da exposição, entregue o álbum ao amigo ou à amiga escolhido(a). Assim, ele ou ela se recordará de você sempre que folhear o álbum.

Avaliando a atividade

1. Qual das produções você mais gostou de realizar?
2. Ao escrever as frases nas folhas com imagens, você pensou na importância de uma amizade?
3. Você acrescentou outros textos e imagens ao álbum? Quais?
4. Que comentário seu amigo ou sua amiga fez acerca do álbum?
5. Em sua opinião, ter preparado esse álbum é uma prova de amizade? Explique.

O que aprendi?

1 Nesta unidade, você refletiu sobre a amizade, a convivência e a solidariedade entre as pessoas.

   a. Por que é importante preservar os amigos?

   _____
   _____

   b. Como deve ser a convivência com os colegas de escola? Fazer panelinha é uma boa atitude?

   _____
   _____

   c. Devemos ser solidários apenas com nossos familiares, amigos ou conhecidos? Por quê?

   _____

2 Que gêneros textuais podemos escrever para nos corresponder com pessoas que estão distantes?

   _____
   _____

3 Aninha vai escrever um cartão de aniversário para Daniela, mas está com dúvida sobre a grafia de algumas palavras.

   a. Onde ela pode verificar a escrita das palavras? _____

   b. Ajude Aninha, completando o bilhete com as letras corretas.

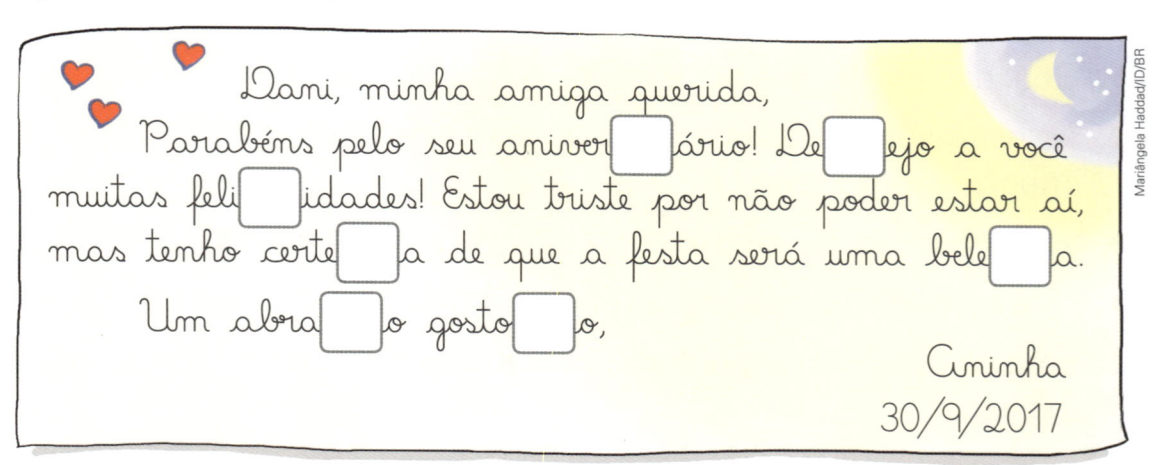

   > Dani, minha amiga querida,
   > Parabéns pelo seu aniver☐ário! De☐ejo a você muitas feli☐idades! Estou triste por não poder estar aí, mas tenho certe☐a de que a festa será uma bele☐a.
   > Um abra☐o gosto☐o,
   > Aninha
   > 30/9/2017

4 Para jogar este dominó, é preciso pôr lado a lado o masculino e o feminino correspondente.

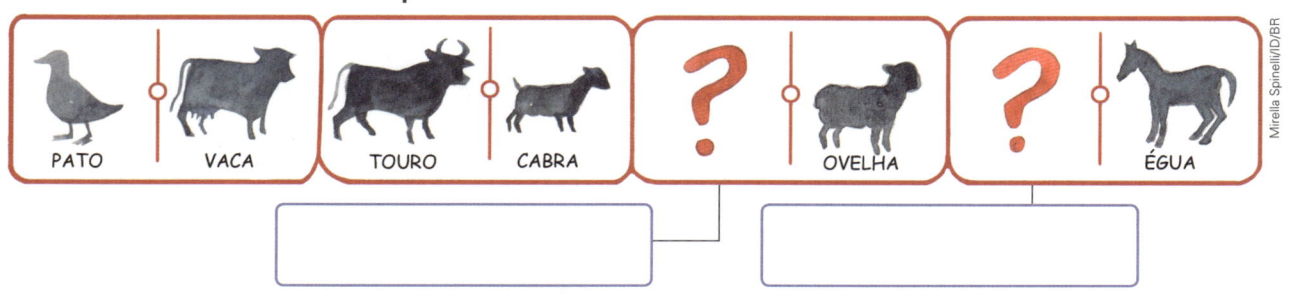

| PATO | VACA | TOURO | CABRA | ? | OVELHA | ? | ÉGUA |

a. Anote acima os nomes que estão faltando nas peças.

b. Para formar par com **égua**, a peça deve conter que animal?

_____

5 Organize as sílabas e forme quatro palavras dissílabas com **m** antes de **b** ou **p**. Escreva-as em ordem alfabética.

RAM   POM   BOM   PA   SAM   TUM   TAM   BA

_____

6 Observe e leia esta tira.

GATINHOS ADORAM BRINCAR COM COISAS DE LÃ.

GATOÕES TAMBÉM

Fernando Gonsales. *Níquel Náusea*: os ratos também choram. São Paulo: Bookmakers, 1999. p. 49.

a. Circule a palavra que aparece no diminutivo e no aumentativo.

b. Sublinhe o único substantivo da tira que está no singular.

c. O que são "coisas de lã" no primeiro quadrinho? E no segundo?

_____

_____

UNIDADE 4
Somos todos diferentes

Nenhum ser humano é igual a outro. Cada pessoa é única.

- Cada uma destas meninas tem uma cor de cabelo. Circule-as na cena.

- O que as crianças da cena usam que pode ser considerado diferente?

- Localize uma criança que está sozinha. Você imagina por que ela está só? Você tentaria se aproximar dela?

- Com qual criança ou grupo de crianças que aparece na cena você gostaria de conversar? Por quê?

Saber Ser

231

CAPÍTULO 1

Cada um é cada um

Olhe à sua volta. Quantas pessoas há em sua sala? E quantas pessoas você imagina que há em sua escola?

Cada pessoa é diferente da outra e todas têm o mesmo direito de ser respeitadas.

Tudo bem ser diferente!

O elefante tem tromba. A girafa tem pescoço comprido. A formiga é bem pequenininha. E o ornitorrinco, nem se fala... tem uma cara que é só dele...

Todo mundo é mesmo muito diferente. Basta olhar para os animais. Cada um do seu jeito, eles formam uma grande comunidade onde todos têm o seu espaço e vivem como querem, sem prejudicar o outro. A tartaruga anda bem devagar, mas isso não incomoda o guepardo, um dos bichos mais rápidos do mundo; os peixes nadam muito bem, mas não sabem voar; os pássaros voam, mas só alguns sabem nadar... e nem por isso um fica chateado com o outro. [...] Afinal, tudo na natureza é legal por ser bem diferente!

[...]

E não é só na turma da bicharada que todo mundo é diferente. Nós, os seres humanos, somos muito, mas muito diferentes! Brancos, negros, magros, gordos, de cabelos lisos, encaracolados, ruivos, com sardas, com síndrome de Down, sem cabelos, com os pés grandes, com dedos tortos, cegos, com as pernas tortas, surdos, com aparelho nos dentes, mudos, rápidos, com óculos, lerdos, com tiques... A lista é longa.

Naiara Raggiotti. Mate sua curiosidade! Em: Alina Perlman.
Diferentes somos todos. São Paulo: SM, 2005.

Roda de conversa

1 O que você entendeu do título do texto?

2 Releia o trecho do primeiro parágrafo que cita o ornitorrinco.

a. Que sentido tem a palavra **cara** nesse trecho?

b. Você conhece o ornitorrinco? Leia estas informações sobre ele.

> O ornitorrinco tem vida aquática e terrestre. Possui pernas curtas e suas patas têm uma membrana, como as dos patos, o que favorece sua movimentação em rios e lagos. Sua cauda é larga, como a de um castor, e possui bico achatado, como o de um pato. A fêmea do ornitorrinco é um dos únicos mamíferos que botam ovos. Ela não possui mamas, por isso os filhotes se alimentam sugando o leite que sai dos **poros** entre os pelos da barriga da mãe.

Fotografia de ornitorrinco embaixo da água.

Poro: minúscula abertura da pele.

Fonte de pesquisa: Revista *Ciência Hoje das Crianças*. Disponível em: <http://linkte.me/x2lkf>. Acesso em: 18 abr. 2016.

c. Que características tornam o ornitorrinco "diferente"?

3 E em relação aos seres humanos, você já havia refletido sobre como somos muito diferentes uns dos outros? Comente.

4 O que o texto nos leva a entender quanto a conviver com os outros?

Fazendo conexões

Coletando impressões digitais

Você vai coletar a sua impressão digital e a de mais dois colegas. Marque o seu polegar e o de seus colegas numa folha avulsa, como no exemplo ao lado.

Danilo | Mariana | Ricardo

1. Compare as impressões digitais que você coletou. Elas são iguais?

2. Guarde a coleta das impressões digitais. Ela será usada na atividade coletiva no final desta unidade.

EM AÇÃO!

Hora da leitura 1

Observe a capa do livro do qual foi extraído o texto que você lerá a seguir.

- Com base no título, qual deve ser o assunto tratado no livro?
- Fisicamente, as crianças que aparecem na capa são diferentes? Em quê?

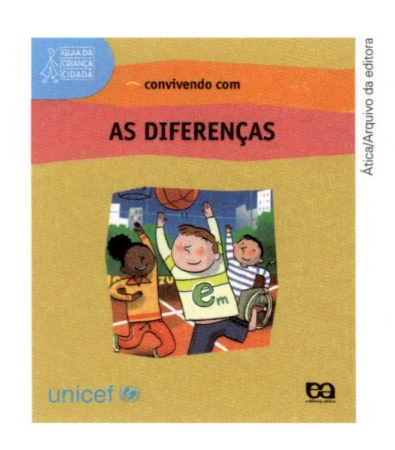

Será que somos mesmo tão diferentes?

Cada um nasce com suas diferenças.

Uns são baixos, outros altos, uns são mais gordos, outros mais magros, uns têm a pele negra, outros têm a pele branca...

Todas essas diferenças são fáceis de ver.

E as semelhanças? Também não temos muitas coisas parecidas que geralmente esquecemos?

Diferença: o que faz com que duas ou mais pessoas ou coisas não sejam iguais.

Temos tantas diferenças quanto semelhanças

É, existe todo tipo de seres humanos, muito diferentes entre si. Como vimos, há diferenças bem visíveis, que a gente percebe logo.

Existem também diferenças invisíveis, em que a gente não fica pensando. Por exemplo: o sangue de todos os homens e mulheres é vermelho, mas pode ser de quatro **grupos sanguíneos** diferentes.

> **Grupo sanguíneo:** tipo de sangue. Existem quatro tipos: O, A, B e AB.

As maiores semelhanças são aquelas de que a gente não se lembra. Quer ver? Todos temos um coração que bate e um cérebro que pensa. Somos todos capazes de rir e de chorar, de tremer e de corar.

Por que dar tanta importância às diferenças?

[...]

Cada ser é único

Atualmente, é possível reproduzir um objeto muitas vezes: uma fotocópia, uma garrafa de plástico, etc. Também faz algum tempo que já é possível reproduzir um animal fisicamente igualzinho a outro pela **clonagem**.

> **Clonagem:** reprodução de indivíduos geneticamente iguais feita em laboratório por processo científico.

Em 1996, o mundo conheceu a ovelha Dolly (fotografia ao lado), o primeiro mamífero clonado com sucesso em laboratório a partir de células do corpo de uma ovelha adulta. A ovelha Dolly viveu até fevereiro de 2003.

Os gêmeos univitelinos, aqueles que se parecem muito e que nasceram do mesmo óvulo, parecem idênticos, igual aos clones. Mas não existem duas pessoas [...] totalmente iguais. Cada um tem sua forma de agir, sua vida.

Você sabia que não existe no mundo uma impressão digital igual a outra?

Laura Jaffé e Laure Saint-Marc. *Convivendo com as diferenças*. São Paulo: Ática, 2005. p. 15-16, 19.

Os gêmeos univitelinos são muito parecidos, mas cada um tem características próprias.

Linha e entrelinha

1 Conforme o texto, entre os seres humanos há apenas diferenças?

_____

2 De acordo com o texto, as diferenças que percebemos com mais facilidade estão relacionadas:

☐ à aparência física ☐ aos órgãos internos do corpo
☐ ao comportamento ☐ ao tipo sanguíneo

3 Por que não existem duas pessoas totalmente iguais?

_____

_____

4 O título deste capítulo é "Cada um é cada um". Que subtítulo do texto apresenta ideia semelhante a esse título? Sublinhe-o.

5 As pessoas têm capacidades diferentes. Veja:

Bia tem dificuldade de entender algumas aulas na escola. Ela é a melhor desenhista da sala.

Pedro tem dificuldade ao falar. Ele escreve excelentes redações.

■ Cite uma dificuldade e uma facilidade que você tem.

_____

_____

6 A pergunta do texto "Por que dar tanta importância às diferenças?" contribui com a ideia de que devemos ou não valorizar as diferenças entre as pessoas? Explique.

_____

_____

7 No final do texto, há um trecho sobre impressão digital.

　　a. Sublinhe esse trecho no texto.

　　b. Retome a última atividade da página 233. A comparação que você fez das três impressões digitais confirma o que é dito nesse trecho?

　　_____

　　c. Cite o nome de algum documento pessoal em que há, além do nome e da assinatura da pessoa, a impressão digital do polegar.

　　_____

　　d. Converse com os colegas. Por que em investigações policiais geralmente são coletadas impressões digitais deixadas no local?

8 O título do texto faz um questionamento: "Será que somos mesmo tão diferentes?".

　　a. Responda a esse questionamento e justifique sua resposta.

　　_____

　　_____

　　b. Releia o título, excluindo a palavra **mesmo**. O questionamento do título fica mais reforçado com ou sem a palavra **mesmo**? Explique.

　　_____

　　_____

9 Identifique e marque as cenas em que há respeito às diferenças.

10 Nas cenas acima em que há desrespeito, que atitudes podem ser modificadas para que haja respeito? Conte aos colegas.

Produção de texto

▪ Cartaz

Um cartaz geralmente é composto de texto e de imagens. Nele, os textos são curtos e objetivos, isto é, vão direto ao assunto.

frases que chamam a atenção do leitor, escritas com letras grandes para facilitar a leitura

imagem para chamar a atenção do leitor

patrocinadores

Lembre-se!

Em um cartaz, o texto e a imagem estão integrados. Tudo é planejado para divulgar as informações desejadas e para chamar a atenção do leitor.

Cartaz da Semana de Ação Mundial 2011, uma iniciativa da Campanha Global pela Educação (CGE), que tem como objetivo divulgar a importância de garantir uma educação pública de qualidade para todos.

Converse com os colegas.

1 Qual é o objetivo desse cartaz?

2 Com que finalidade foram colocados desenhos de diferentes rostos no cartaz?

3 O que você entendeu da frase principal no início do cartaz?

4 Qual é o objetivo da última frase do cartaz?

Nesta unidade, você e seus colegas realizarão a campanha "Tudo bem ser diferente!". O objetivo é promover atitudes solidárias e incentivar o respeito às diferenças. Para divulgar a campanha, você montará um cartaz.

Planejar e produzir

1 Com alguns colegas, forme um grupo para elaborar o cartaz de divulgação da campanha.

2 Criem uma frase curta, que chame a atenção do leitor. Escrevam essa frase com letras grandes para dar destaque.

3 Selecionem imagens de revistas ou façam desenhos que tenham relação com o tema da campanha.

4 Montem o cartaz em uma cartolina. Vejam o esquema abaixo. Antes de colar as imagens, verifiquem a melhor disposição para elas. Lembrem-se de escrever o nome da campanha.

- margem
- área ocupada pela frase principal
- nome dos componentes do grupo em letras pequenas
- área ocupada pelas imagens
- nome da campanha

DIFERENTES SOMOS TODOS

CAMPANHA **TUDO BEM SER DIFERENTE!**

• Camila • Luiz • Pedro • Sara

Revisar, avaliar e reescrever

Itens a avaliar	Sim	Não
1. Há uma frase principal destacada no cartaz?		
2. A frase principal é curta e objetiva?		
3. O nome da campanha foi anotado no cartaz?		
4. As imagens mantêm relação com o tema?		

O professor indicará os locais em que os grupos vão expor os cartazes na escola para que os alunos de outras salas leiam e se sensibilizem, dando início à campanha que será realizada no final desta unidade.

EM AÇÃO!

Hora da leitura 2

Você viu que existem diferenças entre as pessoas, não é mesmo? Agora, conheça uma menina muito diferente no conto a seguir.

Antes, responda às questões.

- Leia o título do conto. Você consegue imaginar de que ele trata?
- Observe a ilustração desta página. O que você acha que representam os balões?

Não somos figurinhas!

Uma menina muito ressabiada. Era como se tivesse medo de gente. Família, padrinhos, vizinhos e professores não conseguiam entender o que a impedia de viver em paz com seus iguais.

"Mas o problema é justamente esse", gesticulava ela, amaciando com seus dedinhos o pelo macio de seu gato magro, branco e preto — o Bandidão. "Não somos iguais, não somos iguais, é tudo mentira. Eu olho para a Pati, o Ivan, o Ademir, a Tatá e só vejo diferenças."

Os adultos se entreolhavam desanimados e pediam mais explicações. "Como diferentes, minha filha? Somos seres humanos, gente igual a você, iguais entre nós: duas pernas, dois bracinhos, dois olhos, uma língua, um cérebro, dez dedos na mão, dez no pé..."

[...] "E quem não tem duas pernas? Ou não escuta? Ou tem dois olhos, mas um é de vidro? Ou é muito feio? Aí não é gente? Para ser gente não basta nascer? E os bebês, não são diferentes? Por que vocês insistem em me convencer de que somos iguais? Gente não é como figurinha, que nós arrumamos em fila, deixando de lado as amassadas e as rasgadas para decidir o que fazer com elas depois."

[...] A menina não tinha medo de gente. Acuada, sofria por outras razões. Faltava-lhe era coragem para discordar do pensamento dos adultos.

Confiante por ter conseguido, enfim, explicar sua angústia para os pais, ela experimentou uma sensação nova: sentiu pressa, muita pressa de ir para a escola. Pela primeira vez, sentia prazer em ser gente. [...]

Acuado: que tem uma atitude defensiva.
Angústia: sentimento de uma pessoa quando está nervosa.

Claudia Werneck. Revista *Nova Escola*. São Paulo, Abril. s. d. Edição especial, v. 2. p. 16-17.

Linha e entrelinha

1 Observe os balões de fala da ilustração da página 240 e complete a tabela com as informações.

	A	B
A quem corresponde cada fala?		
O que representa cada símbolo?	=	≠
Como a ideia de cada balão poderia ser escrita?		

■ Os símbolos utilizados nos balões são:

☐ sinais de pontuação   ☐ sinais matemáticos

2 A personagem do texto era uma menina muito ressabiada.

a. Qual o sentido da palavra **ressabiada** no texto?

_____

b. Por que ela se sentia assim?

_____
_____

3 Os pais da menina dizem:

> Como diferentes, minha filha? Somos seres humanos, gente igual a você, iguais entre nós: duas pernas, dois bracinhos, dois olhos, uma língua, um cérebro, dez dedos na mão, dez no pé…

a. Você concorda com essa afirmação? Por quê?

_____
_____

b. Grife o parágrafo em que a menina questiona essa afirmação.

c. Você concorda com a resposta da menina?

_____

4 Qual cena representa a ideia da frase "Os adultos se entreolhavam desanimados"? Marque-a.

5 Conforme a fala da menina, quais pessoas eram tratadas socialmente como figurinhas amassadas e rasgadas?

> GENTE NÃO É COMO FIGURINHA, QUE NÓS ARRUMAMOS EM FILA, DEIXANDO DE LADO AS AMASSADAS E AS RASGADAS PARA DECIDIR O QUE FAZER COM ELAS DEPOIS.

_____

_____

6 Observe estas imagens e converse com os colegas.

a. Compare as imagens. O que elas mostram?

b. Essas imagens mostram outro tipo de diferença. Qual?

c. Como o jeito da menina da história pode nos ajudar a mudar essa situação?

Vamos interagir?

Exposição de ideias

Na escola, diversas pessoas — cada uma diferente da outra — convivem por longo tempo. Por isso, é importante superar conflitos e diferenças para que a escola seja um espaço agradável.

Observe a capa deste livro e converse com os colegas.

1 Que sentido tem a palavra **legal** no título do livro?

2 Que palavra do subtítulo indica que essa obra foi escrita para crianças?

3 De acordo com o subtítulo, esse livro é um guia. Em sua opinião, um guia contém **histórias** ou **orientações**?

Esse livro contém diversas instruções para tornar a vida na escola mais agradável. Leia um trecho em que aparecem três instruções.

> **Trabalhe em grupo**
>
> Boas maneiras são sempre uma boa ideia, especialmente na escola. Lembre-se sempre de dizer "por favor" e "obrigado" a seus colegas, professores e para as pessoas que trabalham na lanchonete.
>
> Algumas vezes você fará lições ou trabalhos com outras crianças. Faça a sua parte — mas não faça tudo sozinho! Ouça as ideias dos outros e trabalhem juntos, como um time.
>
> Não é uma boa ideia deixar um amigo "copiar" seu trabalho quando vocês não estão trabalhando em grupo. É difícil dizer não a um amigo, mas copiar trabalho é trapacear. Cada um de vocês precisa fazer o seu próprio trabalho para aprender.

Michaelene Mundy. *Tornando a escola legal*: um guia infantil para superar conflitos escolares. São Paulo: Paulus, 2004. p. 24.

Agora é sua vez! Você vai expor oralmente aos colegas três sugestões de atitudes para tornar a escola um lugar mais agradável.

Podem ser orientações sobre um mesmo tema ou sobre temas diferentes. O importante é que elas favoreçam o bom convívio na escola. Siga as orientações abaixo.

1. Defina um ou mais temas que queira abordar.

2. Reflita sobre possíveis atitudes que favoreçam um convívio harmonioso entre as pessoas na escola.

3. Selecione as três melhores orientações em que você pensou e anote-as em uma folha avulsa.

4. Leia suas anotações e planeje como você vai expô-las aos colegas. Treine a apresentação em voz alta diante do espelho.

5. No dia combinado com o professor, use suas anotações apenas como apoio à memória, mas não as leia, assim sua apresentação será mais espontânea e interessante.

6. Exponha suas sugestões de modo que todos compreendam. Se algum colega tiver dúvidas, esclareça-as, com polidez e gentileza.

No final da atividade, o professor vai organizar com a classe uma lista com as orientações elaboradas. Essa lista será apresentada na campanha proposta no final desta unidade.

EM AÇÃO!

Usos do dicionário

A página do dicionário

Ao consultar um dicionário, é preciso prestar atenção em todas as informações para encontrar o que procuramos.

Observe a reprodução desta página de dicionário e as informações que ela apresenta.

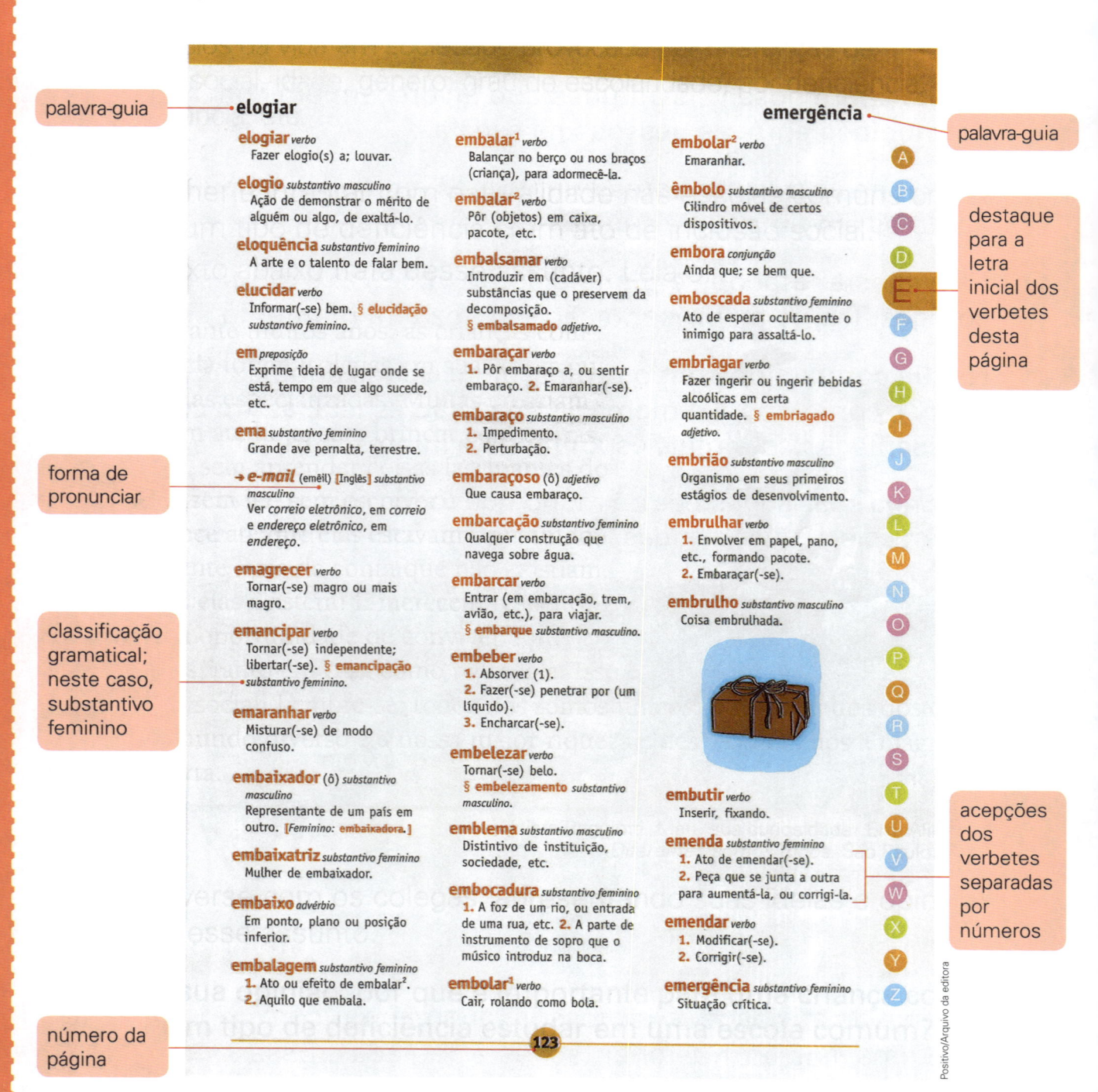

palavra-guia → elogiar

elogiar *verbo*
Fazer elogio(s) a; louvar.

elogio *substantivo masculino*
Ação de demonstrar o mérito de alguém ou algo, de exaltá-lo.

eloquência *substantivo feminino*
A arte e o talento de falar bem.

elucidar *verbo*
Informar(-se) bem. § **elucidação** *substantivo feminino*.

em *preposição*
Exprime ideia de lugar onde se está, tempo em que algo sucede, etc.

ema *substantivo feminino*
Grande ave pernalta, terrestre.

→ **e-mail** (emèil) [Inglês] *substantivo masculino*
Ver correio eletrônico, em correio e endereço eletrônico, em endereço.

forma de pronunciar

emagrecer *verbo*
Tornar(-se) magro ou mais magro.

emancipar *verbo*
Tornar(-se) independente; libertar(-se). § **emancipação** *substantivo feminino*.

classificação gramatical; neste caso, substantivo feminino

emaranhar *verbo*
Misturar(-se) de modo confuso.

embaixador (ô) *substantivo masculino*
Representante de um país em outro. [Feminino: **embaixadora**.]

embaixatriz *substantivo feminino*
Mulher de embaixador.

embaixo *advérbio*
Em ponto, plano ou posição inferior.

embalagem *substantivo feminino*
1. Ato ou efeito de embalar². 2. Aquilo que embala.

embalar¹ *verbo*
Balançar no berço ou nos braços (criança), para adormecê-la.

embalar² *verbo*
Pôr (objetos) em caixa, pacote, etc.

embalsamar *verbo*
Introduzir em (cadáver) substâncias que o preservem da decomposição. § **embalsamado** *adjetivo*.

embaraçar *verbo*
1. Pôr embaraço a, ou sentir embaraço. 2. Emaranhar(-se).

embaraço *substantivo masculino*
1. Impedimento. 2. Perturbação.

embaraçoso (ô) *adjetivo*
Que causa embaraço.

embarcação *substantivo feminino*
Qualquer construção que navega sobre água.

embarcar *verbo*
Entrar (em embarcação, trem, avião, etc.), para viajar. § **embarque** *substantivo masculino*.

embeber *verbo*
1. Absorver (1). 2. Fazer(-se) penetrar por (um líquido). 3. Encharcar(-se).

embelezar *verbo*
Tornar(-se) belo. § **embelezamento** *substantivo masculino*.

emblema *substantivo masculino*
Distintivo de instituição, sociedade, etc.

embocadura *substantivo feminino*
1. A foz de um rio, ou entrada de uma rua, etc. 2. A parte de instrumento de sopro que o músico introduz na boca.

embolar¹ *verbo*
Cair, rolando como bola.

embolar² *verbo*
Emaranhar.

êmbolo *substantivo masculino*
Cilindro móvel de certos dispositivos.

embora *conjunção*
Ainda que; se bem que.

emboscada *substantivo feminino*
Ato de esperar ocultamente o inimigo para assaltá-lo.

embriagar *verbo*
Fazer ingerir ou ingerir bebidas alcoólicas em certa quantidade. § **embriagado** *adjetivo*.

embrião *substantivo masculino*
Organismo em seus primeiros estágios de desenvolvimento.

embrulhar *verbo*
1. Envolver em papel, pano, etc., formando pacote. 2. Embaraçar(-se).

embrulho *substantivo masculino*
Coisa embrulhada.

embutir *verbo*
Inserir, fixando.

emenda *substantivo feminino*
1. Ato de emendar(-se). 2. Peça que se junta a outra para aumentá-la, ou corrigi-la.

emendar *verbo*
1. Modificar(-se). 2. Corrigir(-se).

emergência *substantivo feminino*
Situação crítica.

palavra-guia → emergência

destaque para a letra inicial dos verbetes desta página → E

acepções dos verbetes separadas por números

número da página → 123

Aurélio B. de Holanda Ferreira. *Aurélio mirim*: dicionário ilustrado da língua portuguesa. Curitiba: Positivo, 2005. p. 123.

1 Leia as palavras em destaque no alto da página do dicionário. Depois, localize os verbetes correspondentes e converse com os colegas sobre as questões a seguir.

    a. Em que local da página aparece o verbete **elogiar**?

    b. Em que local da página aparece o verbete **emergência**?

> **Palavra-guia** é cada uma das palavras que ficam no alto da página do dicionário e, normalmente, indicam o primeiro e o último verbetes da página.

2 Por que essas palavras são chamadas de **palavras-guia**?

- [ ] Porque são as mais importantes da página.
- [ ] Porque indicam os verbetes mais difíceis de encontrar na página.
- [ ] Porque ajudam o leitor a localizar a página em que está o verbete que procura.

3 Uma das palavras dessa página do dicionário, por ter vindo de uma língua estrangeira, está escrita em *itálico* e aparece com uma seta na frente. Qual é essa palavra?

_____

4 No verbete **embaraçoso**, o que significa **(ô)**?

_____

5 Uma mesma palavra pode apresentar diferentes origens e por isso ter mais de um verbete, como é o caso de **embalar** e **embolar**. Associe essas palavras à origem delas.

embalar[1]	vem de **embalagem** (pôr em pacotes, caixas)
embalar[2]	vem de **bolo** (transformar em bolo, enrolar)
embolar[1]	vem de **embalo** (balanço, pôr para ninar)
embolar[2]	vem de **bola** (rolar)

duzentos e quarenta e sete **247**

Nossa língua

▪ Adjetivo

1 Complete este texto com as palavras que julgar adequadas.

> O sítio de Dona Benta ficava num lugar muito _____. A casa era das antigas, de cômodos _____ e _____. [...]
>
> A sala de espera abria para a varanda. Que varanda _____!
>
> Cercada de um gradil de madeira, muito singelo, pintado de _____.
>
> Da varanda descia-se para o terreiro por uma escadinha de seis degraus.

LOBATO, Monteiro. *O saci*. São Paulo: Globo, 2007. p. 13. © Monteiro Lobato, 2007.

a. Compare suas respostas com as de um colega. Vocês completaram o texto com as mesmas palavras? Conversem sobre isso.

b. Sem essas palavras, não é possível conhecer com mais detalhes:

☐ as ações de Dona Benta.   ☐ as características do sítio.

2 Leia esta HQ de Suriá, uma garota que vive em um circo.

Laerte. *Suriá*: a garota do circo. São Paulo: Devir-Jacaranda, 2000. p. 43.

a. Que palavra caracteriza o substantivo **dedo** na HQ?

_____

b. Troque a palavra destacada sem mudar o sentido da frase abaixo.

> Úrsula também se **machucou**.
> Úrsula também está _____.

> As palavras que você escreveu nas atividades **1** e **2** caracterizam os seres. Palavras com essa função são chamadas de **adjetivos**.

3 Releia a HQ da atividade **2** e responda às questões abaixo.

a. A palavra **bacana** é um adjetivo. O que ela significa?

_____

b. A palavra qualificada pelo adjetivo **bacana** não aparece na HQ, mas, pela cena, é possível entender qual seja. A que palavra ela se refere?

_____

c. Qual adjetivo caracteriza o **dia** de Suriá e Úrsula no segundo quadrinho?

_____

d. No último quadrinho, por que o médico se assustou?

_____

e. Quais detalhes do último quadrinho ajudam a construir a ideia de que o médico se surpreendeu?

_____

> **Adjetivo** é a palavra que atribui característica, qualidade, defeito, modo de ser, aspecto ou estado dos seres. Em geral, o adjetivo se refere a um substantivo.

4 Leia e observe esta tira.

> DEIXA EU TE CONTAR UMA HISTÓRIA NOJENTA!
> NÃO! NÃO OUSE!
> ESTAVAM TODOS OS COMPETIDORES A POSTOS, LÁ EM CASA...
> UÊ? É UMA HISTÓRIA ESPORTIVA?
> É! CONCURSO DE **PUM** MAIS FEDORENTO!
> MANHÊ!

Ziraldo. Menino Maluquinho. Disponível em: <http://linkte.me/d51f3>. Acesso em: 6 jun. 2016.

a. Circule todos os adjetivos desta tira.

b. Agora, anote o adjetivo presente em cada quadrinho e o substantivo que ele está caracterizando.

Quadrinho	Adjetivo	Substantivo
1º		
2º		
3º		

5 Leia e observe esta outra tira.

> E AÍ, QUE TAL? É NOVINHA.
> O VENDEDOR DISSE QUE AS MENINAS IAM GOSTAR!
> AH, É?
> POIS ELE ESTAVA ERRADO!
> QUE VENDEDOR DESONESTO!

Charles Schulz. Peanuts.

a. O adjetivo **novinha** se refere a qual substantivo subentendido na tira? _____

b. O diminutivo em **novinha** reforça a ideia de que a gravata é muito:
☐ pequena ☐ velha ☐ grand ☐ nova

c. Qual adjetivo há no terceiro quadrinho e a quem se refere?

_____

d. Você concorda com o adjetivo que o menino usa para resumir a ideia que passa a ter do vendedor no final? Explique aos colegas.

6 Leia o poema a seguir e responda ao que se pede.

Cena de jardim

Rede traiçoeira
na linda roseira
aranha deixou.

Joaninha faceira,
ligeira, brejeira
na rede pousou.

Teimoso girassol
olhando sempre o sol
nem a cena notou.

Moroso caracol
nem sol, nem girassol,
caracolando olhou.

Ligeiro passarinho
de bico bem fininho
a teia desmanchou.

Ieda Dias. *Canção da menina descalça*. Belo Horizonte: RHJ, 1993.

a. Por que o título do poema é "Cena de jardim"?

b. O que era a rede traiçoeira?

c. Inicialmente, o que aconteceu à joaninha? E no final?

d. Quais adjetivos há na primeira estrofe e a que se referem?

e. Consulte no dicionário o sentido dos adjetivos dados à joaninha.

f. Por que o girassol é caracterizado pelo adjetivo **teimoso**?

g. Quais adjetivos diferenciam o caracol e o passarinho? Explique-os.

h. O que significa, no contexto do poema, a palavra **caracolando**?

Construção da escrita

▪ Acentuação gráfica

Em nossa língua, algumas palavras são acentuadas graficamente para marcar a parte da palavra que é pronunciada com maior intensidade, como nas palavras a seguir.

ROBÔ

som fechado, uso de acento circunflexo ^

JILÓ

som aberto, uso de acento agudo ´

O acento circunflexo é usado apenas sobre as vogais **a**, **e**, **o**. Já o acento agudo, dependendo da sílaba que é pronunciada com mais intensidade, pode ser usado sobre qualquer vogal: **a**, **e**, **i**, **o**, **u**.

1 Acentue as palavras e escreva-as na coluna correspondente.

picole	tenis	sofa	alo	pessego
paleto	mes	epoca	onibus	guarana

Som fechado — uso de acento circunflexo ^, como em robô	Som aberto — uso de acento agudo ´, como em jiló

2 Observe a cena e leia a frase do balão.

> ESTA CANETA **ESTA** QUEBRADA!

a. Uma das palavras destacadas no balão precisa ser acentuada. Acentue-a.

b. A pronúncia das palavras destacadas é igual? Qual sílaba é pronunciada com mais intensidade em cada palavra?

_____

_____

c. A acentuação da palavra determinou:
- ☐ apenas a pronúncia da palavra.
- ☐ apenas o sentido da palavra.
- ☐ a pronúncia e o sentido da palavra.

3 Acentue os nomes próprios a seguir usando ⌃ ou ´.

a. Barbara
b. Denis
c. Debora
d. Ines
e. Andre
f. Sergio
g. Gloria
h. Antonio
i. Sonia
j. Celia
k. Angelo
l. Marcia
m. Cesar
n. Monica
o. Fatima

4 Acentue os nomes quando necessário.

| aranha | tamandua | arara | aguia | anta | sabia |

5 Em alguns casos, a acentuação indica se uma palavra é **masculina** ou **feminina**.

a. Na frase abaixo, acentue as palavras destacadas para formar o masculino e o feminino.

> No Natal, meu **avo** presenteou-me com um livro, e minha **avo**, com uma camiseta do meu time.

b. Qual nome deve ser acentuado nestes crachás?

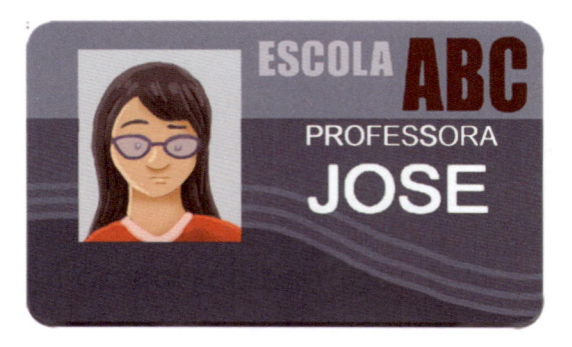

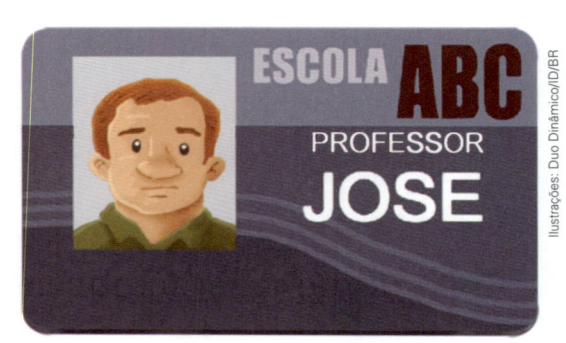

ESCOLA ABC
PROFESSORA
JOSE

ESCOLA ABC
PROFESSOR
JOSE

6 A acentuação é importante para determinar a pronúncia e diferenciar os sentidos. Acentue as palavras destacadas quando for necessário.

a. Com o tempo, o **forro** da jaqueta rasgou.

b. Gabriel gosta de dançar **forro** no salão.

c. A **pratica** de esporte é muito importante.

d. Meire **pratica** esporte diariamente.

e. Eu **domino** muito bem esse jogo eletrônico.

f. Vamos jogar **domino** mais tarde?

7 Acentue as palavras abaixo, se necessário.

rei   rainha   principe   princesa   campones   camponesa   heroi   heroina

8 O letrista se esqueceu de pôr o acento nas palavras de algumas placas. Acentue quando necessário.

(placas: MECANICO, MERCADO, FARMACIA, BAZAR, MOVEIS, ESCOLA)

9 Observe a posição da sílaba acentuada nas palavras de cada lista.

LISTA 1		LISTA 2		LISTA 3	
café	cipó	táxi	vírus	gênero	lâmpada
marquês	tricô	álbum	júri	múltiplo	química

a. Em qual sílaba recai o acento em cada uma das listas? Escreva nos quadrinhos o número correspondente a cada lista.

☐ penúltima sílaba   ☐ última sílaba

☐ antepenúltima sílaba

b. Em qual dessas listas as palavras abaixo podem ser encaixadas?

tímido _____   túnel _____   maré _____

jacaré _____   física _____   lápis _____

c. Nas palavras a seguir, o acento indica som **aberto** ou **fechado**?

café _____   marquês _____

cipó _____   tricô _____

CAPÍTULO 2 — Vencendo limites

Neste capítulo, você verá que algumas pessoas precisam se esforçar diariamente para vencer seus próprios limites. Uma delas é Júlia, uma menina de oito anos, personagem do livro mostrado ao lado. Leia a seguir um trecho dessa história.

Uma nova escola

As férias tinham acabado. Ela estava pronta para a **segunda série**. Era gostoso começar um caderno novinho em folha, mas Júlia não estava muito animada.

Segunda série: equivale ao atual 3º ano do Ensino Fundamental.

Desde que aconteceu aquele acidente, Júlia tinha estudado na mesma escola especial para crianças com deficiência. Durante esse tempo, mãe e filha saíam de casa bem cedo, quase noite ainda. A rua ficava meio deserta e cheia de sombras. Pegavam um ônibus que ia até o outro lado da cidade, onde ficava sua escola. Ali ficava o dia inteiro. Como morava num apartamento, não conhecia muitas crianças. Seus únicos amigos eram aqueles que encontrava na escola especial.

Agora, ela teria uma nova vida, em outro bairro, numa escola diferente. Sabia que teria saudades da antiga professora e dos velhos amigos. Nada seria igual às coisas a que estava acostumada. Como seria estudar numa escola cheia de crianças não deficientes?

Às vezes, quando estava confusa e com medo, Júlia conversava com suas amigas Felizberta e Felizbina.

[...] elas eram as muletas que Júlia usava para andar com mais segurança. A outra amiga era Joaninha, sua cadeira de rodas.

Lia Crespo. *Júlia e seus amigos*. São Paulo: Nova Alexandria, 2011.

Roda de conversa

1 Observe a imagem da capa do livro, reproduzida no início da página anterior.

   a. Provavelmente, que tipo de dificuldade Júlia enfrenta?

   b. Que elementos da capa indicam a dificuldade enfrentada por Júlia?

2 Em que tipo de escola Júlia estudou no ano anterior?

3 Em que ano escolar Júlia está?

4 Por que Júlia não estava muito animada com o início de mais um ano escolar?

5 Qual era a dúvida de Júlia em relação à nova escola? Que frase demonstra isso?

6 Júlia tinha muitos amigos na nova escola e no prédio em que morava? Explique.

7 Júlia deu nomes próprios às muletas e à cadeira de rodas.

   a. Como Júlia via as muletas e a cadeira de rodas?

   b. Que relação pode haver no fato de Júlia nomear esses objetos e não conhecer muitas crianças no prédio onde morava?

Sugestão de leitura

Júlia e seus amigos, de Lia Crespo. Editora Nova Alexandria.

Depois de um acidente, Júlia passou a usar cadeira de rodas. Agora, enfrentará o desafio de estudar em uma nova escola com crianças não deficientes e está cheia de dúvidas. O que será que vai acontecer?

Hora da leitura 1

Leia o texto a seguir e descubra como foi o primeiro dia de aula da personagem Júlia na nova escola.

■ O que você imagina que acontecerá no primeiro dia de Júlia na nova escola?

■ Será que Júlia vai se adaptar bem à nova escola?

Júlia

Quando Júlia e sua mãe entraram na escola, não sabiam se ficavam contentes ou tristes. Lá estava a rampa no lugar dos três degraus que antes existiam na entrada da classe.

Acontece que a rampa era inclinada demais e perigosa. [...] O medo fez a cabeça de Júlia dar tantas voltas, que ela pensava: "E se ninguém quiser me ajudar a subir para a classe? Como é que eu faço? Acho que não vou estudar mais. Hoje, minha mãe pode me ajudar, mas e amanhã, que ela tem que ir para o trabalho?" Aquele medo cresceu como um balão no coração de Júlia e ficou escuro como a tristeza.

Se fizessem outra rampa, que não fosse tão inclinada, Júlia não precisaria de ajuda para entrar e sair da sala de aula. "É muito chato precisar dos outros, só por causa de uma rampinha", pensou ela com tristeza.

[...]

Enquanto pensava sobre isso, as crianças começaram a entrar. Confusão. Conversas. Risadas. Logo em seguida, chegou Rosa, a professora.

Ela fez a chamada e começou a aula. As coisas também seriam diferentes para a professora Rosa naquele ano. Era a primeira vez que tinha uma aluna com deficiência. [...]

Quando tocou a campainha do recreio, a professora, como sempre fazia, recomendou:

— Crianças, não corram! — é claro que não adiantou nada e todo mundo saiu correndo e destrambelhado.

Só ficaram Júlia e Joaninha. Mais ninguém na classe. [...]

Júlia foi até a porta e olhou. O balão de medo e tristeza cresceu dentro do coração e ela não teve coragem de descer a rampa. Olhando assim para baixo, parecia tão inclinada e perigosa como um abismo fundo e assustador. Ela já havia experimentado outras iguais. Era tombo na certa. Aí, desistiu e voltou para dentro da sala de aula muito triste. [...]

Foi aí que ela teve uma ideia! Decidiu levar Felizbina e Felizberta para a escola. Esperava descer a rampa com a ajuda delas. Tinha imaginado direitinho como faria.

Na manhã seguinte, quando tocou o sinal e as crianças se levantaram para sair, Júlia ficou em pé com suas muletas e disse bem baixinho para elas:

— Meninas, nós também vamos!

Mas Júlia não contou com a correria de sempre no corredor estreito entre as carteiras. Sem querer, alguém deu uma rasteira na Felizberta. Foi um tombo espetacular. Júlia acabou no chão. Felizbina para um lado, Felizberta para outro.

Foi a maior gritaria e confusão. Todo mundo queria ajudar ao mesmo tempo. Até que Júlia falou:

— Calma, pessoal!

E todo mundo ficou parado e quieto no mesmo instante. [...]

Movendo-se devagar, mas com a segurança de quem já tinha feito aquilo várias vezes, Júlia levantou-se e pediu:

— Clara, por favor, me dá a Felizbina e a Felizberta?

Todos se olharam, cada um com uma cara mais espantada do que a outra, e perguntaram ao mesmo tempo:

— Quem são Felizbina e Felizberta?!

— São minhas muletas! — Júlia disse, rindo.

[...]

Depois de terem ajudado Júlia, as crianças perceberam que ela era legal. Poderiam perguntar todas as coisas que queriam saber.

Lia Crespo. *Júlia e seus amigos.* São Paulo: Nova Alexandria, 2011.

Linha e entrelinha

1 Releia o início do primeiro parágrafo.

> Quando Júlia e sua mãe entraram na escola, não sabiam se ficavam contentes ou tristes.

a. Que motivo Júlia e a mãe tinham para ficar contentes?

_____

_____

b. Que motivo elas tinham para ficar tristes?

_____

_____

2 O que Júlia sentiu logo que chegou à escola?

☐ Ela sentiu alegria, como os outros alunos.

☐ Ela sentiu medo e preocupação.

3 Júlia deu nome às muletas.

a. Que nome Júlia deu às muletas? _____

b. Que adjetivo está no início do nome das muletas? _____

4 No segundo parágrafo do texto, o leitor tem contato com o pensamento da personagem Júlia.

a. Os questionamentos feitos por Júlia contribuem para que o leitor perceba que ela estava com:

☐ alegria   ☐ dúvida   ☐ saudade   ☐ remorso

b. Pinte o recurso que foi usado para separar os trechos que representam o pensamento da personagem principal.

[" "] aspas   [—] travessão   [?] ponto de interrogação

c. Que sinal é usado no restante do texto para indicar a fala das personagens? _____

5 Leia esta frase do texto: "[...] todo mundo saiu correndo e destrambelhado". O que significa o adjetivo **destrambelhado**?

☐ desordenado ☐ despreocupado ☐ destemido

6 Releia este trecho: "Foi aí que ela teve uma ideia!".

a. Qual foi a ideia de Júlia? O que ela pretendia com isso?

_____

_____

b. Nesse trecho, a palavra **aí** pode ser substituída por:

☐ nesse lugar ☐ nesse momento ☐ nesse dia

7 Que fato marcou a aproximação dos colegas com Júlia?

_____

8 Releia este trecho.

> Sem querer, alguém deu uma rasteira na Felizberta. Foi um tombo espetacular.

a. O que é "dar uma rasteira"?

_____

b. O que é um "tombo espetacular"?

_____

c. Circule a expressão do trecho acima que indica que os colegas de Júlia não tinham a intenção de derrubá-la.

9 Pela leitura, é possível saber se essa foi a primeira vez que Júlia caiu? Copie um trecho do texto que justifique sua resposta.

_____

_____

10 No primeiro dia de aula, Júlia ficou sozinha no recreio. O que os outros poderiam ter feito para que isso não acontecesse? Conte aos colegas.

Vamos interagir?

Refletindo acerca da inclusão social

Você sabe o que é inclusão social?

> **Inclusão social** é um conjunto de ações com o objetivo de oferecer oportunidades e acesso a bens e serviços a todos, sem distinção. Incluir socialmente é combater a exclusão aos benefícios da vida em sociedade provocada por diferenças de classe social, idade, gênero, grau de escolaridade, por deficiência, intolerância, etc.

Acolher e integrar com naturalidade nas escolas comuns crianças com algum tipo de deficiência é um ato de inclusão social.

O texto abaixo trata desse assunto. Leia-o.

Durante muitos anos, as crianças com deficiência foram isoladas em suas casas ou em escolas especializadas. Muitas cresciam, e crescem até hoje, sem brincar com outras crianças, sem aprender coisas fascinantes do mundo, sem ler, sem escrever...

Parece até que elas estavam no mundo, mas a gente fazia de conta que não existiam.

Mas elas existem! E merecem respeito, amor e a oportunidade de conviver com os outros, tanto em casa como na escola. Isso é inclusão social! Lembre-se: todos nós somos únicos, diferentes uns dos outros.

O mundo diverso é a nossa maior riqueza e desperta em nós a magia da descoberta.

Naiara Raggiotti. Mate sua curiosidade! Em: Alina Perlman. *Diferentes somos todos*. São Paulo: SM, 2005.

Converse com os colegas, apresentando suas ideias e opiniões acerca desse assunto.

1 Em sua opinião, por que é importante para uma criança com algum tipo de deficiência estudar em uma escola comum?

2 Como devem ser tratadas as crianças com deficiência que estudam em sua escola?

3 Observe estas cenas do recreio de duas escolas.

A

B

a. Em ambas as escolas há crianças com algum tipo de deficiência. Em qual delas está ocorrendo inclusão social de fato? Explique.

b. Na outra cena, o que é preciso ocorrer para que haja verdadeiramente inclusão social?

4 Observe estas imagens.

A

B

C

a. Que dificuldades as pessoas com deficiência estão enfrentando?

b. Que falta de solidariedade fica evidente nas cenas **A** e **B** para com as pessoas com deficiência?

c. Como se deve agir nas cenas **A** e **B**?

d. Que formas de acesso são necessárias na cena **C**?

5 De quem é a responsabilidade pela inclusão social de toda e qualquer pessoa?

Hora da leitura 2

Observe a capa do livro de onde foi extraído o texto que você lerá a seguir.

- Observando o título e a capa, qual dessas personagens deve ser o Rodrigo?
- Em que local as personagens estão?

Rodrigo enxerga tudo

Sabe, eu tenho um novo amigo aqui na escola. Ele vê as coisas de um jeito um pouco diferente do jeito que a gente vê.

Na verdade, ele vê igual, mas diferente.

Confuso? Eu vou explicar. Antes, deixa eu me apresentar: meu nome é André.

Gosto de jogar bola. E de empinar pipa. E também de *videogame*. E de andar de *skate*. E de uma porção de outras coisas que se eu fosse dizer aqui ficaria até amanhã.

Ah, o meu amigo: ele se chama Rodrigo. E veio para essa escola faz bem pouco tempo.

Antes, ele estudava num lugar que chama de associação, uma espécie de escola, sei lá. A professora Solange disse que ele é deficiente visual. A turma da classe o chama de cego. Ele não liga. Só reclama mesmo quando falam que é *ceguinho*.

Não sei se já nasceu assim ou se foi depois que ficou, mas ele era bem pequeno, pois não se lembra de um dia ter enxergado. Quer dizer, enxergado como a gente, porque o Rodrigo tem outros jeitos de ver as coisas.

Um dia, ele disse para mim:

— André, eu vejo as coisas de um outro modo. Por exemplo: muitas coisas têm cheiro e eu descubro o que elas são. Muitas coisas têm gosto, que eu sinto com minha língua. E coisas fazem barulho, como o som do vento, que assobia musiquinhas. Tem barulho de carro, o canto dos pássaros e tem a voz das pessoas, a mais gostosa de ouvir. Posso tocar nas coisas e descobrir suas formas. E sentir calor e frio, molhado e seco. Leve e pesado. André, é assim que eu vejo tudo, mas de um modo diferente.

O Rodrigo falou tanta coisa. E eu acabei entendendo.

Ele pode ler livros com as pontas dos dedos.

E pode escrever as coisas com uns ferrinhos esquisitos.

— O que é isso, Rodrigo?

— É Braille.

— Braille, o que é isso?

— Braille é um jeito que um homem lá na França inventou para que as pessoas que não enxergam possam ler e escrever. É o seguinte: você escreve com lápis ou caneta. E eu com essa coisa chamada punção, e essa outra chamada reglete.

— Você foi para a França aprender isso?

— Não, seu bobo! O Louis Braille é que era da França. Eu vou lhe contar a história dele, André: quando ele era assim, mais ou menos do nosso tamanho, sofreu um acidente e ficou cego. Ele queria muito continuar estudando, mas na época não tinha escola para cegos. Ele não desistiu: quando ficou maior, inventou esses pontinhos, com os quais os cegos do mundo inteiro conseguem ler e escrever. E em homenagem a ele esses pontinhos receberam o nome de Braille.

Markiano Charan Filho. *Rodrigo enxerga tudo*.
São Paulo: Nova Alexandria, 2006. p. 3-9.

Linha e entrelinha

1 O texto que você leu é uma **narrativa**.

> **Narrativa:** texto em que se contam uma ou mais histórias envolvendo personagens.

   a. Quais são as personagens dessa história?

   _____

   b. Nesse texto, o **narrador** é alguém que:

   ☐ participa das ações do texto.

   ☐ está de fora, apenas observa.

   > **Lembre-se!**
   > **Narrador:** aquele que conta a história.

2 Quanto aos estudos, que semelhança há entre Júlia, a personagem do texto anterior, e Rodrigo, a personagem desse texto?

_____

_____

3 Releia este trecho do texto.

> **Sabe**, eu tenho um novo amigo aqui na escola. [...]
> Na verdade, ele vê igual, mas diferente.
> **Confuso**? Eu vou explicar.

   a. Explique a frase "Na verdade, ele vê igual, mas diferente".

   _____

   _____

   b. Que fala de Rodrigo tem o mesmo sentido dessa frase?

   _____

   _____

   c. Observe as palavras destacadas no trecho acima. Com quem o narrador dialoga nesse trecho?

   ☐ com Rodrigo   ☐ com o leitor do texto

4 Que sentidos Rodrigo usa para perceber o mundo à sua volta?

_____

5 Conforme o texto, Rodrigo utiliza um sistema para ler e escrever.

a. Qual é o nome desse sistema? Quem é o criador dele?

_____

b. O que o criador desse sistema tinha em comum com Rodrigo?

_____

c. Como é feita a leitura nesse sistema?

☐ com os dedos ☐ por meio de gestos ☐ com ferrinhos

6 Para escrever no sistema Braille, Rodrigo usa dois instrumentos: **punção** e **reglete**.

punção

reglete

Punção: instrumento usado para fazer os pontinhos em relevo no papel.
Reglete: instrumento no qual se introduz o papel, formado por duas placas, em que uma delas possui aberturas para se fazer pontos com o punção.

- Segundo Rodrigo, esses instrumentos têm a mesma função de quais objetos?

_____

7 De acordo com o texto, Rodrigo não gosta de ser chamado de *ceguinho*. Você imagina por quê? Comente.

_____

8 André diz que se fosse contar tudo de que gosta ficaria até amanhã. O que significa "ficaria até amanhã" nesse contexto?

_____

9 Para André, não importam as diferenças. Ele logo se tornou amigo de Rodrigo. Converse com os colegas.

a. O que você pensa a respeito dessa atitude?

b. Você faria o mesmo? Comente.

Produção de texto

■ Biografia

A palavra **biografia** vem de **bio** (vida) + **grafia** (escrita), ou seja, é um texto em que são contados os principais acontecimentos da vida de uma pessoa.

Leia a biografia de Louis Braille, o criador do sistema Braille, e conheça alguns detalhes da vida dele.

> *nome da pessoa biografada* — Louis Braille nasceu em *data de nascimento* — 4 de janeiro de 1809, na França — *local de nascimento*. Aos três anos, feriu-se no olho esquerdo com uma ferramenta pontiaguda. A infecção que se seguiu ao ferimento alastrou-se ao olho direito, provocando a cegueira total.
>
> Aos 10 anos de idade, Louis ganhou uma bolsa do Institut Royal des Jeunes Aveugles de Paris (Instituto Real de Jovens Cegos de Paris). Aos dezoito anos, tornou-se professor desse instituto. — *fatos importantes da vida pessoal*
>
> *ordem cronológica dos fatos* — Em 1829, publicou o seu método exclusivo de comunicação que hoje tem o seu nome. O Sistema Braille é um código universal de leitura tátil e de escrita, usado por portadores de deficiência visual. Utilizando seis pontos em relevo dispostos em duas colunas, possibilita a formação de 63 símbolos diferentes, usados em literatura nos diversos idiomas, na simbologia matemática e científica, na música e mesmo informática. — *informações importantes sobre sua maior obra*
>
> *motivo e data da morte da pessoa biografada* — Louis Braille morreu de tuberculose, em 6 de janeiro de 1852, ano em que seu método foi oficialmente adotado na Europa e na América. — *informação importante sobre a adoção de sua obra*

Revista *Professor Sassá*, São Paulo, Minuano, n. 20.

Planejar e produzir

Ao longo do tempo e ao redor do mundo, muitas pessoas com deficiências vêm vencendo limites, superando dificuldades e destacando-se em diversas atividades. Estas são algumas delas.

Fotografia de Helen Keller (1880-1968), escritora estadunidense cega e surda.

Fotografia de Dorina Nowill (1917-2010), educadora brasileira cega.

Fotografia de Daniel Dias (1988-), nadador brasileiro, deficiente físico, importante medalhista paraolímpico do Brasil.

Para compor a campanha do final desta unidade, você vai escrever a biografia de uma pessoa com deficiência que venceu suas dificuldades e se destacou de alguma forma. Siga estas orientações.

1. Escolha uma pessoa com deficiência que tenha se tornado conhecida ou se destacado por algum motivo. Pode ser uma das pessoas apresentadas acima ou outra de sua preferência.

2. Colete em *sites* e livros as informações necessárias para escrever a biografia dessa pessoa.

3. Em uma folha avulsa, escreva o texto com base na biografia apresentada na página anterior.

Revisar, avaliar e reescrever

Itens a avaliar	Sim	Não
1. Há nome, data e local de nascimento da pessoa biografada?		
2. Você informou as principais realizações dessa pessoa?		
3. Os acontecimentos estão em ordem cronológica?		

Leia para os colegas da classe a biografia que você produziu. Depois guarde-a, pois ela fará parte da campanha que será promovida ao final da unidade.

EM AÇÃO!

Fazendo conexões

Braille e Libras

Releia este trecho do texto "Rodrigo enxerga tudo".

— Braille é um jeito que um homem lá na França inventou para que as pessoas que não enxergam possam ler e escrever.
[...] inventou esses pontinhos, com os quais os cegos do mundo inteiro conseguem ler e escrever. E em homenagem a ele esses pontinhos receberam o nome de Braille.

Veja como é parte do sistema criado por Louis Braille.

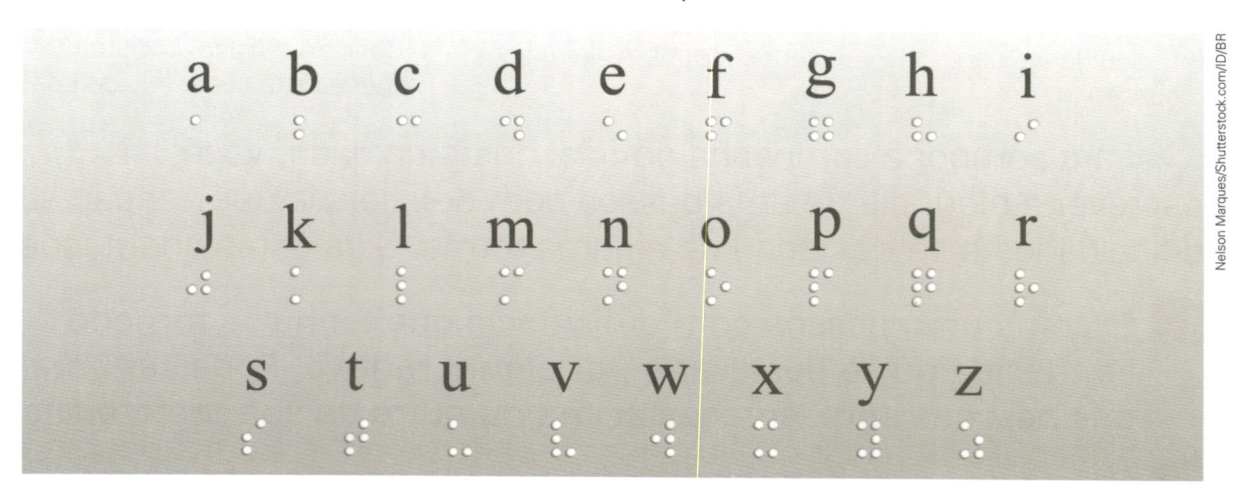

1 Qual dos cinco sentidos humanos é usado para ler em Braille?

2 Por que a criação do método Braille é muito importante?

3 Crie um pequeno texto em Braille com uma ideia positiva acerca da diversidade para a campanha que será realizada no final desta unidade. Por exemplo: "Diferentes, mas iguais. Viva a diversidade humana!". Faça assim:

EM AÇÃO!

a. Em uma folha avulsa, escreva o texto usando o alfabeto Braille acima (desenhe os pontinhos que compõem cada letra).

b. Cubra os pontinhos colando bolinhas de massa de modelar. Após secar, apresente o trabalho aos colegas.

As pessoas com deficiência na fala ou na audição contam com a língua de sinais. Essa linguagem não é igual em todas as partes do mundo. Existem diferentes línguas de sinais em uso, e elas variam de um país para outro.

No Brasil, a língua de sinais é conhecida como **Libras**, que é a sigla de Língua Brasileira de Sinais. Observe alguns sinais em Libras.

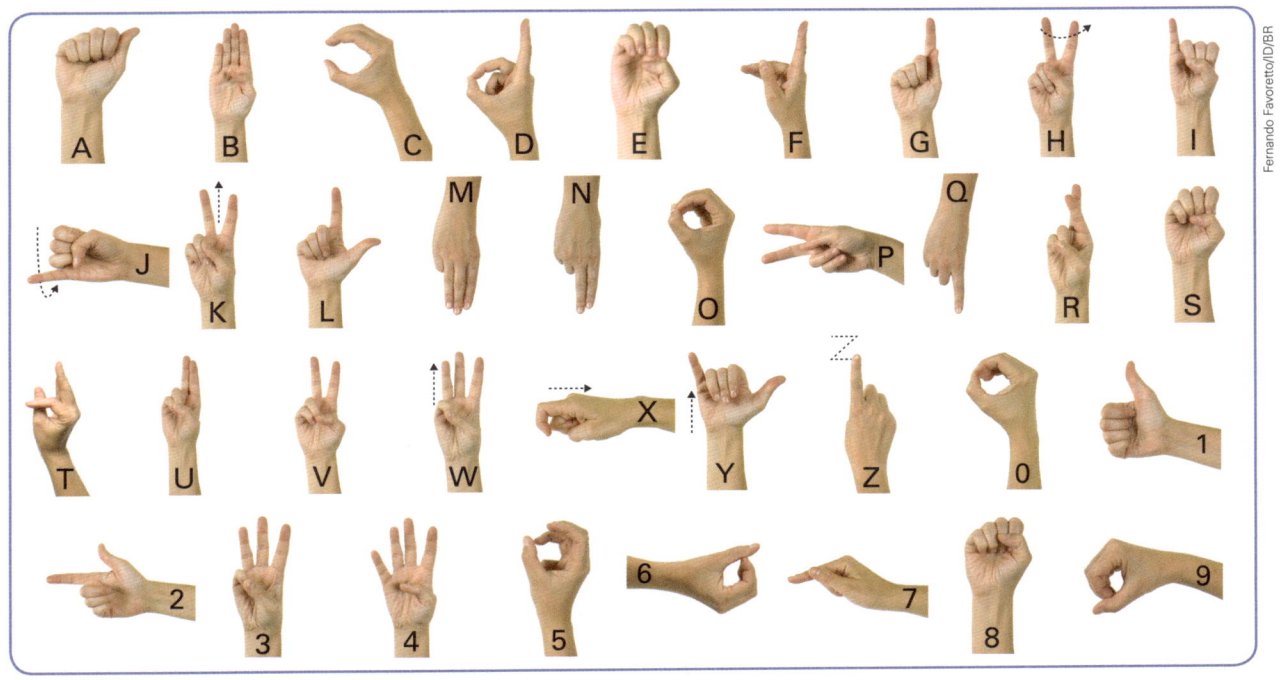

Os sinais em Libras são produzidos a partir da forma e do movimento das mãos. Na linguagem de sinais existem outros gestos e sinais que representam palavras inteiras.

4 Você já conhecia alguns desses sinais? De onde?

_____

5 Escreva a frase que o conjunto de sinais abaixo forma.

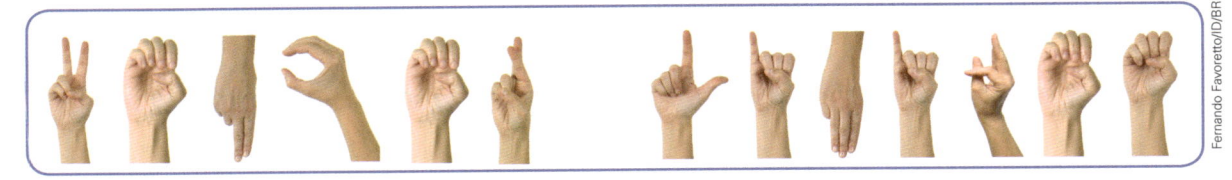

_____

6 Use o alfabeto de sinais e represente alguma palavra para um colega. Depois, é a vez de ele representar outra palavra para você.

Nossa língua

▬ Pronome pessoal

1 Releia este trecho do texto "Júlia".

> Logo em seguida, chegou Rosa, a professora.
> **Ela** fez a chamada e começou a aula.

■ A quem se refere o termo **ela** nesse trecho?

☐ Júlia ☐ aula ☐ chamada ☐ Rosa, a professora

2 Observe e leia esta tira, em que aparece a personagem Garfield, um gato muito preguiçoso.

Jim Davis. *Garfield*, 1992.

a. Todas as intenções de Garfield com o Papai Noel são bondosas? Justifique sua resposta.

_____
_____
_____

b. A quem se refere a palavra **ele** no segundo quadrinho?

_____

c. Que palavra caberia no início do segundo e do terceiro quadrinho?

☐ eu ☐ tu ☐ ele (ou ela)
☐ nós ☐ vós ☐ eles (ou elas)

Nas atividades **1** e **2**, as palavras **ela** e **ele** substituem substantivos, isto é, nomes comuns e nomes próprios.

> Palavras que substituem nomes são chamadas de **pronome**.
> Os **pronomes pessoais** são: eu, tu, ele/ela, nós, vós, eles/elas.
> Na maior parte das localidades brasileiras, as pessoas usam as palavras **você** e **vocês** no lugar de **tu** e **vós**.

3 Continue a completar a cena com os pronomes pessoais no plural.

eu   tu   ele

_____   _____   _____

4 Complete a tabela com os pronomes pessoais.

Pessoa	Descrição	Pronome singular	Pronome plural
1ª	pessoa que fala, que enuncia um discurso (falante)		
2ª	pessoa com quem se fala (interlocutor ou ouvinte)		
3ª	pessoa de quem se fala (assunto, referente)		

5 Estas frases foram ditas por Pedro. Leia-as e complete os itens.

> **A** — **Eu** preparei o bolo.
> **C** — **Ela** preparou o bolo.
> **B** — **Vocês** prepararam o bolo.
> **D** — **Nós** preparamos o bolo.

a. Na frase _____, Pedro diz que preparou o bolo com outras pessoas.

b. Na frase _____, Pedro diz que outras pessoas prepararam o bolo.

c. Na frase _____, Pedro diz que ele preparou o bolo sozinho.

6 Complete as frases com pronomes pessoais.

a. Júlia era nova na escola. _____ estava com medo.

b. Patrícia e Ademir são amigos. _____ estudam na mesma sala.

c. Joana e eu fomos à praia. _____ fizemos um castelo de areia.

d. Carlos foi à feira. _____ comprou frutas e legumes.

7 Felipe está contando uma história ao irmãozinho.

> O CAÇADOR DEIXOU BRANCA DE NEVE NA FLORESTA. BRANCA DE NEVE FICOU MUITO ASSUSTADA. E ENTÃO BRANCA DE NEVE...

a. Ao contar a história, que nome próprio Felipe repetiu três vezes?

_____

b. Que pronome Felipe poderia usar para evitar essa repetição?

☐ eu   ☐ tu   ☐ ela   ☐ ele   ☐ você

8 Observe e leia estas capas de livros.

a. A expressão **a gente** está substituindo qual pronome pessoal nos títulos desses livros?

☐ eu ☐ tu ☐ ele, ela
☐ nós ☐ vós ☐ eles, elas

b. Se a expressão **a gente** fosse substituída pelo pronome marcado no item **a**, como ficariam as palavras **pega** e **pode**?

☐ Continuariam no singular: pega, pode.
☐ Iriam para o plural: pegamos, podemos.

c. Reescreva o título de cada livro, substituindo a expressão **a gente** pelo pronome pessoal **nós**.

_____

_____

_____

> A expressão **a gente** é usada na linguagem informal e espontânea do dia a dia e solicita o singular. Em situações mais formais, prefira o pronome **nós** e empregue o plural.
> Não confunda a expressão **a gente** (equivalente ao pronome **nós**), que se refere a um grupo de pessoas, com o substantivo **agente**, que significa "aquele que faz algo, que age".

Construção da escrita

▬ Pontuação e expressividade

1 Leia estas frases em voz alta, observando os sinais de pontuação.

> **A** — Vovó mora no bosque**.**   **C** — Vovó mora no bosque**?**
>
> **B** — Vovó mora no bosque**!**   **D** — Vovó mora no bosque**...**

a. A entonação final destas frases é:

☐ igual para todas.   ☐ diferente uma da outra.

b. A pontuação também contribui para dar sentido ao texto. Qual das frases:

foi interrompida?	a frase
demonstra espanto, surpresa?	a frase
é uma pergunta?	a frase
contém uma informação, uma declaração?	a frase

> Na fala, é possível utilizar os recursos da voz para expressar o que se quer dizer. Na escrita, os sinais de pontuação são utilizados para dar mais clareza e sentido ao texto.

2 Nesta tira, dois sinais de pontuação foram substituídos por ★.

Steve Breen. *Os xodós da vovó*, 1999.

a. No segundo quadrinho, o menino não completou a fala. Reescreva-a, substituindo ★ pelo sinal de pontuação apropriado.

_____

b. Circule o sinal de pontuação que pode ser usado no final da frase pronunciada pela mulher no quarto quadrinho.

.	...	?	!	,
ponto-final	reticências	ponto de interrogação	ponto de exclamação	vírgula

3 Inclua os sinais de pontuação que foram omitidos neste trecho do livro *Júlia e seus amigos*.

— Por que você precisa usar a Felizbina e a Felizberta ☐ — perguntou Clara ☐

— Tive um acidente e machuquei as pernas ☐

— Doeu ☐ — queria saber Pedro ☐

— Não lembro ☐ Faz tempo ☐ Acho que doeu ☐

[...]

— Como você faz para tomar banho ☐ — dessa vez era a Carla que perguntava ☐

— Eu faço como todo mundo ☐ A única diferença é que fico sentada num banquinho debaixo do chuveiro ☐

Lia Crespo. *Júlia e seus amigos*. São Paulo: Nova Alexandria, 2011.

4 Com um colega, inclua a pontuação na anedota abaixo.

Quando Joãozinho voltou da escola ☐ a mãe perguntou ☐
— Como foi a aula hoje ☐
— Boa ☐
— Que bom ☐ E você aprendeu tudo ☐
— Acho que não ☐ mamãe ☐ Senão amanhã eu não teria de ir à escola de novo ☐

Domínio público.

CAPÍTULO 3 — Acolhendo as diferenças

Estas pessoas nem se conhecem, mas já estão formando ideias negativas umas das outras apenas pelas características físicas. Observe:

Roda de conversa

1 Em que lugar essas pessoas estão?

2 O aspecto físico dessas pessoas é parecido ou diferente?

3 O que significa o balão de pensamento sobre a cabeça de algumas pessoas?

Preconceito: opinião negativa que se forma contra pessoas ou coisas antes de ter um melhor conhecimento sobre elas.

Geraldo Mattos. *Dicionário júnior da língua portuguesa*. São Paulo: FTD, 2005. p. 483.

4 Por que o pensamento de algumas dessas pessoas revela **preconceito**?

5 Qual é a sua opinião a respeito da atitude delas?

6 Uma pessoa pode ser considerada melhor ou pior que a outra por causa da cor da pele, do tipo físico ou da roupa que veste? Por quê?

7 Alguns apelidos são carinhosos, mas outros representam manifestações de preconceito. Você sabe por quê?

8 Algumas piadas são preconceituosas porque discriminam grupos de pessoas. Que atitude é a mais adequada em relação a esse tipo de piada?

Ouvir e contar piadas desse tipo, pois são engraçadas.

Não se interessar em ouvir nem em contar esse tipo de piada.

Apenas ouvi-las, mas não contá-las.

Contar apenas as que já sabe, mas não aprender novas piadas.

9 Que atitude você teria nestas situações?

a. Um de seus colegas está fazendo comentários preconceituosos a respeito de outro colega.

b. Durante o recreio, um aluno de outra sala quer brincar, mas seu grupo não deixa porque ele é menor que vocês.

c. Um colega da sala tem dificuldade nas lições e você ouve um grupo de alunos inventando um apelido maldoso para ele.

d. Sua sala recebe um novo aluno, que é cadeirante e tem dificuldade de se locomover para o pátio durante o recreio.

e. Durante o recreio, um colega da sala fica sempre isolado em um canto do pátio.

Sugestão de leitura

***Diferentes somos todos*, de Alina Perlman. Edições SM.**

Carminha vai para uma escola particular, onde se sente excluída. Lá, ela conhece Laura, uma das meninas mais populares da escola. As duas garotas têm irmãos com síndrome de Down e resolvem, juntas, lutar para que eles frequentem escolas comuns.

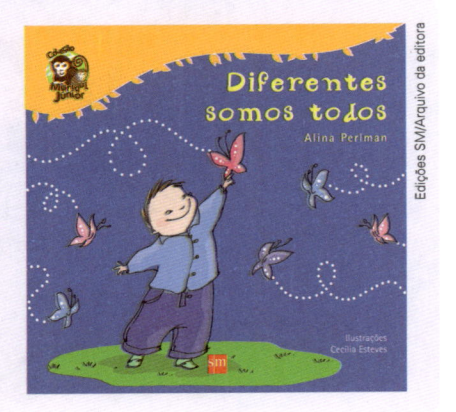

Hora da leitura 1

As crianças abaixo estão posando para uma fotografia. Observe-as e converse com os colegas sobre as seguintes questões.

- Você imagina em que local essas crianças estão?
- Essas crianças são parecidas? Explique.
- Você se parece com alguma delas? Qual?
- Leia o título do texto. Em sua opinião, nessa escola "todo mundo é igual" em quê?

Na minha escola todo mundo é igual

Lá na minha escola
Ninguém é diferente
Cada um tem o seu jeito
O que importa é ir pra frente
[...]

Tem criança gorda, magra,
Alta, baixa, rica e pobre
Mas todos são importantes
Como prata, ouro e cobre

Tem gente que aprende depressa
Tem gente que demora um pouco
Mas isso não faz diferença
Porque um ensina pro outro
[...]

Na minha escola se aprende
Que não existe perfeição
E o que todos nós precisamos
É de carinho e atenção

Que bom se todo mundo
Pudesse entender direito
Que tudo fica mais fácil
Sem o tal do preconceito.

Rossana Ramos. *Na minha escola todo mundo é igual*. São Paulo: Cortez, 2005.

Linha e entrelinha

1 Que palavras rimam nestas estrofes do poema que você leu?

1ª estrofe	4ª estrofe

2ª estrofe	5ª estrofe

2 No poema, não aparece o nome da escola. Crie um nome para ela que expresse a forma harmoniosa como tudo acontece por lá.

Escola _____

3 Para você, o que significa no poema o trecho "O que importa é ir pra frente"?

_____

_____

4 Nessa escola, em vez de ficar apontando as diferenças uns dos outros, os alunos respeitam o fato de que:

☐ todos são perfeitos.   ☐ todos têm o mesmo jeito.
☐ a maioria tem o mesmo jeito.   ☐ cada um tem o seu jeito.

5 Sublinhe a estrofe que indica que nessa escola cada aluno tem seu valor como ser humano reconhecido e respeitado.

6 O que fazem os alunos da escola citada no poema para conviver em harmonia uns com os outros?

- ☐ Ignoram alguns dos colegas.
- ☐ Apontam as diferenças dos colegas.
- ☐ Superam dificuldades e diferenças.
- ☐ Ignoram as dificuldades dos colegas.

7 O que acontece nessa escola quando um aluno não entende uma matéria?

_____

8 Se na segunda estrofe aparecem algumas diferenças entre os alunos, por que o título afirma que todo mundo é igual?

_____

_____

_____

9 Releia este trecho do poema.

> Que tudo fica mais fácil
> Sem o tal do preconceito.

Agora, recorde o sentido da palavra **preconceito**.

> **preconceito** *sm* Opinião negativa que se forma contra pessoas ou coisas antes de ter um melhor conhecimento sobre elas.

Geraldo Mattos. *Dicionário júnior da língua portuguesa*. São Paulo: FTD, 2005. p. 483.

■ Explique: Por que tudo fica mais fácil sem o preconceito?

_____

_____

10 Você pratica a lição contida na última estrofe? De que modo? Conte aos colegas.

Produção de texto

▬ Legenda de imagem

Observe a capa do livro *Tudo bem ser diferente* e converse com os colegas.

Este livro se destina a crianças como você e trata das diferenças entre as pessoas. Nele, as ilustrações ajudam a abordar o assunto de forma bem-humorada.

1 Qual é a ideia contida no título do livro?

2 As imagens da capa referem-se mais a que palavra do título?

3 Em que as personagens que aparecem na capa são diferentes?

4 Observe esta reprodução de uma das páginas do livro.

Todd Parr. *Tudo bem ser diferente*. São Paulo: Panda Books, 2004.

a. Você imagina por que faltam alguns dentes na boca do menino?

b. Escolha outra personagem da capa do livro e crie uma legenda como essa que aparece para o menino azul. Comece com "Tudo bem...".

5 Agora, observe estas outras páginas do livro.

Todd Parr. *Tudo bem ser diferente*. São Paulo: Panda Books, 2004.

a. Que assunto é tratado em cada página mostrada acima?

b. Qual é sua opinião sobre a forma que esse livro trata desses assuntos?

Para a campanha proposta no final desta unidade, elabore uma nova página para o livro, que contenha uma ilustração e uma legenda como as do livro *Tudo bem ser diferente*.

EM AÇÃO!

Planejar e produzir

1 Reflita e decida sobre que "diferença" você quer tratar.

2 Em uma folha de papel sufite, faça um desenho ou uma colagem e escreva uma frase que explique a imagem. Comece com "Tudo bem...".

3 A frase elaborada em conjunto com a imagem deve ser bem-humorada, como no livro *Tudo bem ser diferente*. Isso é importante para trazer leveza e naturalidade ao tema.

Revisar, avaliar e reescrever

Mostre sua produção a um colega e veja a dele. Troquem ideias e verifiquem se a nova página do livro ficou interessante, bem-humorada, se possibilita reflexão e incentiva acolhimento às diferenças.

Itens a avaliar	Sim	Não
1. A frase criada é interessante?		
2. Texto e imagem mantêm relação?		
3. A produção incentiva acolhimento às diferenças?		

Quando o professor solicitar, mostre a sua produção aos demais colegas. Depois, deixe o trabalho exposto na sala até o dia da campanha.

Sugestão de leitura

***Tudo bem ser diferente*, de Todd Parr. Editora Panda Books.**

De maneira divertida e simples, este livro trabalha com as diferenças de cada um: adoção, separação de pais, deficiências físicas, preconceitos, etc.

Hora da leitura 2

Agora que você já sabe que não há problema algum em ser diferente, reflita sobre coisas que parecem fáceis, mas nem sempre são.

Para começar, observe a capa do livro de onde o texto a seguir foi retirado e converse com os colegas.

- Observando a capa, você deduz qual é o assunto do livro? Explique.
- Que elementos aparecem na ilustração da capa?
- Será que nessa capa há algo que parece, mas não é? Explique.

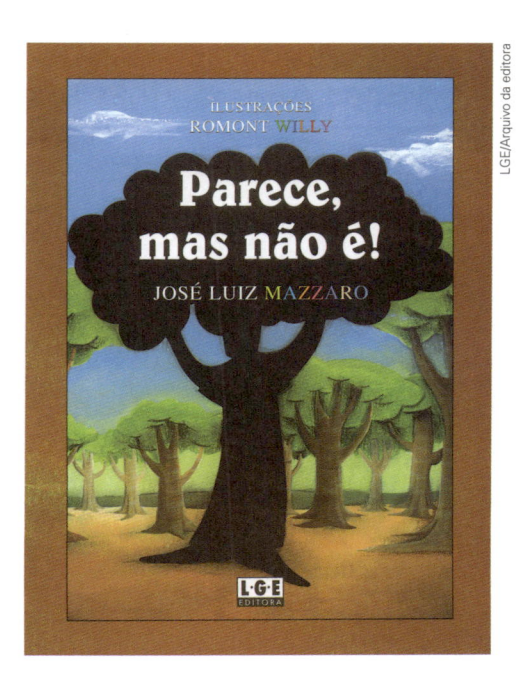

Uma pequena diferença

Para o João, décimos de segundo representam a barreira para que ele se torne um campeão.

Para o Pedro, dois passos vagarosos podem representar mais que os décimos de segundos do João.

Para o José, duas braçadas representam a meta para alcançar o primeiro lugar.

Para a Amélia, duas braçadas representam a esperança de uma recuperação.

Para o Júlio, segurar o lápis representa uma satisfação.

Para o Marcos, segurar o lápis representa uma superação.

Para o Valdir, ouvir os pássaros representa uma curtição.

Para o André, ouvir os pássaros representa muito mais que uma emoção.

Para a Simone, pronunciar um nome representa uma ação como outra qualquer.

Para o Paulo, pronunciar um nome representa esforço e muita dedicação.

Para a Ana, ler foi fácil de aprender.

Para o José, ler foi difícil de aprender.

Para a Carla, leitura representa prazer, conhecimento e emoção.

Para a Vânia, leitura representa prazer, conhecimento e emoção, mas é preciso os óculos colocar.

Para o Márcio, leitura representa prazer, conhecimento e emoção, mas é preciso livros convertidos para os dedos sobre o relevo Braille correr.

O que pode ser simples para você, pode representar, para muitas pessoas, a vitória de um esforço fenomenal.

José Luiz Mazzaro. *Parece, mas não é!* Brasília: LGE, 2004.

Linha e entrelinha

1 Ao observar a capa do livro, na página 287, o que parece ser a figura sombreada que é mostrada nela?

_____

2 Veja abaixo o que o leitor descobre ao visualizar a página 1 do livro *Parece, mas não é!* e compare a imagem dessa página à imagem da capa.

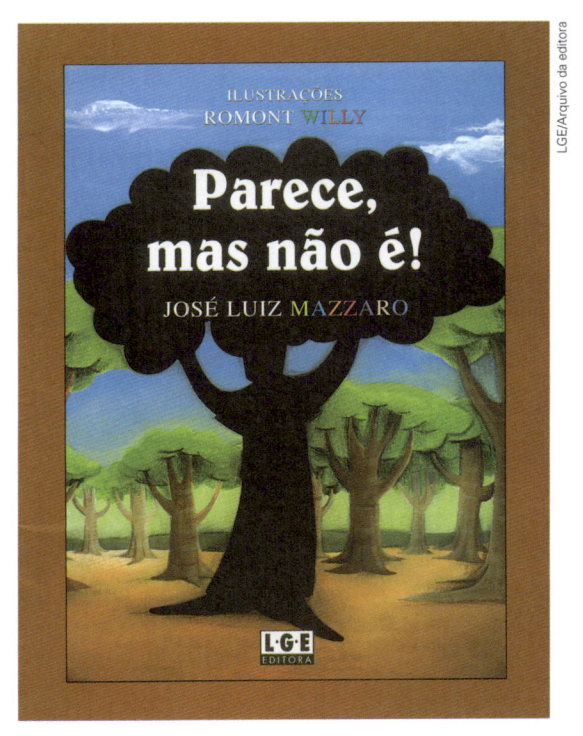

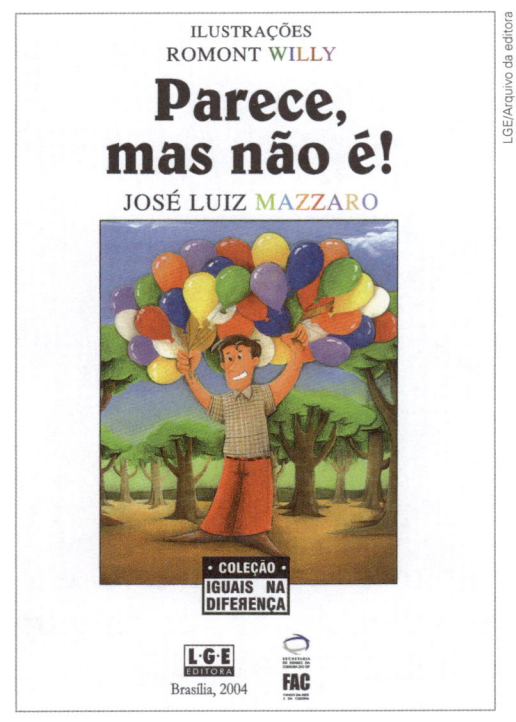

capa

página 1

a. O homem mostrado na página 1 também aparece na capa? Explique.

_____

_____

b. A ilustração da página 1 e a da capa têm alguma relação com o título do livro? Explique.

_____

_____

3 Retome a imagem da página 1 do livro *Parece, mas não é!*, reproduzida na atividade anterior, e observe na imagem ao lado o nome da coleção a que o livro pertence.

• COLEÇÃO •
IGUAIS NA
DIFEЯENÇA

a. Qual o nome da coleção?

_____

b. O que você entende do nome da coleção?

_____

_____

c. O que há de diferente em uma das letras do nome da coleção a que pertence o livro?

_____

d. Com que intenção essa letra foi escrita de modo diferente?

_____

_____

4 O texto que você leu foi escrito com base na comparação de situações vividas por algumas pessoas. Em relação a essas pessoas:

☐ nenhuma delas apresenta dificuldades.

☐ uma delas apresenta facilidade em realizar algo, e a outra tem dificuldade.

5 Quem é o corredor de número 7 que aparece à frente dos demais esportistas na página 287?

_____

6 Por que para Pedro dois passos vagarosos representam muito?

_____

_____

7 Observe estas meninas.

a. Identifique e pinte a personagem Vânia citada no texto.

b. Sublinhe o trecho do texto que possibilitou identificá-la.

8 Que diferentes situações José e Amélia estão vivendo?

_____

_____

9 Circule a personagem Márcio nesta cena e explique como você chegou a essa conclusão.

_____

_____

_____

10 Por que para André ouvir os pássaros é mais que uma emoção?

_____

11 Qual **provérbio** tem sentido semelhante ao do título do texto?

☐ Quem vê cara não vê coração.

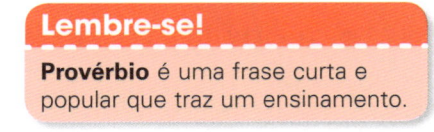

☐ As aparências enganam.

Lembre-se!
Provérbio é uma frase curta e popular que traz um ensinamento.

12 O que é simples de ser realizado por uma pessoa pode representar um esforço imenso para outra. Em sua opinião, vale a pena esse tipo de esforço? Por quê? Conte aos colegas.

Saber Ser

Produção de texto

Texto de opinião

Leia o que Aline, uma criança como você, pensa a respeito do preconceito.

O jeito de cada um

Não há nada mais triste para uma pessoa do que se sentir **menosprezada**.

Não há como se sentir igual a todos se os olhos de alguns a veem como diferente e de menos valor [...].

Pessoas **discriminadas** sentem-se diminuídas [...]. Olham no espelho e pensam: "não sou bonita, não sou importante, não tenho qualidades, os outros não me reconhecem como alguém de valor".

Isso leva a algumas consequências inevitáveis e dolorosas [...].

Coisas assim não podem acontecer. Cada um, do seu jeito, tem o direito de ser diferente e crescer valorizado em sua diferença.

Somos todos iguais em nossas diferenças.

Menosprezado: considerado de menor valor, desprezado.
Discriminado: que é vítima de preconceito e, por isso, sofre atitudes e tratamentos injustos.

Edson Gabriel Garcia. *O jeito de cada um*: iguais e diferentes. São Paulo: FTD, 2001. p. 40.

Converse com os colegas.

1 O texto que você leu contém:

   a. a opinião de Aline
   b. uma dúvida de Aline
   c. a descrição de Aline
   d. um bilhete à amiga de Aline

2 Aline é favorável à prática do preconceito? Comente.

3 Segundo Aline, como se sentem as pessoas que sofrem discriminação? Você concorda com ela? Comente.

O texto que você leu apresenta uma opinião sobre o preconceito e fornece argumentos e exemplos que justificam e defendem a opinião nele expressa. Textos como esse são chamados de **textos de opinião**.

Planejar e produzir

O preconceito se manifesta de várias formas. Veja duas delas.

Apelidos

Alguns apelidos expressam preconceito porque destacam negativamente as características das pessoas. Exemplo: "tampinha".

Piadas

Algumas piadas são preconceituosas porque discriminam determinados grupos de pessoas. Exemplo: piadas sobre portugueses.

Você vai escrever um texto de opinião, posicionando-se a respeito de uma dessas formas de expressar preconceito. Esse texto fará parte da campanha "Tudo bem ser diferente!". Faça assim:

1 Em uma folha avulsa, apresente o assunto e explique por que essa é uma atitude que demonstra preconceito.

2 Dê sua opinião a respeito do tema, acrescentando argumentos e exemplos para justificá-la e para convencer o leitor.

3 Termine o texto reforçando sua opinião contra essa forma de manifestar preconceito.

Revisar, avaliar e reescrever

Itens a avaliar	Sim	Não
1. Você apresentou o assunto proposto?		
2. Você se posicionou contra o preconceito?		
3. Há argumentos que justifiquem sua opinião?		

Se for preciso, reescreva o texto, melhorando-o. Quando o professor solicitar, leia o texto para os colegas. Depois, guarde-o, pois ele fará parte do projeto, no final desta unidade.

Língua viva

Regionalismos

No Brasil, existem vários modos de falar. Todos são válidos e devem ser respeitados.

1 A fruta da fotografia ao lado recebe diferentes nomes dependendo da localidade brasileira. Marque ou anote o nome pelo qual você conhece essa fruta.

- [ ] bergamota
- [ ] tangerina
- [ ] mexerica
- [ ] mandarina
- [ ] outro. Qual? _____

2 Agora, observe a fotografia ao lado. Por qual nome você conhece esse objeto?

- [ ] zíper
- [ ] ri-ri
- [ ] fecho ecler
- [ ] fecho-relâmpago
- [ ] outro. Qual? _____

3 Circule os nomes pelos quais o alimento da fotografia abaixo é conhecido em sua região. Se você souber outro nome, escreva-o no quadro abaixo.

macaxeira	aipim	castelinha
maniveira	mandioca	maniva
pão-de-pobre	caiabana	uaipi

_____

4 Que nome(s) o instrumento de trânsito ao lado recebe onde você mora?

_____

Os diferentes nomes que os objetos, os alimentos, as brincadeiras, etc. recebem nas diversas localidades brasileiras são chamados de **regionalismos**.

5 Estes são alguns dos nomes que recebe o objeto no qual o professor escreve usando giz.

quadro-negro	quadro
quadro de giz	pedra
lousa	ardósia

- E em sua região, que nome(s) esse objeto recebe?

_____

6 Você conhece alguma palavra ou expressão que é usada apenas na região em que você mora? Qual é o sentido dela?

_____

7 Junte-se a um colega e associem os quadros com regionalismos ao sentido que cada um tem.

bolita (Mato Grosso)

te abanquetas (Rio Grande do Sul)

passeio (Minas Gerais)

banca (Sergipe)

rolete (Bahia, Rio de Janeiro)

aulas de reforço

rodela de cana

bolinha de gude

sente-se

calçada

Nesses estados, nem todas as pessoas usam essas palavras, pois também há variação em um mesmo lugar.

Nossa língua

■ Verbo

1 Complete o texto abaixo com as palavras adequadas.

Na semana passada, minha tia me _____ ao zoológico. Logo de cara, ela _____ várias palhaçadas para conseguir _____ com minha cadeira de rodas entre a multidão de visitantes.

— _____ da frente, gente fina, que eu vou _____ com esta menina! — _____ ela bem alto em frente às jaulas dos chimpanzés [...].

Laura Jaffé e Laure Saint-Marc. *Convivendo com as diferenças*. São Paulo: Ática, 2005. p. 10.

2 Sem as palavras que faltam no texto acima, não é possível saber:

☐ o nome das personagens.   ☐ quem são as personagens.
☐ as características das personagens.   ☐ as ações das personagens.

> As palavras que você incluiu no texto acima são verbos.
> **Verbos** são palavras que dão ideia de ação, estado, mudança de estado, transformação, fenômenos da natureza, etc.

3 Os verbos que você incluiu no texto dão ideia de:

☐ estado   ☐ fenômeno da natureza   ☐ ação

4 Que ideia a palavra destacada em cada frase abaixo indica: estado, ação ou fenômeno da natureza?

a. A fruta madura **caiu** da árvore. _____

b. Ontem **choveu** a noite toda. _____

c. Meu gatinho **continua** doente. _____

5 O verbo ajuda a construir o sentido de um texto. Em qual frase a ação do verbo reforça mais a ideia de que Caio é descuidado?

- [ ] Caio **deixou** o tênis na sala.
- [ ] Caio **esqueceu** o tênis na sala.
- [ ] Caio **largou** o tênis na sala.
- [ ] Caio **pôs** o tênis na sala.

6 Observe esta tira em que aparecem Mônica, Cebolinha e Magali. Esta última personagem tem muito apetite e está sempre comendo.

Mauricio de Sousa. Turma da Mônica.

a. Se no balão de pensamento da Mônica houvesse uma frase no lugar da imagem, que verbo poderia ser usado nessa frase?

- [ ] cair
- [ ] vender
- [ ] desejar
- [ ] ver

b. Crie uma frase para substituir a imagem no balão de pensamento do Cebolinha.

_____

c. Se no último quadrinho houvesse uma frase, que verbo ela teria?

- [ ] vender
- [ ] desejar
- [ ] comprar
- [ ] emprestar

7 Os verbos podem estar no tempo **presente** (algo que está acontecendo), **passado** (algo que já aconteceu) ou **futuro** (algo que ainda acontecerá). Qual é o tempo dos verbos destacados?

a. A menina **visitou** o zoológico. _____

b. A menina **visita** o zoológico. _____

c. A menina **visitará** o zoológico. _____

Construção da escrita

▬ Pontuação e produção de sentido

Os sinais de pontuação são muito importantes para a organização da escrita e também facilitam a leitura. Mas, quando esquecemos de usá-los ou não os usamos corretamente, nossos textos podem ficar sem sentido ou ser mal interpretados.

1 Taís se esqueceu de pontuar este bilhete que escreveu para a melhor amiga.

> Mariana ajude-me a convidar nossas amigas para a festa do meu aniversário cuidado entregar convites para Leila e Renata de jeito nenhum quero ver a Rebeca na minha festa.
>
> Taís

a. Ao ler esse bilhete, fica claro quem são os convidados de Taís?

_____

b. Veja duas formas de pontuar o bilhete de Taís.

> **A** Mariana, ajude-me a convidar nossas amigas para a festa do meu aniversário. Cuidado: entregar convites para Leila e Renata, de jeito nenhum! Quero ver a Rebeca na minha festa.
>
> Taís

> **B** Mariana, ajude-me a convidar nossas amigas para a festa do meu aniversário. Cuidado: entregar convites para Leila e Renata. De jeito nenhum quero ver a Rebeca na minha festa.
>
> Taís

• Quem **não** vai à festa, de acordo com a pontuação do bilhete?

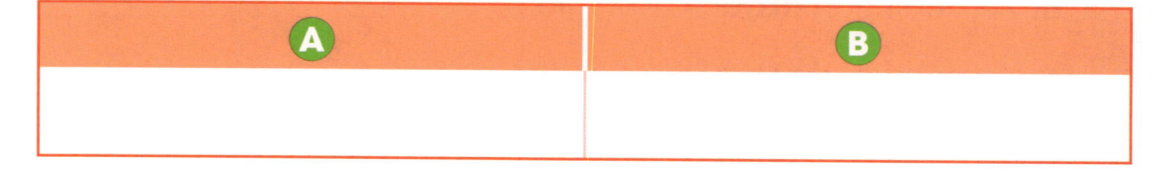

A	B

2 Veja este outro bilhete.

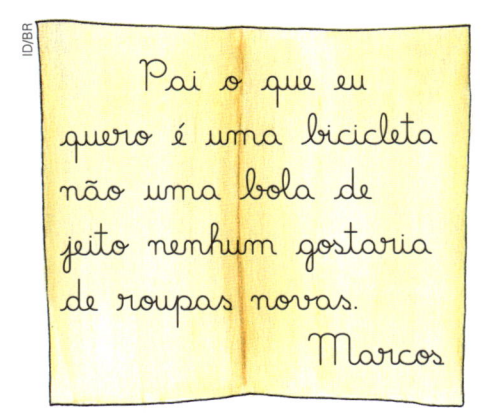

> Pai o que eu quero é uma bicicleta não uma bola de jeito nenhum gostaria de roupas novas.
> Marcos

a. Observe a ilustração abaixo, leia os balões e responda. Em sua opinião, quem entendeu o bilhete: o pai, a mãe ou a irmã de Marcos?

- MARCOS QUER UMA BICICLETA.
- NÃO! MARCOS QUER É UMA BOLA.
- CLARO QUE NÃO! MARCOS QUER GANHAR ROUPAS NOVAS.

b. Associe os bilhetes ao pai, à mãe ou à irmã de Marcos, levando em consideração o sentido que cada um deu ao texto.

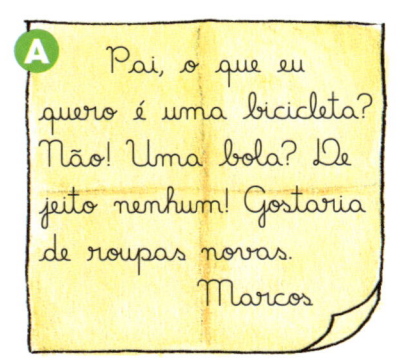

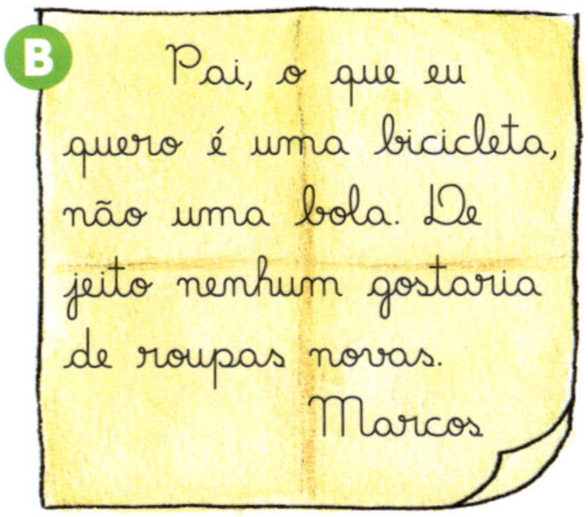

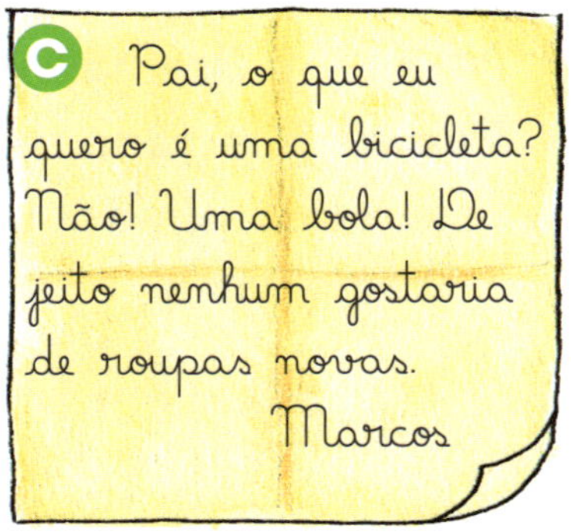

A Pai, o que eu quero é uma bicicleta? Não! Uma bola? De jeito nenhum! Gostaria de roupas novas.
Marcos

B Pai, o que eu quero é uma bicicleta, não uma bola. De jeito nenhum gostaria de roupas novas.
Marcos

C Pai, o que eu quero é uma bicicleta? Não! Uma bola! De jeito nenhum gostaria de roupas novas.
Marcos

EM AÇÃO!

Campanha "Tudo bem ser diferente!"

1. Entendendo a atividade

Você e seus colegas organizarão uma campanha de incentivo a atitudes solidárias e de respeito às diferenças. Para isso, serão elaborados painéis com os trabalhos produzidos ao longo desta unidade. Os pais, os colegas de outras turmas e os professores serão convidados a participar da campanha.

2. Preparando os painéis

O professor indicará os diferentes pontos da escola onde os painéis serão montados. Para isso, junte-se ao mesmo grupo com o qual você elaborou o cartaz no capítulo 1 desta unidade.

Cada grupo montará um painel com estes trabalhos:

- **Impressões digitais**, página 233.
- **Cartaz**, página 239.
- **Lista de orientações**, página 245.
- **Biografia**, página 269.
- **Texto em Braille**, página 270.
- **Página ilustrada de livro**, página 286.
- **Texto de opinião**, página 293.

Usem um papel resistente ou folhas de cartolina coladas para montar o painel.

Reúnam todos os trabalhos produzidos pelo grupo e decidam qual é a melhor disposição para eles no painel.

3. Construindo o painel

1 Além dos trabalhos produzidos pelo grupo, pesquisem reportagens sobre o assunto. Peçam ao professor que opine sobre o conteúdo e agrupem as reportagens no painel junto com os outros trabalhos do grupo.

2 Para ilustrar o painel, recortem de revistas fotografias de diferentes pessoas.

3 Planejem e verifiquem a melhor disposição no painel antes de colar o material.

4 Elaborem e escrevam frases curtas que chamem a atenção dos visitantes para os objetivos da campanha.

5 Quando estiverem prontos, fixem os painéis nos locais indicados pelo professor.

4. Apresentação

Os membros de cada grupo devem se revezar em torno do painel que produziram para esclarecer possíveis dúvidas dos visitantes.

Se houver oportunidade, contem a eles sobre o que refletiram a respeito das diferenças entre as pessoas e da importância da boa convivência entre todos.

Avaliando a atividade

1. O que os visitantes comentaram a respeito dos painéis?
2. Em sua opinião, essa campanha produziu efeito nos visitantes? Dê exemplos.
3. Após a campanha, você mudou algum conceito que tinha a respeito das diferenças? Qual?
4. Não praticar nem aceitar qualquer tipo de preconceito é respeitar a si mesmo e ao outro. Você está disposto a combater o preconceito? De que modo? Explique.

O que aprendi?

1 O que significa dizer que "cada pessoa é única"?

_____

_____

2 Que sistemas foram criados para facilitar a comunicação de pessoas com:

a. deficiência auditiva ou na fala? _____

b. deficiência visual? _____

3 Em um cartaz, por que é importante escrever a frase principal com letras grandes?

_____

4 Em geral, qual é a finalidade de um cartaz?

☐ Ensinar a ler.   ☐ Divulgar informações.
☐ Preservar fatos.   ☐ Enfeitar o ambiente.

5 Em um dicionário, para que servem as palavras-guia?

_____

_____

6 Em qual das frases abaixo a pontuação possibilita estabelecer um sentido de acordo com a ilustração?

Um fazendeiro tinha um bezerro e a mãe do fazendeiro era também o pai do bezerro. ☐

Um fazendeiro tinha um bezerro e a mãe. Do fazendeiro, era também o pai do bezerro. ☐

7 Observe e leia esta tira do Menino Maluquinho.

Ziraldo. Menino Maluquinho. Disponível em: <http://linkte.me/m9ac1>. Acesso em: 6 jun. 2016.

a. Que adjetivos se referem a Junim? Circule-os.

b. Que expressão da tira costuma ser usada com o mesmo sentido que o pronome **nós**? _____

c. Que sinal de pontuação foi usado na tira para indicar interrupção e retomada na fala da personagem? _____

8 Observe e leia esta tira em que aparece a personagem Garfield.

Jim Davis. Garfield, 1996.

a. Para quem Garfield aponta no primeiro quadrinho?

_____

b. Circule na tira a quem se refere o pronome **eles**.

c. Que outro pronome pessoal aparece na tira? A quem esse pronome se refere?

_____

d. Mude o tempo verbal da frase do último quadrinho, passando-a para o tempo:

Passado	Futuro

Bibliografia

AMORIN, M. *O pesquisador e seu outro*: Bakhtin nas Ciências Humanas. São Paulo: Musa, 2004.

AMOSSY, R. (Org.). *Imagens de si no discurso*: a construção do *ethos*. São Paulo: Contexto, 2011.

ANDRADE, L. A. *Professores-leitores e sua formação*. Belo Horizonte: Ceale/Autêntica, 2004.

AZEREDO, J. C. *Gramática Houaiss da língua portuguesa*. São Paulo: Publifolha, 2008.

BAKHTIN, M. *Marxismo e filosofia da linguagem*. São Paulo: Hucitec, 2009.

____. *Estética da criação verbal*. São Paulo: Martins Fontes, 2011.

BATISTA, A. A. G. *Aula de português*: discurso e saberes escolares. São Paulo: Martins Fontes, 2001.

____. *O texto escolar*: uma história. Belo Horizonte: Ceale/Autêntica, 2004.

____; VAL, M. G. C. (Org.). *Livros de alfabetização e de português*: os professores e suas escolhas. Belo Horizonte: Ceale/Autêntica, 2004.

BELINTANE, C. *Oralidade e alfabetização*: uma nova abordagem da alfabetização e do letramento. São Paulo: Cortez, 2013.

BRANDÃO, H. N. (Org.). *Gêneros do discurso na escola*. São Paulo: Cortez, 2012.

BRASIL. Saeb. *Matrizes curriculares de referência*. Brasília: MEC/Inep, 1999.

____. Secretaria de Educação Fundamental. *Parâmetros curriculares nacionais*: educação infantil. Brasília: MEC/SEF, 1997.

____. *Parâmetros curriculares nacionais*: Língua Portuguesa, 1ª a 4ª séries. Brasília: MEC/SEF, 1997.

____. *Parâmetros curriculares nacionais*: Língua Portuguesa, 5ª a 8ª séries. Brasília: MEC/SEF, 1997.

____. Ministério da Educação. Instituto Nacional de Estudos e Pesquisas Educacionais Anísio Teixeira (Inep). *Enem*: documento básico. Brasília: MEC/SEF, 2002.

____. Ministério da Educação. Secretaria de Educação a Distância. *Salto para o futuro*: áreas do conhecimento no Ensino Fundamental, n. 18. Brasília: TV Escola, 2007.

____. Ministério da Educação. Secretaria de Educação Básica. Diretoria de Apoio à Gestão Educacional. *Pacto nacional pela alfabetização na idade certa*. Brasília: MEC/SEB, 2012. Anos 1-3.

BRONCKART, J. P. *Atividade de linguagem, textos e discursos*. São Paulo: Educ, 2008.

BUIN, E. *Aquisição da escrita*: coerência e coesão. São Paulo: Contexto, 2003.

CAGLIARI, L. C. *Alfabetização e linguística*. São Paulo: Scipione, 2010.

CHARTIER, R. (Org.). *Práticas da leitura*. São Paulo: Estação Liberdade, 2000.

CHIAPPINI, L.; GERALDI, J. W. (Org.). *Aprender e ensinar com textos dos alunos*. São Paulo: Cortez, 2011.

____; CITELLI, A. (Org.). *Aprender e ensinar com textos não escolares*. São Paulo: Cortez, 2013.

COLL, C. *Psicologia e currículo*. São Paulo: Ática, 2000.

____ et al. *O construtivismo na sala de aula*. São Paulo: Ática, 2006.

____ et al. *Os conteúdos na reforma*. Porto Alegre: Artmed, 1998.

COSCARELLI, C. V. (Org.). *Novas tecnologias, novos textos, novas formas de pensar*. Belo Horizonte: Autêntica, 2003.

COSTA, S. R. *Interação e letramento escolar*: uma (re)leitura à luz vygotskiana e bakhtiniana. Juiz de Fora: UFJF; São Paulo: Musa, 2000.

DIONISIO, A. P.; BEZERRA, M. A. (Org.). *O livro didático de português*: múltiplos olhares. Rio de Janeiro: Lucerna, 2001.

____. *Gêneros textuais e ensino*. São Paulo: Parábola, 2010.

ECO, U. *Seis passeios pelos bosques da ficção*. São Paulo: Cia. das Letras, 1994.

EVANGELISTA, A. A. M. et al. *A escolarização da leitura literária*: o jogo do livro infantil e juvenil. Belo Horizonte: Ceale/Autêntica, 2003.

FAZENDA, I. *Interdisciplinaridade*: qual o sentido? São Paulo: Paulus, 2003.

FERREIRO, E.; TEBEROSKY, A. *A psicogênese da escrita*. Porto Alegre: Artmed, 1999.

FOUCAULT, M. *Arqueologia do saber*. Rio de Janeiro: Forense Universitária, 2012.

GERALDI, J. W. (Org.). *O texto na sala de aula*. São Paulo: Ática, 2006.

KATO, M. *No mundo da escrita*: uma perspectiva psicolinguística. São Paulo: Ática, 2011.

KAUFMAN, A. M.; RODRIGUEZ, M. H. *Escola, leitura e produção de textos*. Porto Alegre: Artmed, 1995.

KLEIMAN, A. (Org.). *Os significados do letramento*: reflexões sobre a prática social da escrita. Campinas: Mercado de Letras, 2001.

KLEIMAN, A.; MORAES, S. E. *Leitura e interdisciplinaridade*: tecendo redes nos projetos da escola. Campinas: Mercado de Letras, 1999.

KOCH, I. V. *A inter-ação pela linguagem*. São Paulo: Contexto, 1995 (Coleção Repensando a Língua Portuguesa).

____. *O texto e a construção dos sentidos*. São Paulo: Contexto, 2007.

____; TRAVAGLIA, L. C. *Texto e coerência*. São Paulo: Cortez, 2011.

LAJOLO, M. *Do mundo da leitura para a leitura do mundo*. São Paulo: Ática, 1999.

____; ZILBERMAN, R. *Literatura infantil brasileira*: história e histórias. São Paulo: Ática, 1991.

MAINGUENEAU, D. *Novas tendências em análise do discurso*. Campinas: Pontes/Unicamp, 1997.

____. *Cenas da enunciação*. São Paulo: Parábola, 2008.

MARCUSCHI, L. A. *Produção textual, análise de gêneros e compreensão*. São Paulo: Parábola, 2008.

____. *Da fala para a escrita*: atividades de retextualização. São Paulo: Cortez, 2010.

MORAIS, A. G. (Org.). *O aprendizado da ortografia*. Belo Horizonte: Ceale/Autêntica, 2003.

OLIVEIRA, M. K. *Vygotsky*: aprendizado e desenvolvimento, um processo sócio-histórico. São Paulo: Scipione, 2010.

ORLANDI, E. P. *A linguagem e seu funcionamento*: as formas do discurso. Campinas: Pontes, 2009.

____. *Discurso e leitura*. São Paulo: Cortez, 2012.

____. *Análise do discurso*: princípios e procedimentos. Campinas: Pontes/Unicamp, 2012.

PAIVA, A. et al (Org.). *Literatura e letramento*: espaços, suportes e interfaces – o jogo do livro. Belo Horizonte: Ceale/Autêntica, 2003.

____. *Democratizando a leitura*: pesquisas e práticas. Belo Horizonte: Ceale/Autêntica, 2004.

PERRENOUD, P. *Construir as competências desde a escola*. Porto Alegre: Artmed, 1999.

____ et al. *As competências para ensinar no século XXI*. Porto Alegre: Artmed, 2002.

PERRINE, M. A. *Gramática descritiva do português*. São Paulo: Ática, 2000.

____. *Gramática do português brasileiro*. São Paulo: Parábola, 2010.

POSSENTI, S. *Discurso, estilo e subjetividade*. São Paulo: Martins Fontes, 2008.

____. *Questões para analistas do discurso*. São Paulo: Parábola, 2009.

RAMOS, J. M. *O espaço da oralidade na sala de aula*. São Paulo: Martins Fontes, 1999.

RIBEIRO, V. M. *Letramento no Brasil*. São Paulo: Global, 2004.

ROCHA, G. *A apropriação das habilidades textuais pela criança*: fragmentos de um percurso. Campinas: Papirus, 1999.

ROJO, R. (Org.). *Alfabetização e letramento*. Campinas: Mercado de Letras, 2003.

____; BATISTA, A. A. G. (Org.). *Livro didático de língua portuguesa, letramento e cultura da escrita*. Campinas: Mercado de Letras, 2003.

SOARES, M. *Alfabetização*: a questão dos métodos. São Paulo: Contexto, 2016.

____. *Alfabetização e letramento*. São Paulo: Contexto, 2003.

____. *Letramento*: um tema em três gêneros. Belo Horizonte: Ceale/Autêntica, 1998.

____. *Linguagem e escola*: uma perspectiva social. São Paulo: Ática, 2000.

SOLÉ, I. *Estratégias de leitura*. Porto Alegre: Artmed, 1998.

TEBEROSKY, A. *Aprendendo a escrever*: perspectivas psicológicas e implicações educacionais. São Paulo: Ática, 1997.

TRAVAGLIA, L. C. *Gramática e interação*: uma proposta para o ensino de gramática. São Paulo: Cortez, 2005.

____. *Gramática*: ensino plural. São Paulo: Cortez, 2011.

____. *Na trilha da gramática*: conhecimento linguístico na alfabetização e letramento. São Paulo: Cortez, 2013.

VYGOTSKY, L. S. *Pensamento e linguagem*. São Paulo: Martins Fontes, 2008.

____. *A formação social da mente*. São Paulo: Martins Fontes, 2007.

ZABALA, A. *A prática educativa*. Porto Alegre: Artmed, 1998.

ZILBERMAN, R.; SILVA, E. T. (Org.). *Leitura*: perspectivas interdisciplinares. São Paulo: Ática, 1998.

Encarte

Páginas 38 e 39 › **Resultado do jogo-teste *Agora é com você!***

Veja o que pode acontecer:

1 Quando um bebê chega em casa, traz muita animação e pode mesmo ser muito divertido. Mas atenção! Ele não é um brinquedo...

2 Ter um bebê é uma escolha dos pais. E, mesmo não tendo pedido sua opinião, com certeza eles pensaram em você antes de decidir.

3 Certo, suas coisas lhe pertencem. Você quer defender seu espaço. Mas, com o tempo, você pode acabar gostando de convidar seu irmãozinho a entrar em seu mundo.

4 Se seus pais querem outro filho, é direito deles. Não é para substituir você. Eles continuarão a amá-lo da mesma forma. E, além do mais, você vai ganhar o amor de um irmãozinho!

5 Isso é verdade! Para seu irmão, você sempre será o mais velho. E, para seus pais, é como se você ficasse um pouco maior também.

6 É bom ser um bebê. As mamadeiras, os carinhos... Você pode até ficar com ciúme. Mas você deve se lembrar de que um bebê é muito frágil e precisa de cuidados especiais. Isso não quer dizer que seus pais não vão mais lhe dar atenção. Você poderá pedir colo sempre que precisar.

Laura Jaffé e Laure Saint-Marc. *Convivendo com a família*. São Paulo: Ática, 2004. p. 38-39.

Encarte

Página 203 › **Dominó do masculino e feminino**

Como jogar

Número de participantes: 4

1. Embaralhem as peças do dominó com a face ilustrada virada para baixo.
2. Cada um dos participantes pega seis peças, sem deixar que os demais jogadores as vejam.
3. Decidam a ordem de jogada de cada um dos participantes, sempre no sentido horário, ou seja, girando da esquerda para a direita.
4. O primeiro participante coloca uma peça sobre a mesa, com a face ilustrada virada para cima.
5. O próximo participante deverá dar continuidade ao jogo, colocando uma peça que forme par com a figura de uma das pontas.
6. Caso não tenha uma peça que forme par, passa a vez. O próximo participante faz o mesmo.
7. Vence o jogo o primeiro participante que descartar todas as peças.
8. No caso de jogo fechado, vence quem tiver a menor quantidade de peças em seu poder.

Destacar

Página 203 › **Dominó do masculino e feminino**

PATO	VACA	BOI, TOURO	CABRA	BODE	GALINHA
GALO	ÉGUA	CAVALO	ABELHA	ZANGÃO	JAVALINA
JAVALI	POMBA	POMBO	URSA	URSO	MULA
BURRO	OVELHA	CARNEIRO	LEOA	LEÃO	PARDOCA
PARDAL	TIGRESA	TIGRE	CADELA	CÃO	PAVOA
PAVÃO	PERDIZ	PERDIGÃO	PORCA	PORCO	ELEFANTA, ALIÁ
ELEFANTE	SAPA	SAPO	GATA	GATO	CERVA
CERVO	PERUA	PERU	POTRA	POTRO	PATA

trezentos e sete 307

Destacar

Página 181 › Jogo do plural

Como jogar

Número de participantes: 5 a 7, sendo um deles o mediador (que não participa das jogadas e fica com a cartela de respostas, sem mostrá-la aos participantes, para confirmar se as respostas dadas por eles estão corretas ou não).

1. Definam o mediador e a ordem de jogada de cada participante.
2. Formem um monte com as cartas, viradas para baixo.
3. O primeiro participante pega uma carta e diz o plural. O grupo avalia se ele acertou e o mediador confirma a resposta. Se ele acertar, fica com a carta; se errar, coloca-a embaixo do monte.
4. O jogo continua até que não haja mais cartas a serem desviradas.
5. O vencedor será quem tiver o maior número de cartas no final.

CARTELA DE RESPOSTAS			
ÁLBUNS	CANTORES	GIRASSÓIS	NARIZES
ÁLCOOIS	CAPITÃES	GIZES	NATAIS
ANÉIS	CARACÓIS	HOMENS	NOZES
ANIMAIS	CHAPÉUS	HOTÉIS	NUVENS
ANZÓIS	CORAÇÕES	IRMÃOS	ÓRGÃOS
ATORES	CRUZES	JORNAIS	PÃES
ATRIZES	DEGRAUS	JUÍZES	PAPÉIS
AVENTAIS	ELEIÇÕES	LENÇÓIS	PARES
AVIÕES	ESCRITORES	LEÕES	PUDINS
BALÕES	ESTAÇÕES	MAÇÃS	RAÍZES
BARRIS	FLORES	MÃES	RÉPTEIS
BOMBONS	FREGUESES	MÃOS	SABÕES
CÃES	FUNIS	MARES	SÓIS
CANIS	FUZIS	MELÕES	TROFÉUS
CANTIS	GAVIÕES	MÍSSEIS	VARAIS

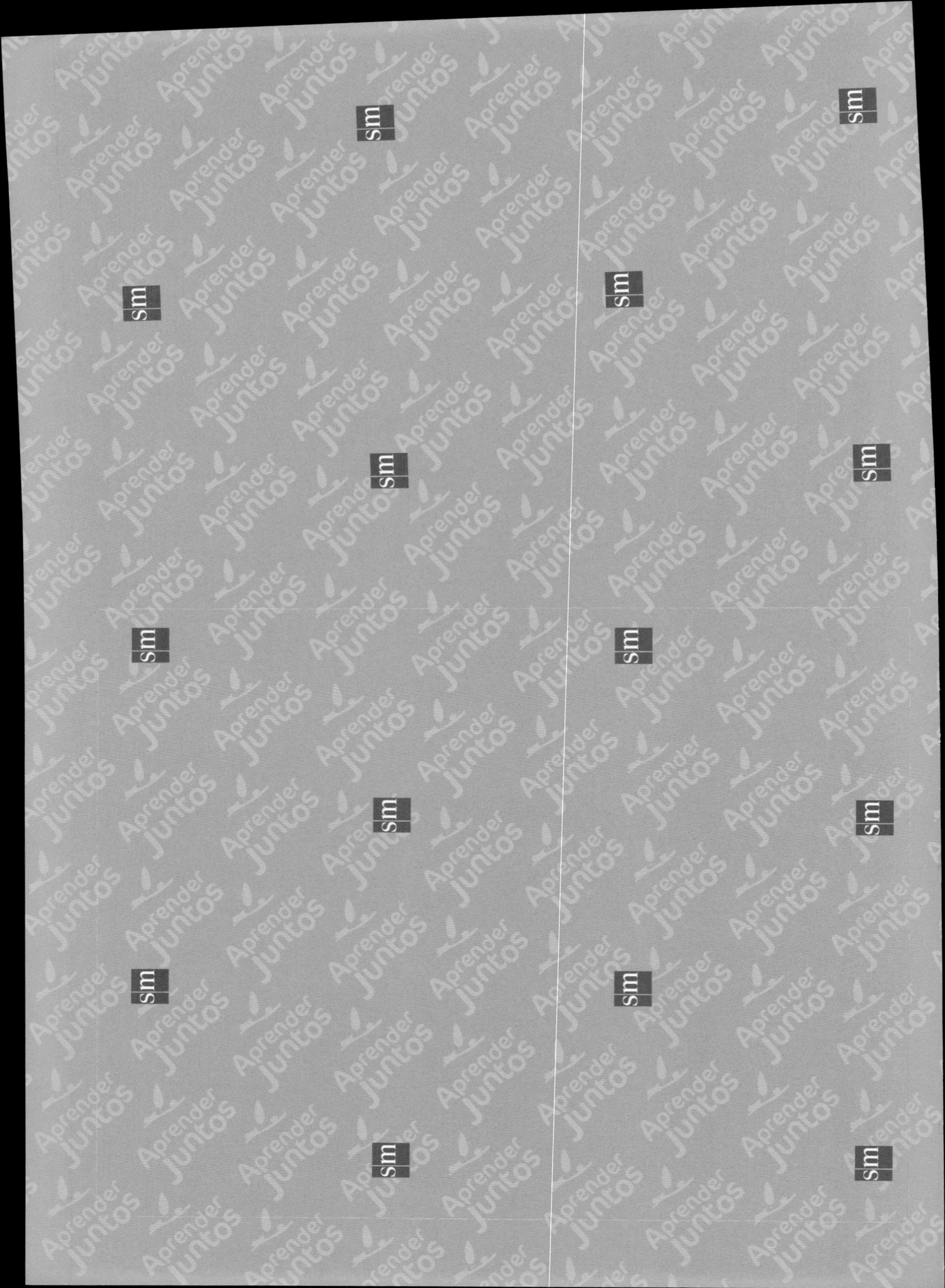

Destacar

Página 181 › **Jogo do plural**

GAVIÃO	CAPITÃO	SABÃO	ESTAÇÃO
TROFÉU	DEGRAU	BARRIL	ANEL
CHAPÉU	ANIMAL	PAPEL	CANTIL
RÉPTIL	NUVEM	ÁLBUM	FUNIL
MÃO	CÃO	LEÃO	CARACOL

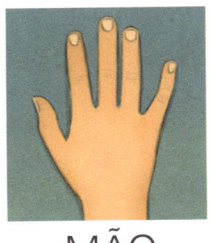

Destacar

Página 181 › **Jogo do plural**

ÓRGÃO	 HOMEM	 MAÇÃ	 CORAÇÃO
 PÃO	 VARAL	 CRUZ	 GIZ
 ATOR	 CANTOR	 ATRIZ	 MAR
 FUZIL	 SOL	 FLOR	 NATAL
 GIRASSOL	 AVIÃO	ÁLCOOL	NOZ

Destacar

Página 181 › **Jogo do plural**

LENÇOL	 MÃE	 IRMÃO	 PAR
 BALÃO	 RAIZ	 JUIZ	 ESCRITOR
HOTEL	 MÍSSIL	 CANIL	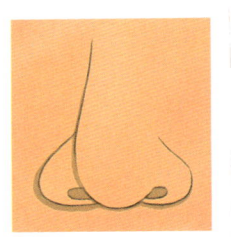 NARIZ
 FREGUÊS	 JORNAL	 PUDIM	 ELEIÇÃO
 MELÃO	 BOMBOM	 AVENTAL	 ANZOL

Destacar

Página 147 › **Jogo da memória: substantivos coletivos**

Como jogar

Número de participantes: 4

1. Embaralhem e espalhem todas as cartas sobre a mesa, deixando a face ilustrada virada para baixo.
2. Decidam a ordem de jogada de cada participante, sempre no sentido horário, ou seja, girando da esquerda para a direita.
3. O primeiro participante desvira duas cartas, uma de cada vez, de modo que os demais participantes vejam as cartas desviradas.
4. Se formar par de cartas idênticas, o participante fica com o par e desvira novamente duas cartas, na tentativa de formar novo par.
5. Sempre que, ao desvirar duas cartas, o participante não formar par, ele deve desvirar as cartas, deixando-as no mesmo lugar, e passar a vez para o próximo participante.
6. O próximo participante faz o mesmo e o jogo continua até que não haja mais cartas a serem desviradas.
7. O vencedor da rodada será o participante que tiver em seu poder o maior número de pares de cartas.

ENXAME COLMEIA	ENXAME COLMEIA	ALCATEIA	ALCATEIA
abelhas	abelhas	lobos	lobos
BANDA	BANDA	CARDUME	CARDUME
músicos	músicos	peixes	peixes

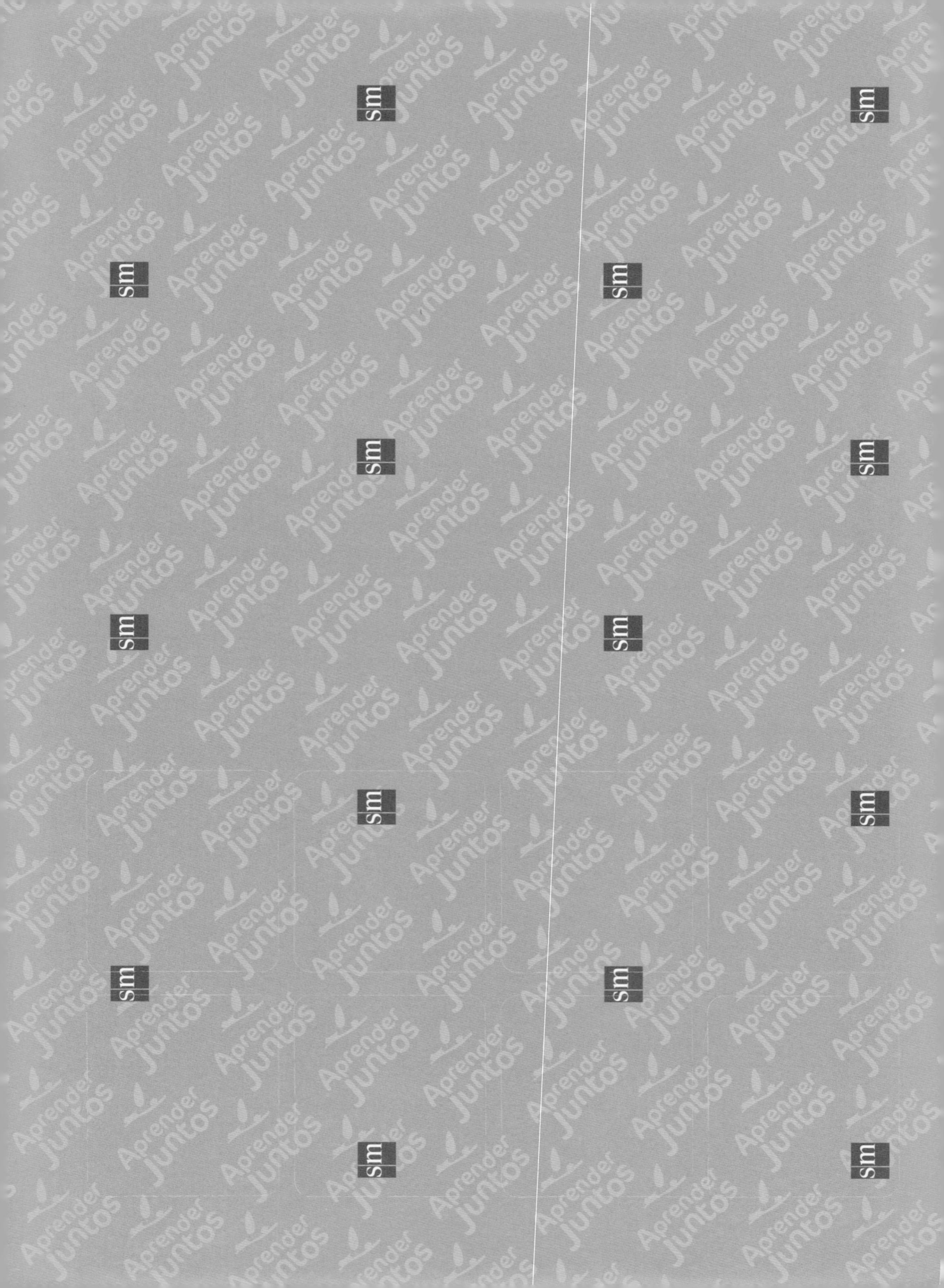

Destacar

Página 147 › Jogo da memória: substantivos coletivos

CARAVANA	CARAVANA	CACHO	CACHO
viajantes, peregrinos	viajantes, peregrinos	uvas	uvas
CÁFILA	CÁFILA	ELENCO	ELENCO
camelos	camelos	atores	atores
ESQUADRA	ESQUADRA	ENXOVAL	ENXOVAL
navios de guerra	navios de guerra	roupas	roupas
FAUNA	FAUNA	FLORA	FLORA
animais de uma região	animais de uma região	vegetais de uma região	vegetais de uma região
FROTA	FROTA	FEIXE	FEIXE
ônibus, automóveis	ônibus, automóveis	lenha, capim	lenha, capim

trezentos e dezenove

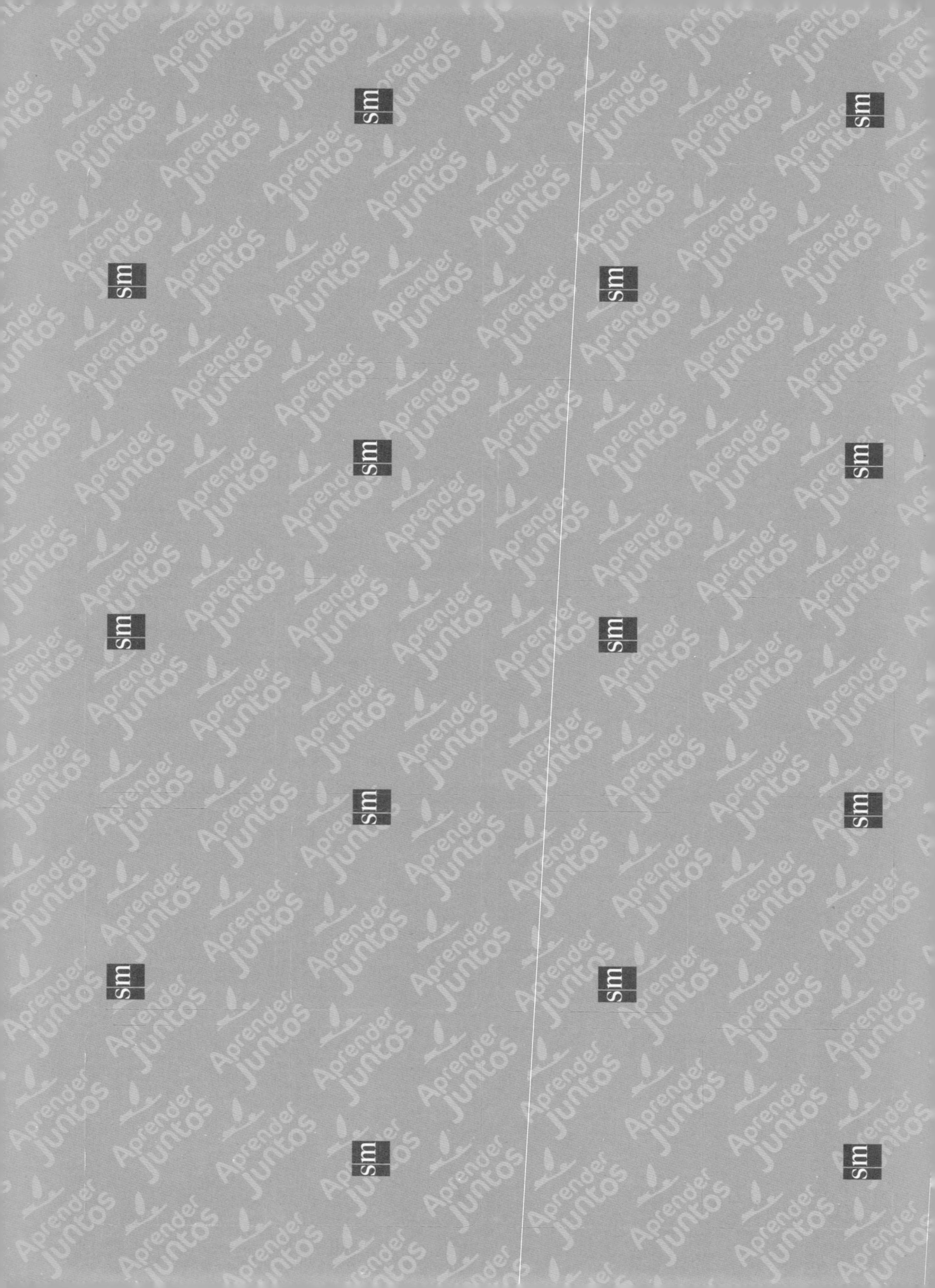

Destacar

Página 147 › **Jogo da memória: substantivos coletivos**

JÚRI	JÚRI	LEGIÃO	LEGIÃO
jurados	jurados	soldados, anjos, demônios	soldados, anjos, demônios

MANADA	MANADA	MATILHA	MATILHA
bois, búfalos, elefantes	bois, búfalos, elefantes	cães, lobos	cães, lobos

MOLHO	MOLHO	MULTIDÃO	MULTIDÃO
chaves	chaves	pessoas	pessoas

NINHADA	NINHADA	NUVEM	NUVEM
pintos, filhotes	pintos, filhotes	insetos	insetos

PENCA	PENCA	PINACOTECA	PINACOTECA
bananas	bananas	quadros	quadros

trezentos e vinte e um

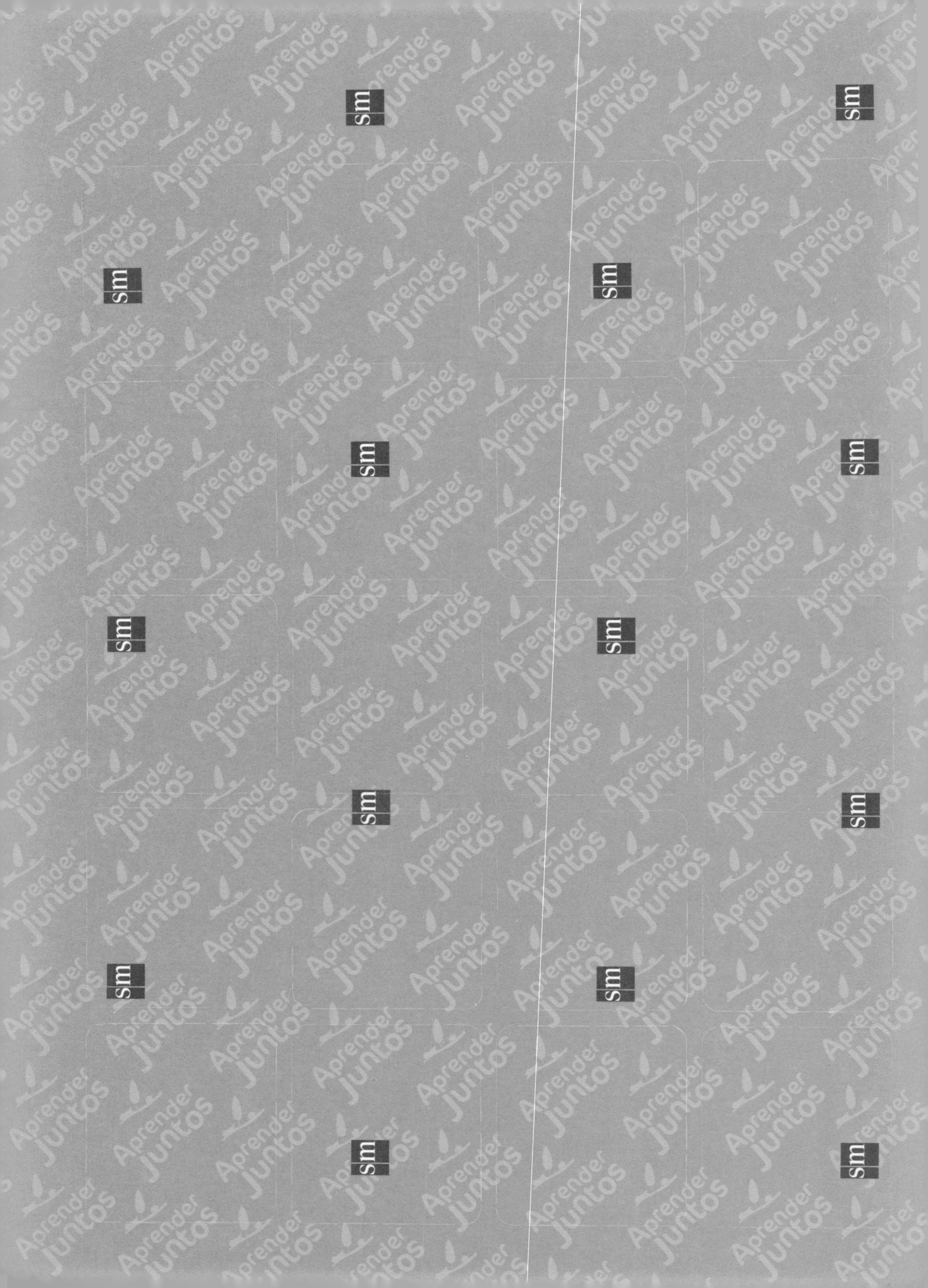

Destacar

Página 147 › Jogo da memória: substantivos coletivos

QUADRILHA	QUADRILHA	RAMALHETE BUQUÊ	RAMALHETE BUQUÊ
bandidos, ladrões	bandidos, ladrões	flores	flores
REBANHO	REBANHO	RÉSTIA	RÉSTIA
gado, ovelhas	gado, ovelhas	alho, cebola	alho, cebola
REVOADA	REVOADA	TROPA BATALHÃO	TROPA BATALHÃO
pássaros	pássaros	soldados	soldados
BIBLIOTECA	BIBLIOTECA	VARA	VARA
livros	livros	porcos	porcos
ESQUADRILHA	ESQUADRILHA	CONSTELAÇÃO	CONSTELAÇÃO
aviões	aviões	estrelas	estrelas

trezentos e vinte e três

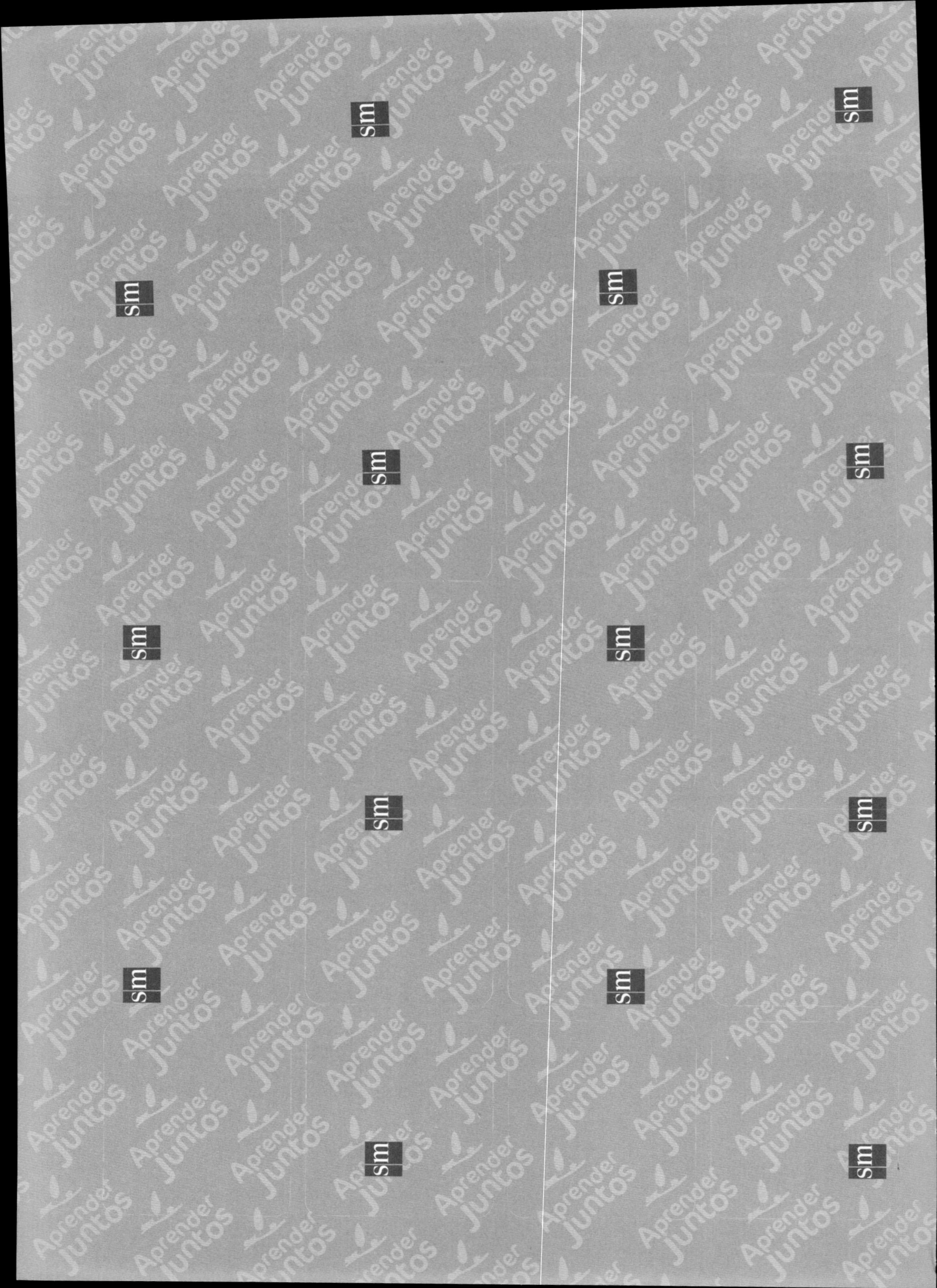

Destacar

Página 105 › Jogo do g ou j

Como jogar

Número de participantes: 4

1. Formem um monte com as cartas, deixando a parte ilustrada virada para baixo.
2. Decidam a ordem de jogada de cada participante, sempre no sentido horário, ou seja, girando da esquerda para a direita.
3. O primeiro participante desvira uma carta e indica se a palavra deve ser completada com **g** ou **j**. Os demais avaliam se o participante acertou ou errou. Se for preciso, consultam o dicionário.
4. Se acertar, o participante fica com a carta. Se errar, coloca a carta embaixo de todas as outras.
5. O próximo participante faz o mesmo e o jogo continua, com várias rodadas, até que não haja mais cartas a serem desviradas.
6. Será considerado vencedor o participante que no final tiver em seu poder o maior número de cartas.

G ou J? MÁ★ICO

G ou J? MAN★ERICÃO

G ou J? RELÓ★IO

G ou J? RELO★OEIRO

G ou J? PA★É

G ou J? LARAN★EIRA

G ou J? CERE★A

G ou J? CAN★ICA

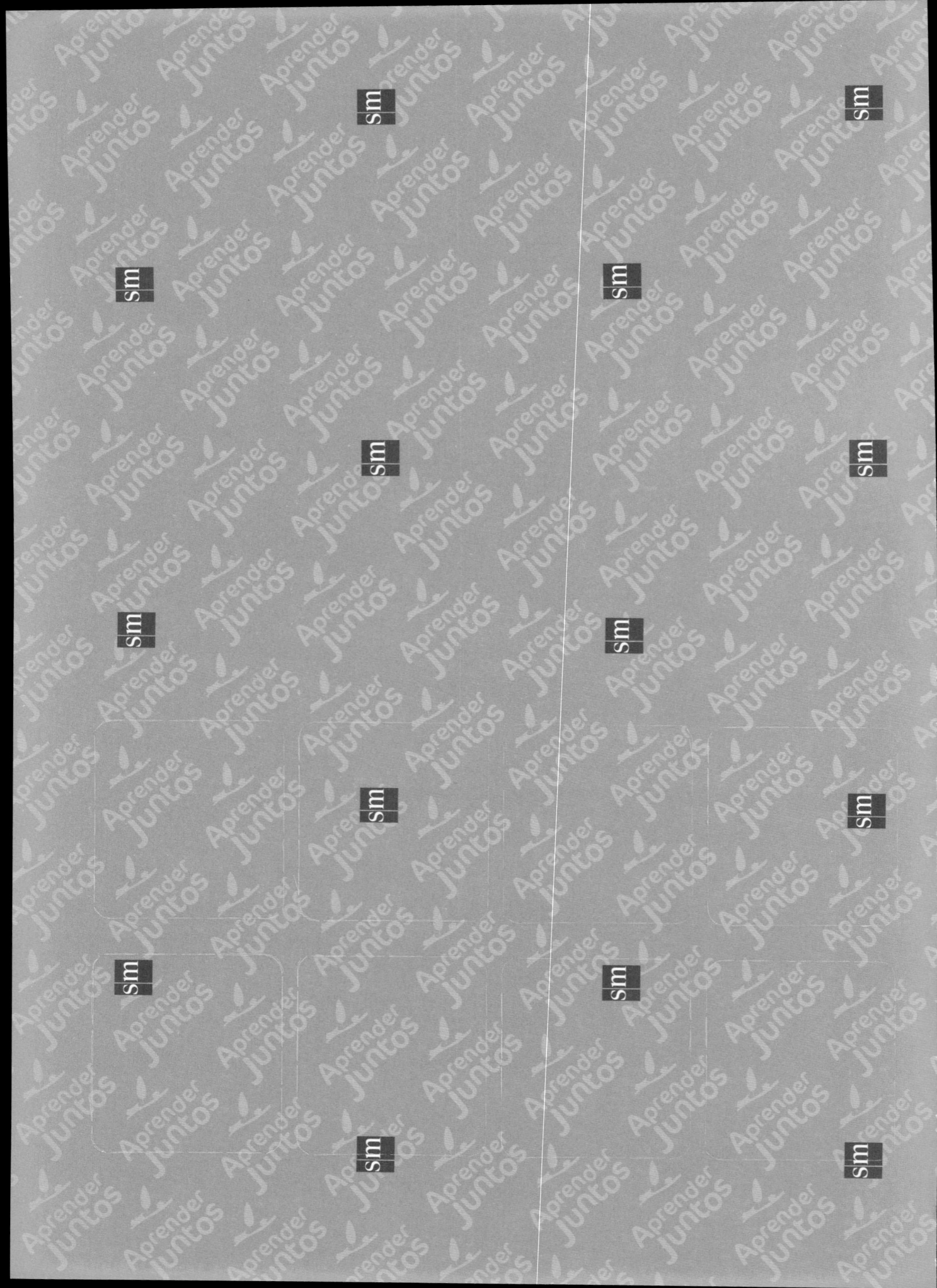

Destacar

Página 105 › **Jogo do g ou j**

G ou J? ★IRASSOL

G ou J? ★ELADEIRA

G ou J? FRI★IDEIRA

G ou J? ★IGANTE

G ou J? VA★EM

G ou J? ★ILÓ

G ou J? MA★ESTADE

G ou J? ★IBOIA

G ou J? FRÁ★IL

G ou J? ★ENGIBRE

G ou J? GOR★ETA

G ou J? PEDÁ★IO

G ou J? LA★E

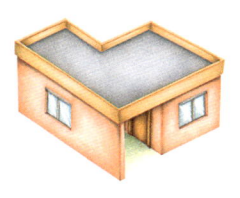

G ou J? LO★INHA

G ou J? AL★EMA

G ou J? ★ANELA

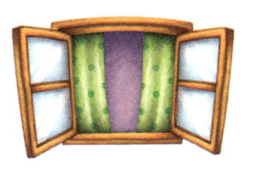

G ou J? AN★INHO

G ou J? ★IRAFA

G ou J? ★ACARÉ

G ou J? TAN★ERINA

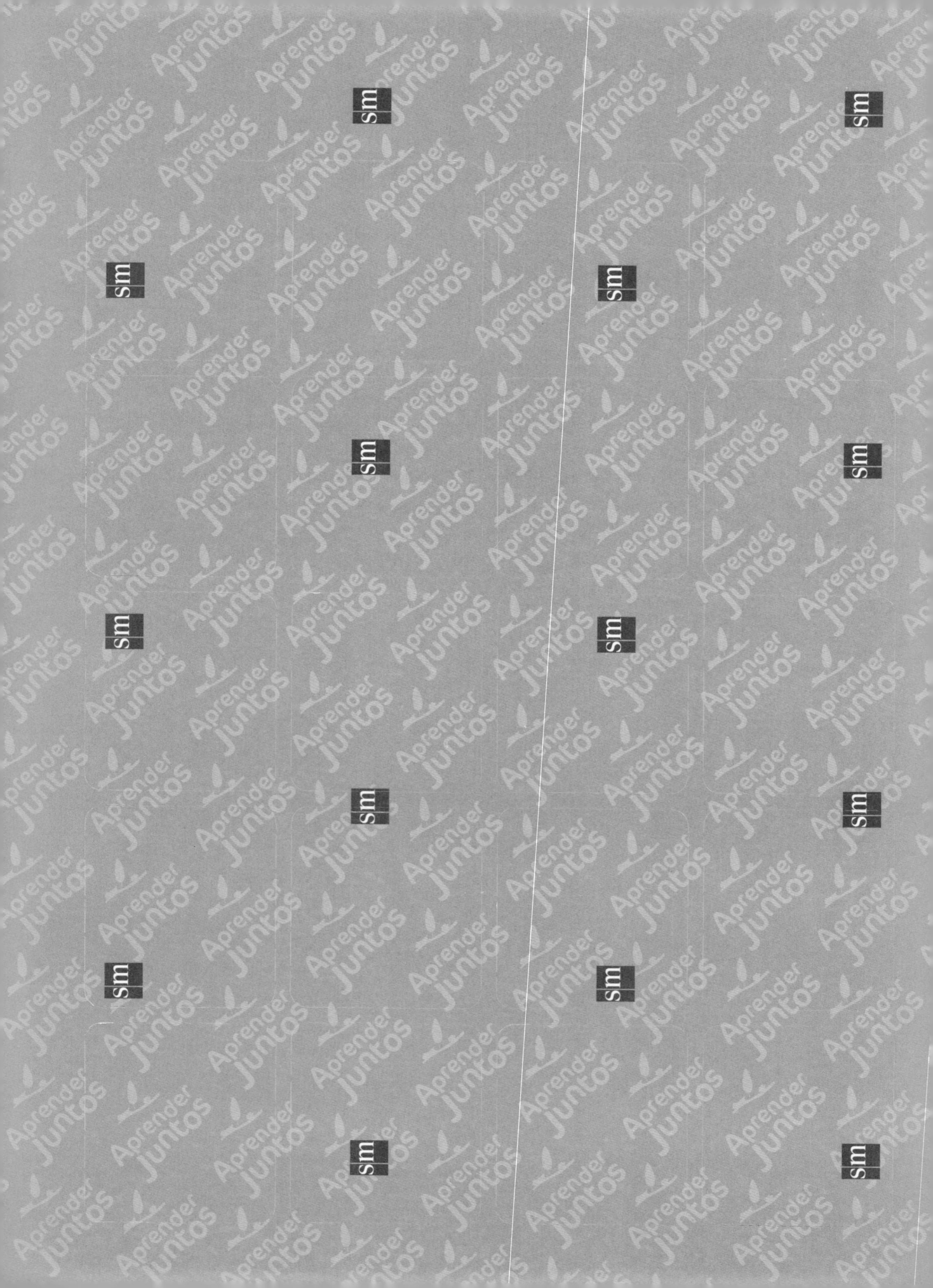

Destacar

Página 105 › Jogo do g ou j

G ou J?

BAGA★EM

G ou J?

★OALHEIRO

G ou J?

★IPE

G ou J?

IN★EÇÃO

G ou J?

EN★OADO

G ou J?

PRO★ETO

G ou J?

★ERICO

G ou J?

COLÉ★IO

G ou J?

OB★ETOS

G ou J?

DETER★ENTE

G ou J?

★ELATINA

G ou J?

DES★EJUM

G ou J?

★ERIMUM

G ou J?

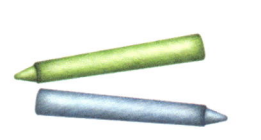

★IZ

G ou J?

BI★UTERIA

G ou J?

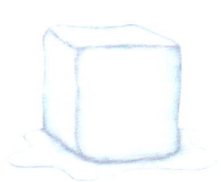

★ELO

G ou J?

ABA★UR

G ou J?

★INASTA

G ou J?

★IBI

G ou J?

NIN★A

trezentos e vinte e nove

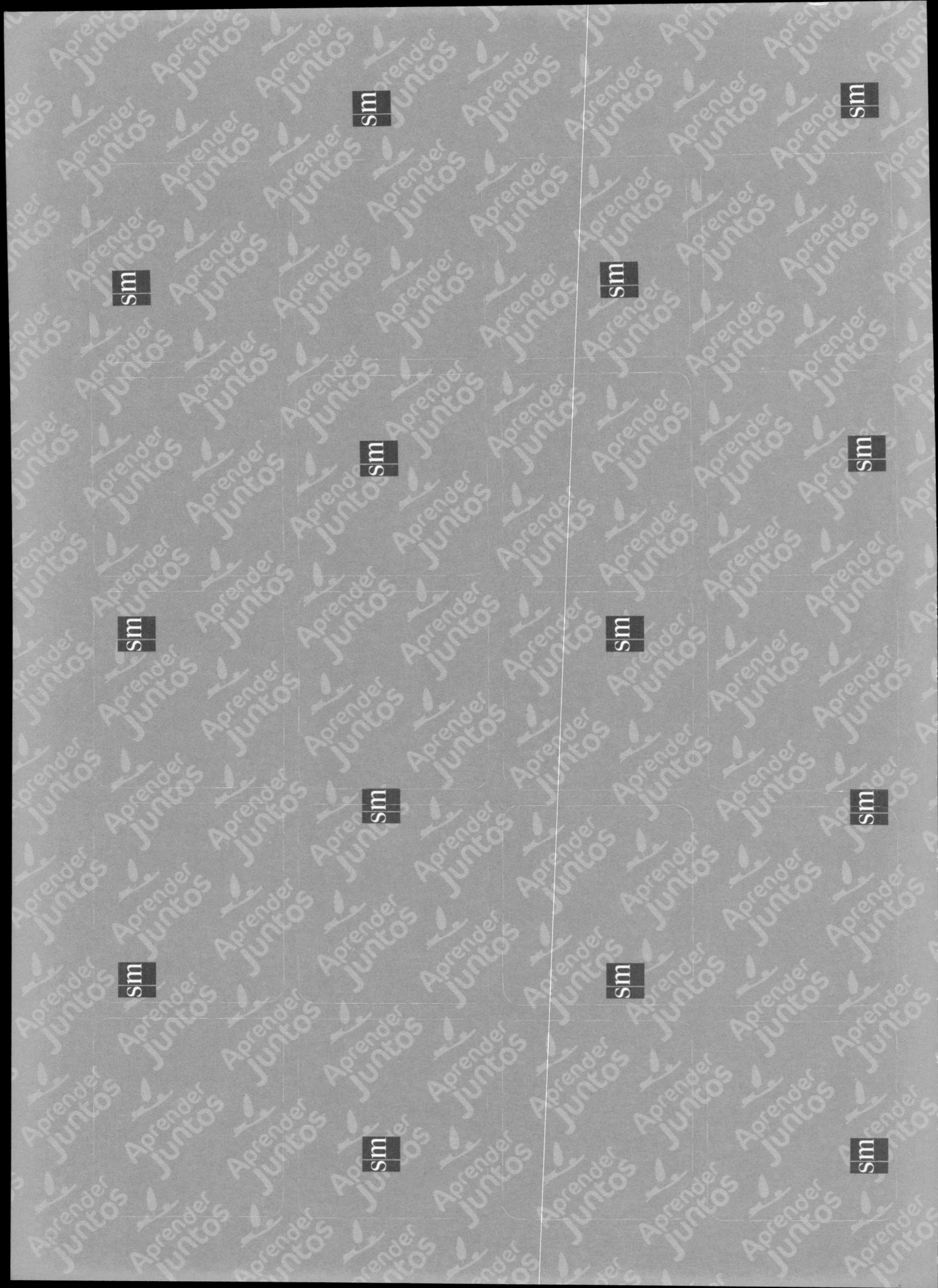

Encarte

Página 75 › Trilha do x ou ch

Como jogar

Número de participantes: 3 ou 4

1. Cada participante deve escolher um dos marcadores que estão na página 333.
2. Decidam a ordem de jogada de cada um dos participantes, sempre no sentido horário, ou seja, girando da esquerda para a direita.
3. O primeiro participante lança o dado de números (página 333) e avança o número de casas sorteado.
4. Ao parar na casa sorteada, o participante lê a palavra que ela contém e informa se ela deve ser completada com **x** ou **ch**. O grupo avalia se o participante acertou ou errou. Se for preciso, todos consultam o dicionário.
5. Se o participante errar, volta à casa onde estava anteriormente. Se acertar, poderá lançar o dado de letras (página 333). Para permanecer na casa, o participante também deverá sortear a face com a letra ou o grupo de letras que completa corretamente a palavra. Caso erre, ele deverá voltar à casa onde estava anteriormente.
6. O próximo participante faz o mesmo e o jogo continua até que algum dos participantes avance até a casa de chegada. Este será o vencedor.
7. Mesmo tendo o primeiro vencedor, é possível continuar o jogo para saber quem chegará em segundo e em terceiro lugar.

Destacar

Página 75 › Trilha do x ou ch

PARTIDA → AMEI★A → ★AFARIZ → FAI★A → LAGARTI★A → SALSI★A → BOCHE★A → FA★INA → BRO★E → ★ARRETE → CA★UMBA → MO★ILA → FE★O → ★ERIFE → CO★ILO → LA★ANTE → BOLI★E → GRA★A → VE★AME → ★UTEIRA → ★AMPU → ★UVEIRO → ★ERETA → ABACA★I → MA★UCADO → ME★ERICA → ★IMARRÃO → CHEGADA

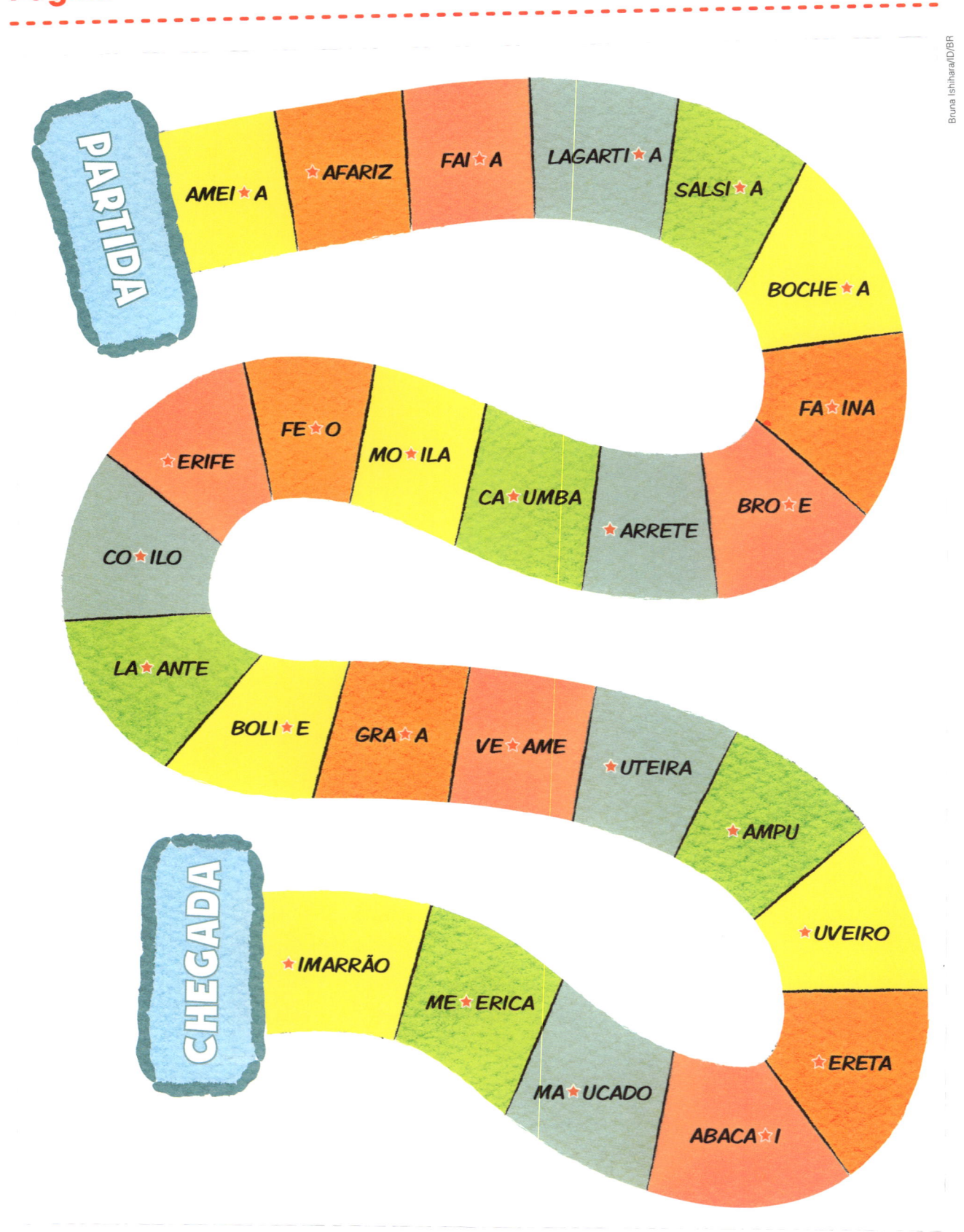

Destacar

Páginas 75 › **Trilha do x ou ch**

Dado de números e dado de letras

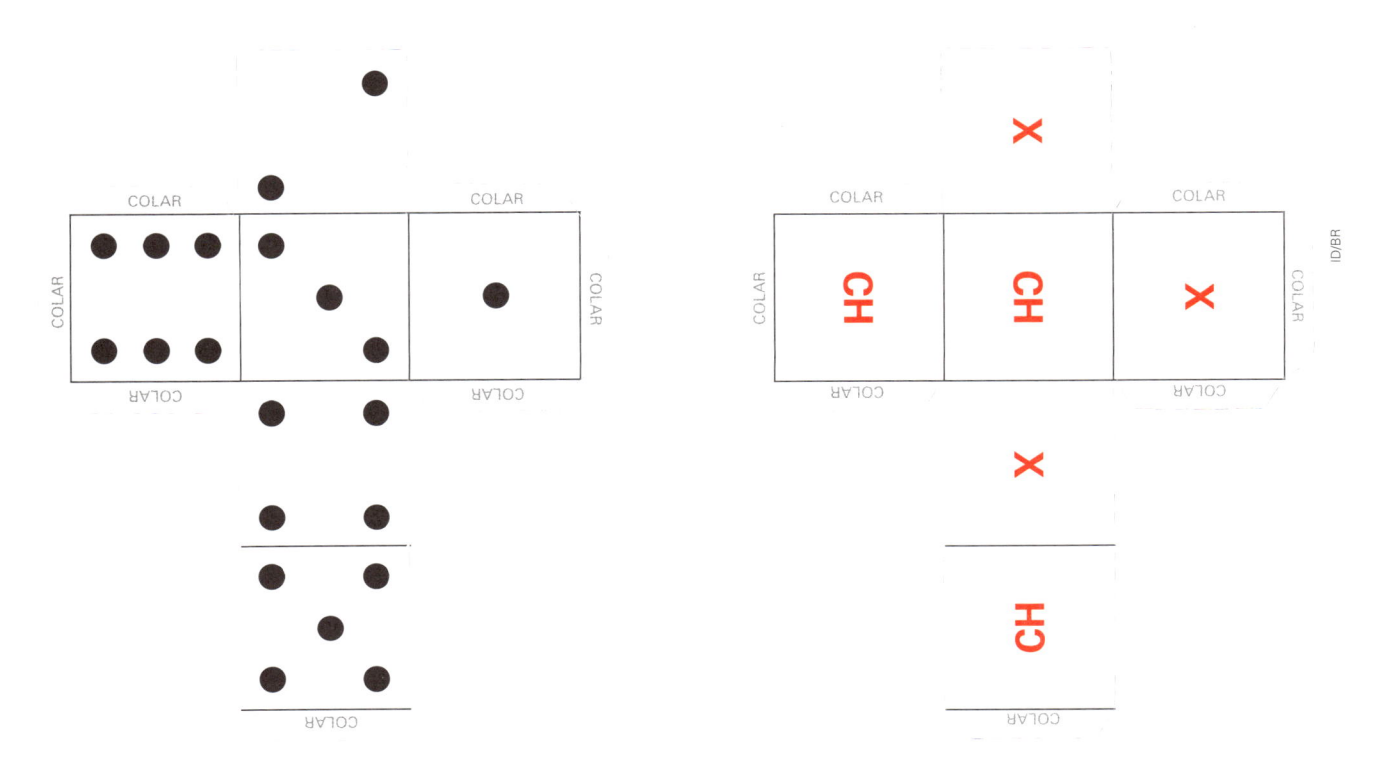

Marcadores

trezentos e trinta e três 333

Destacar

Página 63 › **Árvore genealógica**

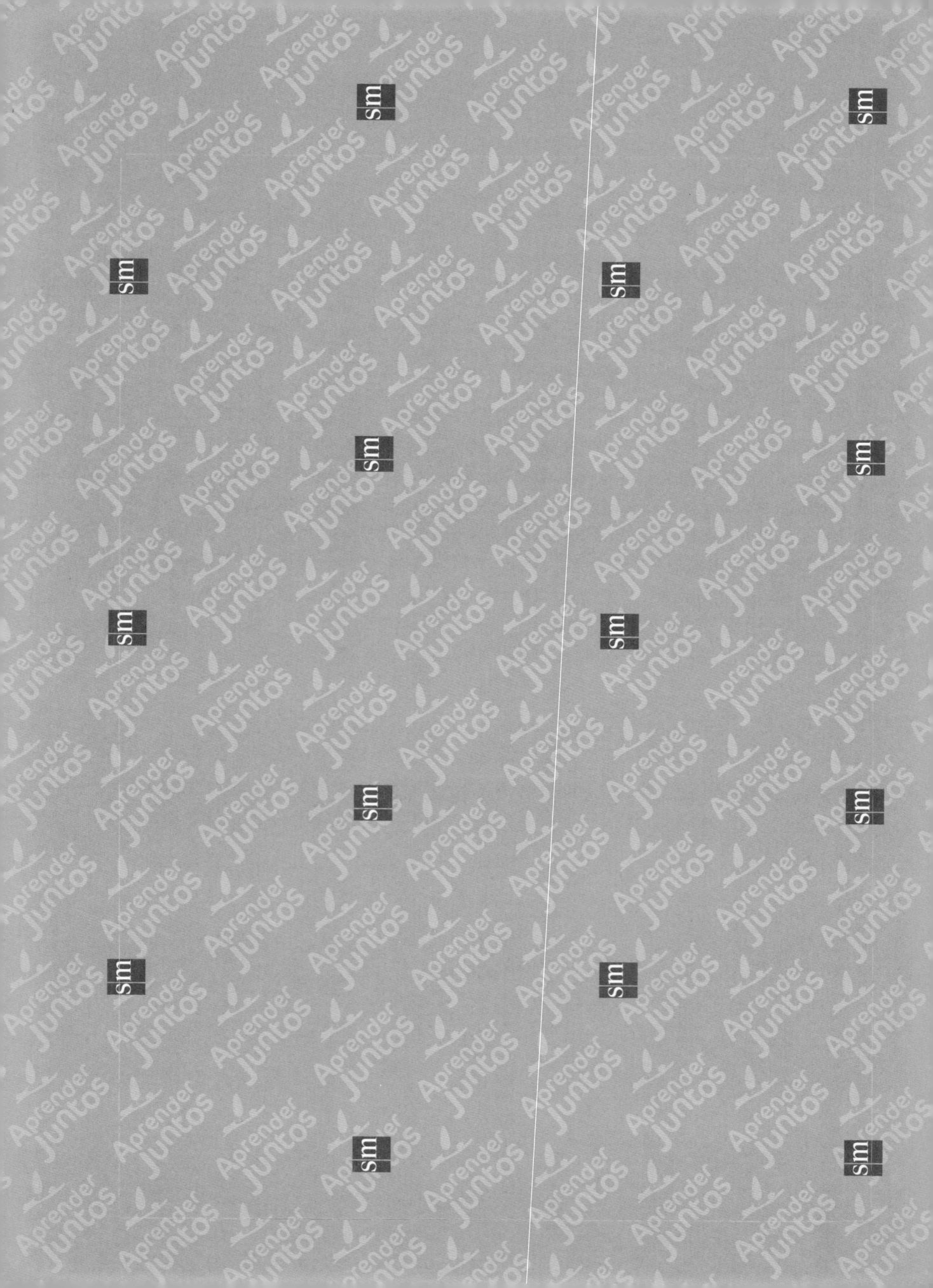

Destacar

Página 52 › Jogo da separação silábica

Como jogar

Número de participantes: 4 a 6

1. Formem um monte com as cartas, deixando a parte ilustrada virada para baixo.
2. Decidam a ordem de jogada de cada participante, sempre no sentido horário, ou seja, girando da esquerda para a direita.
3. O primeiro participante desvira uma carta e escreve a lápis na cartela (página 343) a separação silábica da palavra. O grupo avalia se a separação silábica está correta. Se acertar, o participante marca um ponto e tem direito a jogar o dado (página 343). Se errar, passa a vez, mas antes corrige na cartela a separação silábica e anota **zero** no campo **pontos**.
4. Caso o participante tenha acertado a separação silábica, poderá lançar o dado. Se sortear a face do dado com o mesmo número de sílabas da palavra, marca mais um ponto.
5. O próximo participante faz o mesmo e o jogo continua, com várias rodadas, até que não haja mais cartas a serem desviradas.
6. Será considerado vencedor o participante que no final tiver marcado o maior número de pontos.

| SOL | SINO | TESOURA | ELEFANTE |
| CARRO | POSTE | HIPOPÓTAMO | BANANA |

trezentos e trinta e sete 337

Destacar

Página 52 › **Jogo da separação silábica**

PÁ	ANEL	POTE	 ÁLCOOL
COMPUTADOR	GELADEIRA	LÂMPADA	AQUARELA
MEL	LÁPIS	CANETA	MEIAS
FLORESTA	CARROÇA	 ZOOLÓGICO	MESA
PÉ	AVÔ	TROFÉU	MACACO

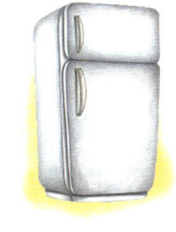

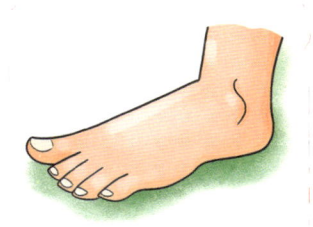

Destacar

Página 52 › **Jogo da separação silábica**

AUTOMÓVEL	CAIXA	PÊSSEGO	ANCIÃO
CRUZ	SERPENTE	CHOCALHO	QUEIJO
SABONETE	FLAUTA	CHOCOLATE	JUÍZA
MÃO	NINHO	ARANHA	PÁSSARO
CADEADO	GUINCHO	CARRETEL	PESCADOR

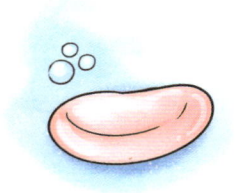

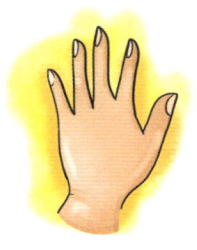

Destacar

Página 52 › **Jogo da separação silábica**

	COLAR		
	MONOSSÍLABA 1 sílaba		
DISSÍLABA 2 sílabas	**POLISSÍLABA** 4 ou + sílabas	**TRISSÍLABA** 3 sílabas	**DISSÍLABA** 2 sílabas
	TRISSÍLABA 3 sílabas		

Separação silábica	Pontos
Total de pontos	

Separação silábica	Pontos
Total de pontos	

trezentos e quarenta e três